Colcha de Retalhos

Catalogação na Fonte
Elaborado por: Josefina A. S. Guedes
Bibliotecária CRB 9/870

F837c
2019
	Franzin, Lu.
	   Colcha de retalhos / Lu. Franzin. - 1. ed. - Curitiba: Appris, 2019.
	   321 p. ; 23 cm
	
	   ISBN 978-85-473-3349-2
	
	   1. Ficção brasileira. 2. Parapsicologia. 3. Filosofia. 4. Direito. I. Título. II. Série.
	
	                                                                                                                                                CDD – 869.3

Editora e Livraria Appris Ltda.
Av. Manoel Ribas, 2265 – Mercês
Curitiba/PR – CEP: 80810-002
Tel: (41) 3156 - 4731
www.editoraappris.com.br

Appris editora

Printed in Brazil
Impresso no Brasil

Lu. Franzin

Colcha de Retalhos

Appris editora

Editora Appris Ltda.
1.ª Edição - Copyright© 2019 dos autores
Direitos de Edição Reservados à Editora Appris Ltda.

Nenhuma parte desta obra poderá ser utilizada indevidamente, sem estar de acordo com a Lei nº 9.610/98.
Se incorreções forem encontradas, serão de exclusiva responsabilidade de seus organizadores.
Foi realizado o Depósito Legal na Fundação Biblioteca Nacional, de acordo com as Leis nos 10.994, de 14/12/2004, e 12.192, de 14/01/2010.

FICHA TÉCNICA

EDITORIAL	Augusto V. de A. Coelho
	Marli Caetano
	Sara C. de Andrade Coelho
COMITÊ EDITORIAL	Andréa Barbosa Gouveia (UFPR)
	Jacques de Lima Ferreira (UP)
	Marilda Aparecida Behrens (PUCPR)
	Ana El Achkar (UNIVERSO/RJ)
	Conrado Moreira Mendes (PUC-MG)
	Eliete Correia dos Santos (UEPB)
	Fabiano Santos (UERJ/IESP)
	Francinete Fernandes de Sousa (UEPB)
	Francisco Carlos Duarte (PUCPR)
	Francisco de Assis (Fiam-Faam, SP, Brasil)
	Juliana Reichert Assunção Tonelli (UEL)
	Maria Aparecida Barbosa (USP)
	Maria Helena Zamora (PUC-Rio)
	Maria Margarida de Andrade (Umack)
	Roque Ismael da Costa Güllich (UFFS)
	Toni Reis (UFPR)
	Valdomiro de Oliveira (UFPR)
	Valério Brusamolin (IFPR)
PRODUÇÃO EDITORIAL	Lucas Andrade
DIAGRAMAÇÃO	Bruno Ferreira Nascimento
CAPA	Raquel Moreira – Malta Design Editorial
COMUNICAÇÃO	Carlos Eduardo Pereira
	Débora Nazário
	Karla Pipolo Olegário
LIVRARIAS E EVENTOS	Estevão Misael
GERÊNCIA DE FINANÇAS	Selma Maria Fernandes do Valle

Para Edu, Isa e Léo...
Ai de mim, se não fossem vocês.
Amo-os.

Prefácio

Quando falamos de sentimentos profundos é difícil conseguir externar cem por cento o que desejamos esclarecer sobre eles, mas se olharmos com atenção as palavras carregam uma mensagem precisa da intensidade de cada um deles.

É impossível não ser uma pessoa com reservas se o seu passado expôs tanto de sua vida, ao ponto de exigir mudanças drásticas em muitas áreas, não só físicas, mas emocionais.

Afinal, o que fazer quando as pessoas que eram o alicerce do seu mundo se tornam a fonte do seu tormento?

O destino em alguns momentos nos coloca à prova e nos impõe ordens, independente da situação, para que tomemos decisões que vão ditar a qualidade da nossa vivência. Começar do zero nem sempre é uma escolha ruim, mas é necessário ter não somente a fibra, mas a coragem para dar esse passo.

Confesso que não estava preparado para sentir na pele tudo que Olivia viveu em sua jornada, porém não me arrependo de tê-la acompanhado de perto em cada situação que tornou essa mulher precisa, autêntica, impetuosa e gigante. Mas para alcançar seu ápice pessoal, nem tudo é fácil e o processo pode ser um mergulho numa verdadeira moenda.

É comum que algumas pessoas, por autodefesa, montem em torno de si uma carapaça fria e rígida, conhecida como a síndrome do marisco que é quando temos uma "casca dura", com o interior tão sensível quanto à pele de um bebê. Nesses casos nem sempre um martelo de verdades emocionais é a melhor opção para quebrá-la, mas o ressoar de um sentimento maior, que traga a tona a genuína essência contida pelo medo de novas experiências ruins.

Indo além de seus limites, a protagonista consegue ver que há um fio de luz quando sua vontade de viver ou amar, mais uma vez, é maior que a dor causada por lembranças e cicatrizes do passado. Encarar isso e vencer seus próprios fantasmas se torna seu maior desafio, mas também a chave para sua libertação.

E o que resta a uma alma livre a não ser recomeçar e viver ou reviver tudo que a vida pode lhe oferecer de bom e "novo"?

Com essa história entendi que meu maior desejo sempre foi ter a energia de Olivia, pois mesmo em meio à tormenta, ela teve a força para recomeçar e indiferente às vozes que diziam "não", ensinou que nos reencontrar é a nossa única, maior e mais importante missão.

Lu. Franzin se mostrou uma autora extremamente madura e dedicada ao criar esta obra, com uma personagem tão interessante e vivaz que permite uma identificação imediata com nós mesmos na leitura. Sua narrativa leve e direcionada fortalece o enlace leitor-personagem de uma maneira sublime. Gratidão me define por tê-la no meu hall amigos.

Fábio Abreu

Prólogo

Frio. Era a única coisa que conseguia sentir. Meu corpo tremia como se estivesse mergulhado em uma grande piscina de gelo. A pele arrepiada, os dedos das mãos e as pernas estavam acometidos de choques elétricos que irradiavam por dentro da carne, roubando qualquer controle que eu pudesse ter.

Um toque quente na minha mão esquerda me instigou a abrir os olhos. A confusão dominava minha mente, enquanto tentava agarrar-me a realidade e descobrir o motivo da situação congelante em que estava presa.

— Olívia... Acorde pequena...

Percebi a figura da senhora que me acolheu em sua casa como um de seus hóspedes a menos de um mês.

— Dona Eva? — minha voz anasalada queimou pela garganta seca. —Por que está tão frio?

Tentei me sentar, mas uma forte dor no baixo ventre me obrigou a desistir.

— Oh menina... — ela tocou meu ombro, forçando-me a ficar deitada. — Estamos no hospital, você está voltando da anestesia. Teve que ser operada as pressas... Quase morreu, esgotada criança...

Um soluço saiu da garganta da velha senhora e me fez prestar atenção ao seu rosto. O cabelo grisalho parecia como se tivesse acabado de sair da cama. As marcas do tempo em seu rosto estavam mais aparentes, coroadas por um par de profundas olheiras escuras.

— Quase morreu, Olívia...

Levei a mão direita até a barriga e senti o duro e extenso curativo grudado na pele.

— Não tenho mais nada aqui dentro de mim, não é Dona Eva?

— Não, menina. Sinto muito.

— E o que acontecerá agora? — meus olhos focados no rosto caridoso da minha companhia.

— Você vai ficar boa, vai se recuperar. Mas no futuro não há chance de seu ventre voltar a se encher.

A pequena e forte anciã tinha os olhos tristes e marejados, enquanto dizia-me com palavras gentis qual era minha condição. E a verdade nessas palavras não foi perdida. Suspirei resignada e deixei a mente mergulhar nas lembranças de tempos atrás, antes de me mudar de cidade e estabelecer-me na pensão de Dona Eva. Antes de meu mundo se desfazer, e minha vida tornar-se um amontoado de perdas e sonhos desfeitos.

Uma pancada de dor me acertou. Fechei os olhos e chorei.

As lágrimas queimaram o caminho por onde escorriam em minha face, levando embora a tragédia, a tristeza e a decepção. Já não havia mais nada que me prendia ao passado. O último laço estava desfeito e marcado pelo curativo em minha pele.

Eu era apenas mais uma pessoa na grande cidade. Comum. Uma casca vazia que sobrevivia um dia após o outro. Igual a todos.

Guardei no fundo da memória as lembranças. Fechei-as trancadas sem a esperança de que seria capaz de recomeçar. Precisava deixar o passado ficar onde lhe importava: no passado.

Eu já não tinha mais nada. Roubaram-me os sonhos, as verdades e a minha história. Roubaram-me a luz da vida.

Deixaram-me a dor, a solidão e a sensação de vazio. Todas essas nuances foram marcadas com a traição mais vil e ardilosa, e que fez seu trabalho com maestria em rasgar minha alma em partes pequenas e atirá-las ao lixo sem importância nenhuma.

Apertei a mão daquele anjo grisalho que sofria ao meu lado.

— Não se preocupe, Dona Eva. Vou ficar bem, e obrigada por estar aqui comigo.

— Cuidarei de você, menina... — seus dedos suaves secaram as últimas lágrimas que escorriam por minha face.

Assim como eu cuidarei de mim mesma...

Respirei fundo uma vez mais. A dor sob o curativo nunca seria esquecida, mesmo quando a pele se curasse. Fechei os olhos e deixei a inconsciência me abraçar.

Eu teria que recomeçar, e sabia que não seria fácil.

Deitada naquele leito de hospital, com uma senhora que pouco conhecia me amparando, decidi tomar as rédeas da minha existência. Eu estava sozinha e não havia mais nada a perder.

Ninguém mais me machucaria.

Ninguém mais me trairia.

Eu não ia permitir.

Capítulo 1.

"Por favor, leia Olívia!".

Raiva e descrença tomaram o lugar de todos os meus outros pensamentos. Isso acontecia a cada vez que aquele tipo de mensagem chegava. Fazia me lembrar de uma época onde vivia na pequena cidade no interior do estado. Obrigava-me a recordar de acontecimentos que mudaram o meu destino.

Mais uma vez eu iria ignorar aquele tipo de e-mail. Aquele spam era o pior de todos, pois despertava no meu íntimo vários sentimentos amargos que não queria lembrar. Cliquei com o mouse na aba de "mover para", e adicionei o envelope ainda fechado numa pasta denominada "Passado", junto com mais uma centena daquele mesmo remetente.

Desisti de continuar vendo as outras mensagens. Havia encomendado um pouco de comida japonesa quando chegara em casa, mas a fome desapareceu e eu nem tinha chegado à metade da caixinha! Desliguei o notebook, mas deixei-o conectado à tomada. Fui até a cozinha e joguei o restante da comida no lixo, em seguida peguei um copo alto e enchi até a borda com vodca e suco de goiaba e caminhei até a porta da sacada da sala, parando um pouco antes para pegar o telefone celular e a carteira de cigarros. Bati as costas da mão no interruptor da sala deixando apenas a luz do corredor entre os quartos acesa. A penumbra foi amenizada pelas luzes da rua.

Meu pequeno apartamento ficava em um tradicional bairro japonês. Era simples com dois quartos e uma sala com cozinha agregada, e não possuía uma decoração muito elaborada. Os móveis até sugeriam um ar mais contemporâneo, que era quebrado com alguns itens de cores vibrantes, como a mesinha de cabeceira azul celeste e o banco que usava como apoio de abajur na sala de cor amarela vibrante. Mas era o meu canto de sossego, tinha a minha cara e era isso que me importava.

Lancei-me sobre a cadeira espreguiçadeira, tomando cuidado para não derramar o líquido do copo e acendi um cigarro. E entre um gole da mistura e uma baforada minha raiva foi cedendo e meu corpo relaxando. Tentei pensar em coisas mais amenas, como o relatório sobre desempenho dos novos funcionários, que deveria entregar na manhã seguinte. Estava pronto, faltava apenas uma revisão.

Outra lembrança me veio à mente de que precisava passar num supermercado sem falta. As provisões de higiene e limpeza do apartamento já estavam escassas e se a faxineira viesse na próxima sexta-feira e não encontrasse os produtos necessários para efetuar seu trabalho, acabaria indo embora de novo me deixando apenas um bilhetinho carinhoso como o anterior: *"Dona Olívia, se a Senhora, não comprar os desinfetantes e os sabão em pó, não tem jeito de limpar só com água"*. Com certeza isso era prioridade no meu dia de amanhã. Ficar mais uma semana sem ter o apartamento limpo seria imperdoável!

Peguei o telefone e liguei para Glaucia. Ela era uma criatura teimosa e tresloucada, que tive a sorte de conhecer na empresa onde trabalho, um tempo antes de ela se mudar para outro emprego. A tomei como meu suporte nos momentos de lazer e de angústia. Éramos muito diferentes uma da outra, ela a maluca sempre em busca de aventuras e eu a racional segurando-lhe as rédeas quando ela se excedia, o que acontecia com certa frequência. Seria impossível descrever de onde tinha surgido o elo entre nós duas, eu apenas acreditava que o meu santo tinha combinado com o dela. Dois toques depois ela atendeu.

— Oi, Olívia, tudo bem?

— Tudo bem sim Glau, estou ligando para confirmar o horário de sábado, passo na sua casa às dez da noite tudo bem? — perguntei, e na pausa esperando sua resposta tomei mais um pouco da mistura.

— Por mim está ótimo, o que você tá bebendo, Olívia?

— Suco de goiaba,... — parei de falar por um momento. — Recebi outro e-mail.

Ela sabia do que eu estava falando, contei-lhe sobre o ocorrido no meu passado em uma noite de bebedeiras.

— Você deveria lê-los — disse ela séria depois de um instante de silêncio. — Pode ser que algo esteja acontecendo e...

Não deixei que ela terminasse de falar. Iria desfiar a ladainha de que algo pudesse estar acontecendo, ou de que estavam precisando da minha ajuda, ou de que uma nave extraterrestre tinha abduzido alguém...

— Tá, tá, tá...! — enfatizei no último "tá". — Sábado a gente se encontra, tchau.

Desliguei o aparelho, antes que ela tivesse a chance de argumentar. Glaucia era uma criatura voluntariosa, quando decidia teimar com alguma coisa, nem uma bomba poderia fazer-lhe fechar a boca. Desde que lhe contei do ocorrido e dos e-mails que recebia, ela insistia com fervor para que eu abrisse as malditas mensagens. E eu não estava nem um pouco interessada em remexer naquela história.

O passado deve ficar onde está: no passado! Os sentimentos pelos quais passei eram muito dolorosos para ficar indo e vindo a qualquer hora.

Não. Muito obrigada!

Existem situações que o ser humano nunca deveria passar. É crueldade impor a tortura emocional e a perda para apenas uma pessoa carregar. Uma lágrima queimou em minha face enquanto escorria com direção ao chão. Enxuguei-a com força, obrigando meus olhos a evitarem que outra escapasse. Acabei de esvaziar o copo e apaguei o terceiro cigarro, fiquei um tempo olhando as luzes da cidade esperando o álcool fazer efeito e fui para a cama.

Acordei na manhã seguinte com um pouco de dor de cabeça, ciente de que era a única culpada por aquele mal estar. Tomei um copo de leite gelado com várias colheradas de achocolatado, tentando buscar no excesso de açúcar uma melhora, mas por via das dúvidas decidi tomar um analgésico junto. Arrumei um pouco da desordem característica de quem mora sozinha, e desisti na terceira agachada para pegar um par de sapatos perdido. Minha cabeça gritou para que não fizesse aquele movimento de novo. Troquei o pijama e optei pelos sapatos mais baixos dessa vez. Ainda corria risco de meu equilíbrio estar alterado.

Duas horas de trânsito infernal depois eu entrava no prédio da empresa de tecidos, na qual era responsável pelo departamento de Recursos Humanos. Passei por alguns colaboradores e cumprimentei-os sem dar chance a ninguém para engatar uma conversa. Antes de entrar em minha sala, pedi para Melissa trazer-me um copo grande de café. Ela era uma jovem estagiária que almejava minha vaga, e por tal desejo incumbia-a de toda e qualquer tarefa.

Havia um recado em minha mesa do meu chefe que avisava de um almoço com ele naquele dia.

Que ótimo! Mais um almoço de negócios...

Sempre que havia algum almoço desses, o Sr. Hélio fazia questão da minha presença, e pelo tempo de convivência na empresa, não me perguntava mais se eu "poderia" ir. Eu sabia muito bem qual era sua intenção: passear com uma das suas funcionárias bonitinhas, a fim de entreter o "cliente".

Ele queria desfilar minha aparência, que para ser honesta não era das mais atrativas. Minha beleza é comum, igual a toda e qualquer mulher da cidade. Tenho o corpo curvilíneo, mas sem exageros, tudo medido, seios médios, quadril médio, cabelo curto e escuro com algumas mechas avermelhadas, o rosto fino carregava uma boca, dois olhos e um nariz. Igualzinho a qualquer outra mulher da empresa, ou de qualquer outro lugar. Mas o meu diferencial estava nas palavras e o Sr. Hélio sabia disso.

Eu conseguia com facilidade buscar assuntos interessantes quando a conversa esfriava e a falta de afinidade entre ambas as partes impedia que surgissem novos temas. Interessante era o fato de que, quando o almoço de negócios ocorria com algum representante, ou, possível parceiro nos negócios que fosse do sexo feminino, o meu atencioso chefe, não precisava da minha companhia para preencher as lacunas nas conversas.

Resignada, no período da manhã acertei os relatórios que precisava entregar, e dei ordens a Melissa sobre as tarefas que ela desenvolveria no decorrer do dia. Ainda bem que a garota aprendia depressa e não me enchia de perguntas insignificantes. Pouco antes de sair para o almoço, tentei melhorar um pouco o rosto cansado com a maquiagem básica que levava na bolsa, a dor de cabeça ainda estava presente, só um pouco mais amena.

Chegamos ao restaurante combinado com vinte minutos de atraso. Culpa do meu chefe, rei da sabedoria no trânsito, que insistiu em pegar uma rota que ele julgava curta, mesmo tendo sido advertido das opções mais favoráveis. Nosso convidado já esperava numa das mesas em um canto mais reservado.

Dessa vez acabei me surpreendendo. Não era um dos homens de meia idade, com a camisa forçada ao limite de suas proporções na protuberância avolumada que se formava na cintura. Nem possuía a cabeça reluzente pela falta de cabelos ou coberta por uma mata branca raleada, pelo contrário, era um homem novo com cerca de trinta e cinco anos. Bem vestido num conjunto de calça azul marinho e camisa social lilás.

Claro que a camisa lilás foi o que, a primeira vista, mais me chamou a atenção. A ousadia da modernidade, com a elegância do tradicionalismo. Seu rosto era angular com olhos expressivos de um azul escuro quase hipnóticos. O nariz arrogante e os lábios cheios completava o conjunto harmonioso, transbordando de masculinidade. O cabelo de um tom de castanho claro tinha alguns fios dourados, e quando escorriam, de lisos que eram para cima dos olhos, ele passava os dedos levando-os para trás. O movimento característico de homens mais jovens. Falando a verdade, o homem era lindo!

Após os cumprimentos e apresentações formais a conversa fluiu bem, e como esperado eu ia preenchendo os espaços quando o assunto esfriava. Por algum tempo me peguei encarando o homem a minha frente de maneira mais atenciosa do que o normal, ele tinha um "que" de ousadia misturada com um pouco de malícia, e fazia questão de mostrar através de sorrisos encantadores e olhares prolongados. O Sr. Hélio tinha interesse em aumentar suas vendas, e Otávio Sonreale, que possuía uma distribuidora de produtos têxteis, queria agregar o artigo do meu chefe em seu leque de produtos. A união entre os dois era, portanto, vantajosa para ambas às partes.

Os dias seguintes à assinatura da parceria foram tumultuados no trabalho. Por causa da recente sociedade formada, fez-se necessário a contratação de novos funcionários, bem como o aumento da produção.

Otávio queria o quanto antes ter os produtos para oferecer no mercado interno, e se a aceitação fosse a esperada seus planos também consistiam em abrir linhas de vendas no exterior.

E quando esse tipo de casamento empresarial acontecia, minhas horas de trabalho se estendiam para além do expediente. Muito além! Pelo restante da semana, não consegui chegar em casa antes das dez horas da noite.

Maldita mudança!

Capítulo 2.

Quando o final de semana chegou, meu corpo implorava por descanso. Mas minha mente estava afoita na busca de diversão, para aplacar um pouco a correria e o excesso de trabalho.

Acordei por volta das duas horas da tarde no sábado. A cama bagunçada e aconchegante me abraçava com força, tentando me convencer a ficar aninhada em seus braços, mas o ronco alto do meu estômago não poderia mais ser ignorado. Arrastando as pernas saí do ninho e depois de usar o banheiro fui à cozinha. Abri a geladeira, que fez eco de tão vazia que estava. Encontrei perdido dentro do armário de mantimentos um pacote de bolachas recheadas que serviriam por hora. Depois de mastigar algumas, decidi que minha fome não era daquilo, liguei no restaurante nipônico e depois de identificar-me, a Senhora Li disse que se eu não me importasse, me mandaria uma caixa com um pouco de arroz temperado e alguns outros itens que sobraram do almoço. Agradeci pela gentileza, e quando a entrega chegou fiz questão de adicionar uma boa gorjeta ao valor do pedido.

Pelo restante da tarde me obriguei a não fazer nada, nem a cama bagunçada sofreu qualquer alteração. Depois de comer, enfiei-me no sofá com um livro a tempos comprado e esquecido entre as revistas e papéis na mesa da sala. Quando a noite chegou, liguei para Glaucia confirmando o horário. Em seguida fui tomar um banho para tentar desamassar o rosto ainda marcado pela dobra do travesseiro. Arrumei-me sem muito empenho, e passei longe dos sapatos de salto alto. Meu tênis All Star me sorriu quando eu o calcei, e meus pés agradeceram a esse ato de compaixão.

Peguei minha amiga por volta das dez e meia da noite. Seu olhar de reprovação sobre meus trajes transformou-se em palavras, não muito tempo depois de ela se estabelecer no banco de passageiros.

— Nossa, Olívia! Bem que você poderia ter caprichado um pouquinho mais no visual... — Glaucia grasnou enquanto prendia o cinto de segurança.

— Como pretende encontrar um bonitão, vestindo essa camisetinha chinfrim e sem graça? E você está de All Star? Que horror!

— E quem disse que quero encontrar alguém? — respondi sorrindo, enquanto seguia pela longa avenida.

— Tudo bem, mas pelo menos poderia ter colocado um salto, uma maquiagem mais marcada, um brincão! Sei lá! Alguma coisa mais feminina...

— Ah não... Uso essas coisas todo dia! Hoje quero apenas me divertir. Sem frescuras femininas, que confesso amo também... — ri alto e ela me acompanhou.

— Mudando de assunto, recebeu outro e-mail? — o tom solene dela apagou minha risada.

— Recebi.

— E? — ela insistiu, me olhando com a cabeça tombada, ansiosa pela minha resposta.

— E coloquei na pasta. Agora por favor, Glaucia. Se não quiser estragar minha noite vamos parar essa conversa por aqui. Não saí de casa, cansada como ainda estou pela loucura que foi na empresa essa semana, pra falar de coisas chatas, e você sabe que é.

— Tá bem. Tá bem. Não está mais aqui quem falou... — ela sorriu enquanto erguia as duas mãos em sinal de rendição.

— Obrigada.

O bar que procurávamos era o Arquearia. Carregava esse nome, por que nos fundos havia um quarto, onde os frequentadores podiam atirar flechas com arcos de competição em alvos de feno. Era muito divertido, mas causava algumas dores nada agradáveis no ombro do metido a Robin Hood, na manhã seguinte.

Mas naquele dia nossa distração era um show de uma banda cover do U2.

Apaixonei-me pela banda quando entrei na faculdade, e fui apresentada aos sons cadenciados e à voz rouca de Bono Vox. Quase tive um infarto quando soube dos shows que eles fariam no país. Passei horas na frente do estádio para comprar a entrada, enquanto resolvia os assuntos da empresa pelo celular. Quando o dia do show chegou, fui ao êxtase sentindo a energia que Bono, Larry, Adam e The Edge emanavam de cima do palco vermelho e preto. Foi há um ano, mas a emoção sentida ainda escapava pelos olhos quando ouvia o hino da banda: "Where The Streets Have No Name".

 Entramos no bar que já estava bem cheio. Glaucia seguia na frente comigo em seu encalço. Ela foi até uma mesa onde pude reconhecer alguns rostos de outras noites de bares. Não tinha intimidade com eles, apenas os cumprimentava e trocava uma ou duas palavras. Entre eles, o "bonitão" do Renato sorriu com malícia quando nos viu. Retribui o sorriso com um aceno de surpresa falsificada. E como num passe de mágica conseguiram arrumar mais duas cadeiras, Glaucia sentou-se em uma delas e apontou-me a outra.

 — Vou ao bar buscar uma bebida, o que você vai querer? — perguntei a ela.

 — Cerveja. Não se esqueça de que você é a amiga da vez hoje hein?! — ela quase gritou sobre o barulho das vozes, e da música ritmada que vinha das grandes caixas de som penduradas no teto.

 Apenas balancei a cabeça indicando que me lembrava do nosso combinado, hoje ela bebia e eu dirigia. Parti em direção ao bar abrindo espaço entre o mar de pessoas. Peguei a cerveja que ela queria e uma água com gás para mim. Voltei aos tropeços por entre as pessoas que se espremiam no lugar, nessa noite a lotação da casa chegaria ao seu limite. Quando cheguei à mesa, minha cadeira me esperava, Glaucia estava de um lado e do outro, Renato. Sorri balançando a cabeça para a armadora da situação, Glaucia piscou um olho conspiratório e me indicou o lugar.

 Sem muitas opções tomei a cadeira vazia. Engatamos numa conversa sem muita profundidade, trocamos algumas perguntas sobre como estava nossas vidas e sobre o trabalho. Glaucia conversava com todos, rindo de algum comentário, ou questionando algum assunto. Ao menos dez pessoas estavam na mesa. Renato tentava manter a atenção em todos os assuntos, mas vez ou outra corria o olhar ao meu rosto.

 — Está muito bonita hoje, Olívia — falou encarando-me quando desistiu de tentar entender o que diziam do outro lado da mesa.

— Obrigada — respondi num tom mais alto para que ele também pudesse me ouvir. — Você está sendo gentil, não precisa, sei que estou meio relaxada hoje.

— Não, é verdade! Olhe para elas... — discretamente ele apontou com a mão para as outras garotas que estavam conosco. — Todas bem vestidas e maquiadas. Elas não vieram pela música.

— E você, Renato, veio pela música? — perguntei virando meu corpo para ele a fim de confrontá-lo.

— Diga você mesma! — ele sorriu e apontou com a mão para suas pernas, puxou um pouco a calça jeans e me mostrou o pé com um tênis igual ao meu.

Rimos juntos da coincidência, e antes que pudéssemos continuar a conversa, a banda começou a tocar. Levantamos e devagar conseguimos chegar perto do palco. O vocalista quase tinha a voz parecida, mas deixava um pouco a desejar. Não me importei com esse pequeno detalhe, o que me bastava era ouvir as letras e cantar junto. Glaucia apareceu ao meu lado, e Renato ficou um pouco mais a frente.

Pulei e cantei como se estivesse vendo a banda verdadeira. Quando o hino foi tocado, como sempre, acabei me emocionando. Quase uma hora depois de músicas ininterruptas, os cantores deram uma pausa. Nesse meio tempo, fui ao bar com Renato na minha cola. Depois de esperar para ser atendida pedi duas cervejas e outra água com gás, mas dessa vez inclui no pedido um copo com gelo e limão. O garçom me olhou um pouco irritado, o movimento estava intenso e ele teria que parar para cortar uma fatiazinha de limão. Ele entregou as cervejas e a água e pediu que eu esperasse um pouco. Passei as latas para Renato e o mandei de volta a mesa, afirmando que iria logo atrás.

Enquanto esperava, tentei abrir a garrafa de água. Mas a tampa estava muito presa e molhada, não estava conseguindo soltá-la. Pensei em pedir para o "bonitão", mas quando o procurei ele já estava longe com as latas na mão. Achei melhor esperar enquanto tentava em vão girar aquela tampa que insistia em não se mover. Olhei para dentro do balcão do bar e não havia sinal do barman que havia me atendido.

— Droga! — praguejei alto.

— Posso ajudar?

Assustei-me com a voz um pouco familiar. Ergui a cabeça, e a garrafa que havia prendido entre as pernas para usar as duas mãos e forçar a tampa, foi pega de surpresa também. Ela saltou de entre as minhas pernas e caiu no chão molhado de "sabe-se lá o quê?". Abaixei rapidamente e a peguei de volta, olhei para o lado onde tinham me oferecido ajuda, e antes de reconhecer quem era ofereci a teimosa da garrafa.

Otávio pegou a garrafa e sem esforço nenhum abriu.

— Ah! Oi, Otávio! — falei no impulso, tentando encontrar na memória algum momento que me fizesse entender o que ele fazia ali.

— Como está, Olívia? — ele esticou a garrafa aberta de volta sorrindo.

Antes de responder virei a bendita na boca, tomando muitos goles de uma vez só. Um pouco escorreu pela lateral da boca, que limpei com as costas das mãos. De um jeito nada feminino... Parecia até um daqueles jogadores de futebol suados, cansados e ansiosos por um líquido gelado depois de correrem mais de quarenta minutos atrás de uma bola.

— Com sede. — respondi sorrindo. — E obrigada pela força bruta. O que faz por aqui?

— Acho que o mesmo que você. Fugindo um pouco da obrigação.

— Culpa sua não é mesmo? — o acusei, piscando um olho.

— Verdade, me perdoe — ele sorriu e colocou uma das mãos sobre o peito, abaixando a cabeça.

O barman trouxe o copo com gelo e limão, e antes que ele se virasse para atender outro cliente, pedi mais uma garrafa. Dessa vez ele foi mais rápido. Juntei com cuidado as garrafas e o copo entre as duas mãos, e virei-me para Otávio.

— Bom te ver por aqui. Tenho que ir agora, nos vemos na segunda-feira.

— Combinado. Até mais. — ele se virou e foi saindo para o lado oposto ao que eu me dirigia.

Fiquei olhando as costas dele, dentro de uma camiseta preta e justa (bem justa!) por alguns instantes antes dele sumir no meio das pessoas.

Renato veio ao meu encontro, assim que me viu apertada entre dois marmanjos nada gentis, que insistiam em bloquear a minha passagem, tentando falar alguma coisa sedutora ao meu ouvido. Naquele momento agradeci em pensamento nossa conversa animada, e a coincidência que nos uniu.

A banda recomeçou a tocar e voltamos à pista. Vi Otávio de longe, também dançando e cantando com um sorriso largo nos lábios. Achei interessante o fato de ele também gostar daquele tipo de ambiente, destonava da postura que exibia, enquanto empresário sério e responsável. Ele também me viu e ainda sorrindo acenou-me enquanto cantava uma música.

Saímos do bar quando o show terminou. Glaucia já alterada pelo consumo de álcool cambaleava, e tinha a fala mole e arrastada, enquanto eu tentava equilibrá-la em cima dos saltos agulha que ela usava. Renato veio em meu socorro, quando percebeu minha dificuldade. Ajudou-me a colocá-la no banco da frente do carro, e assim que bati a porta depois de prendê-la com o cinto de segurança, ela encostou a cabeça no vidro da janela fechada e literalmente apagou.

Capítulo 3.

Como é que vou tirar essa criatura daí depois? — Pensei, já prevendo o trabalhão que teria para fazer com que ela subisse para o seu apartamento. Renato pareceu ler meus pensamentos e veio em meu socorro. Já estava comparando-o com um cavaleiro de armadura dourada, sempre pronto para salvar a donzela em apuros. No caso, eu.

— Olívia, quer que eu te acompanhe pra ajudar a tirar ela daí depois?

— Ai... Não vai te incomodar? — *tomara que não...*

— Não — ele sorriu um sorriso debochado. — Vou pegar meu carro e sigo você até a casa dela.

— Obrigada... — respondi. — Eu ia deixar ela dormir aí mesmo.

— Ela brigaria com você na manhã seguinte.

— Duvido. Ela vai passar o dia todo fazendo companhia ao vaso sanitário, nem vai se lembrar da minha existência.

— Você pode ter razão... — ele riu alto e foi buscar o carro dele.

Renato seguiu-me até o bairro onde Glaucia morava. Com toda a delicadeza que pode, carregou-a no colo, enquanto eu abria as portas do carro, do elevador e finalmente do seu apartamento. Pusemo-la na cama, e tirei apenas os brincos e sapatos que calçava, cobri-a e depois deixei um copo com água e dois analgésicos sobre o criado mudo.

Resolvida essa parte, uma onda de constrangimento caiu sobre mim e Renato, quando fomos nos despedir. Eu só queria dizer tchau e seguir para casa, mas essa não era a mesma vontade que aparecia no rosto dele. Fingi que não havia percebido.

— Valeu pela ajuda, Renato. — Falei enquanto estávamos parados em frente ao prédio onde Glaucia morava — Não ia ser capaz de tirar aquela morta de dentro do carro sozinha.

— Não precisa agradecer, ela passou da conta hoje... — seus olhos, escuros como a noite, me encaravam de uma maneira que pareciam me despir.

— É verdade... Ahn... Então tchau...

Aproximei-me dele para dar-lhe um beijo no rosto, de despedida. O "bonitão" foi rápido e me enlaçou pela cintura, e com uma mira certeira grudou seus lábios nos meus, antes que eu pudesse me afastar.

Bem, a noite estava quase no final, minha companheira de bar estava desmaiada pelo excesso de álcool, e eu teria que ir para casa e ficar sozinha. Já fazia um bom tempo que não me encontrava com Augusto. Ele estava namorando, então meu "amigo de sexo sem compromisso" encontrava-se indisponível por algum tempo. Avaliei os prós e contras, o beijo era bom e a pegada, melhor ainda. Optei por acabar aquela noite no apartamento de Renato.

Na manhã seguinte, levantei-me e fui juntando as peças de roupa espalhadas desde a sala. Devo confessar que o "bonitão" também tinha jeito para outras coisas, não era apenas mais um rostinho, e corpinho (e que corpinho!), bonito. Quando ele acordou eu estava acabando de amarrar os cadarços do tênis. Um sorriso largo apareceu entre os lábios cheios e macios dele.

— Posso te ligar mais tarde?

Pensei numa maneira gentil de lhe dizer que não queria um relacionamento sério. Não consegui achar nenhuma forma de ser mais delicada sem ofendê-lo, resolvi então ir direto ao ponto.

— Olha Renato, foi muito bom o que aconteceu ontem à noite, mas, sinceramente, não estou procurando nenhum tipo de relacionamento.

— Calma, Olívia. Não quero me casar com você na semana que vem — ele respondeu com o rosto assombrado.

— Eu sei que não. Mas se começarmos com essa conversa de "posso te ligar mais tarde", logo estaremos presos. Eu querendo saber onde você vai estar, e você se sentindo obrigado a me ligar para sairmos. Quer realmente isso? — perguntei com um sorriso nos lábios, tentando fazê-lo sentir-se desobrigado a ter que iniciar uma relação.

— Talvez... Você é uma moça encantadora sabia? Além de bonita é inteligente, e eu gostei muito do que aconteceu ontem à noite. — Ele olhou-me com desejo enquanto prendia uma mecha do meu cabelo atrás da orelha.

— Eu também gostei, e "pegar" o "bonitão" da turma foi como ganhar um troféu, muito compensador confesso... — sorri com malícia enquanto descia a ponta dos dedos pelo seu peito definido até a altura dos quadris. —... Mas não quero isso pra mim, pelo menos não agora. Posso sugerir uma segunda opção?

— Estou ouvindo. — Ele sentou-se na cama, com os lençóis cobrindo-o da cintura para baixo.

Renato fazia jus a seu apelido. A pele dele era de um tom castanho dourado, como se tomasse sol todos os dias. Seus cabelos, bem diferentes do que a maioria masculina sempre usava, estavam compridos até a nuca e desfiados, tão negros que chegavam a brilhar. Os olhos, grandes e amendoados também eram escuros e os cílios compridos causavam inveja a nós, reles mulheres, que usavam de vários artifícios para ter ao menos metade do que ele tinha. Os lábios grossos e vermelhos eram donos de uma extraordinária e deliciosa habilidade em beijar. Aliás, foram esses lábios que me seduziram a passar a noite com ele.

E o corpo... Ai Senhor que corpo! Torneado, mas sem aqueles músculos proeminentes, que deixavam os mais atléticos todos suspeitos do uso de anabolizantes. Em algum momento de nossa conversa de ontem, soube que ele era dono de uma academia de ginástica, e também atuava de personal trainner em algumas ocasiões especiais.

Expliquei-lhe a história do "amigo do desejo". Nos dias onde não havia uma companhia agradável, ou que a situação do momento impedia qualquer envolvimento mais afetivo, e aquele comichão de necessidade por uma boa rodada de sexo se fazia presente, e já ultrapassava os limites da razão, era o momento de se fazer uso do amigo do desejo.

Um amigo de cama, sem interesse nenhum em manter uma relação afetiva. Apenas precisava, assim como eu, aplacar a necessidade do sexo. Augusto era esse meu amigo. O conhecia desde a época da faculdade, e fora ele que me apresentara a "ideia". A partir de então nunca perdi seu número de telefone. Ele até quis incrementar um pouco a mais, sugerindo que talvez pudéssemos nos tornar exclusivos um do outro. Senti-me lisonjeada, mas deixei claro que não era esse o meu intuito, e que se ele achasse que não conseguiria manter o acordo, eu procuraria outra pessoa. Augusto não deixou isso acontecer.

Ambos sairíamos ganhando com isso. Sem compromisso firmado, sem cobranças, apenas usufruindo do prazer que um poderia proporcionar ao outro.

Renato ouviu-me atento, e por fim gostou da ideia. Combinamos de não contar a ninguém sobre o nosso "acordo". Glaucia não saberia como chegou ao seu apartamento, e ninguém mais estava presente, então nos tornamos cúmplices um do outro.

Capítulo 4.

A semana começou onde a última tinha parado, no sentido literal da palavra. A mesma loucura ainda predominava no trabalho, um pouco controlada, mas ainda sim, algumas arestas do processo precisavam ser aparadas, portanto, minha atenção estava voltada para finalizar os ajustes necessários.

Na terça-feira, precisei falar com Otávio, a respeito de alguns documentos que a empresa dele deveria ter me mandado, mas que ainda não estavam comigo. Não era necessário que me levasse os papéis, poderia ter mandado por um entregador ou uma cópia por e-mail, mas ele insistiu em entregá-los pessoalmente em um almoço.

Marcamos no mesmo restaurante onde nos conhecemos. Dessa vez eu cheguei primeiro, e acabei ocupando a mesma mesa que usamos na última vez que estivemos ali. Otávio chegou pouco tempo depois, e me avistando de longe dispensou os serviços do recepcionista.

— Olá, Olívia, demorei muito?

— Não, acabei de chegar.

— Aqui estão os documentos que você me pediu — ele esticou o envelope pardo, colocando-o sobre a mesa.

— Obrigada.

Assim que ele se acomodou um garçom veio até nós e anotou o pedido. Quando se foi, Otávio colocou os dois cotovelos na mesa, unindo as mãos, e encostou o queixo sobre elas.

— Então, divertiu-se muito no sábado?

— Sim. Gosto das músicas que a banda tocou. Seria melhor ver a banda oficial ao vivo, mas um cover não é dispensável. — Falei, olhando-o nos olhos, tentando entender onde ele queria chegar. — E você? Gosta desse tipo de som?

— Bastante. Estive no show que o U2 fez no Brasil. — ele ainda mantinha os cotovelos sobre a mesa, e retribuía meu olhar.

— Eu também fui, peguei um resfriado que me atormentou por mais de um mês, mas valeu a pena.

— Você estava na pista? A chuva encharcou todos que estavam lá...

— Não me lembre. Mas eu só pegaria arquibancada ou camarote, se não tivesse outra escolha.

— É, essa era a minha vontade na época também... — ele parecia decepcionado.

— E por que não foi? A companhia não queria afundar o salto nos vãos do tablado? — perguntei bancando a inocente, mas com um toque maldoso subentendido.

Otávio gargalhou alto.

— Exatamente! — Continuou a rir. — Quando vi você no bar de tênis e camiseta, pulando e gritando como se estivesse de frente com a verdadeira banda, imaginei que teria aproveitado muito mais do show se minha companhia tivesse sido outra.

Hum... Conversa interessante... Ele está procurando algo, mas o que?

Enquanto comíamos, fomos relembrando o evento da verdadeira banda, e cada um ia explicando seu ponto de vista de acordo com o lugar que estava. Otávio assistiu a apresentação de um dos camarotes Vips, teve conforto e bom serviço de atendimento, mas consegui convencê-lo com muita facilidade, de que havia perdido a energia que emanava do palco.

Depois desse assunto, começamos a trocar informações sobre nossas preferencias musicais. Muitas eram bem parecidas, e rimos juntos, quando eu lhe disse que chorei por horas por não conseguir comprar os convites para a apresentação do Cirque de Soleil. Ele não tinha conseguido também, mas não desabou em chororô e nem fez birra por causa disso.

A conversa com Otávio era leve, como se fosse um velho amigo reencontrado naquele dia. Depois de superada a suspeita sobre as intenções dele, descobri interesses muito comuns entre nós dois. Coisas simples como sentar num banco e ler um livro novo, ou passar horas na internet para descobrir como adquirir um disco de uma banda desfeita há muito tempo, eram situações que ele me confessou fazer com frequência.

Assuntos relacionados à política também surgiram, e concordávamos em partes, com os rumos que a economia e o governo do país estavam tomando. O tempo parecia não correr, e quando percebemos nosso almoço já tinha durado mais de três horas. Despedimo-nos e dessa vez alguma coisa me deixou incomodada.

Gostei da companhia dele e da maneira que me olhava. Achei encantador o movimento de fechar um pouco os olhos que ele fazia quando ia falar uma coisa séria, e sem perceber, me peguei desejando vê-lo em breve. Estava até pensando se não haveria algum outro motivo relacionado à empresa, para marcar um próximo encontro.

Não precisei pensar em nada mirabolante para conseguir marcar uma nova ocasião para ver Otávio. Ele mesmo se encarregou dessa tarefa, convidando-me para um jantar poucos dias depois do nosso almoço. Pensei em não aceitar o convite. Ele causava uma sensação estranha em mim. Era um misto de curiosidade, precaução e expectativa. Talvez até um pouco de encanto, era difícil definir. A curiosidade venceu o embate, me forçando a aceitar seu convite.

Combinamos de sair na noite seguinte.

Otávio me levou a um pequeno bistrô. O lugar era característico pela decoração em estilo francês, com telas a óleo penduradas nas paredes, retratando imagens da época renascentista. Os móveis de madeira escura combinavam com as mesas de dois e quatro lugares.

Uma prateleira de madeira envelhecida que servia de mini biblioteca no hall de entrada, guardava livros de Émile Augier, Pierre Jean Jouve, Victor Hugo, entre outros. A iluminação com luz difusa deixava o ambiente aconchegante, além de denotar certo ar de romantismo. Tentei não pensar nesse contexto "romântico", mas os casais presentes impunham a sensação de "o amor está no ar", com seus olhares melosos de um para o outro, além da troca de carícias sutis, marcadas pela enevoada paixonite presente.

Desconfortável pela situação, meu rosto se negou a expressar qualquer sorriso, mesmo que fosse falso. Romance não era uma das minhas palavras preferidas. Otávio logo percebeu meu semblante sisudo.

— Alguma coisa está lhe incomodando?

— Não, não é nada — menti.

— Bom... Então com certeza alguma coisa está incomodando mesmo, se essa resposta seca e a cara fechada que você está fazendo agora, puderem ser subentendidas.

Fui obrigada a rir de seu comentário. E dessa vez não forcei, veio naturalmente. Fomos acomodados pela recepcionista que cumprimentou Otávio pelo nome, dando-me a deixa para mudar de assunto.

— Hum... É cliente cativo da casa então? — perguntei enquanto estendia o guardanapo de linho rosado sobre o colo.

Aliás, as toalhas das mesas, os porta talheres, as flores e até alguns detalhes das cadeiras tinham a cor rosa, em tons diferentes e chegando até o vermelho. Tudo muito romântico.

Eca!

— Sou. Na verdade sou sócio daqui também. — Ele parecia um pouco envergonhado por ter me confessado tal fato.

— Impressionante... — falei em tom de brincadeira tentando aliviar o mal estar que parecia emanar dele. — Quantas surpresas em Sr. Otávio? Diversidade de negócios?

— Na verdade... Esse era o meu negócio principal. A distribuidora veio de uma sociedade com meu irmão que resolveu mudar-se para Itália, e levar para lá os produtos que tínhamos aqui. Então tive que manter a distribuidora daqui para dar suporte para a empresa de lá.

— Entendi. Mas e o bistrô? Está a cargo de quem agora?

Otávio olhou-me, como se não soubesse o que me dizer. Parecia que ele estava querendo falar algo, mas brigava com as palavras internamente, tentando agrupá-las e jogá-las para mim. Vi o nó em seu pescoço se mover enquanto ele fazia força para engolir em seco. Esperei um momento e olhei com atenção para seu rosto. Seus olhos encaravam a borda pintada do prato a sua frente, como se o segredo da vida estivesse desenhado ali.

— Da minha ex-mulher — ele levantou os olhos para mim, como se fosse pedir desculpas por dizer algo inapropriado.

— Ah... — respondi, enquanto meu cérebro maquinava tentando inventar alguma história, para a história dele.

— Desapontada?

— Não. De forma alguma. — *Muito!* — Você se relaciona bem com ela?

Imagina se a ex-mulher resolve tirar satisfações comigo por estar no restaurante dela, com o ex-marido dela? Ai caramba!

— Sim. Nosso casamento foi um erro, mas não vimos como recuar dessa responsabilidade, depois que ela engravidou.

Danou-se! E tem um filho no meio dessa embolada? Onde eu fui me enfiar?

Procurei uma rota rápida até a porta de saída, e depois olhei para os meus pés calçados num salto agulha de quinze. Caso precisasse sair correndo, eles me dariam uma passagem só de ida para o pronto-socorro.

— Você tem um filho então?

— Não, ela perdeu o bebê alguns meses depois do casamento — sua voz saiu dolorida quando me confessou.

— Eu sinto muito, deve ter sido um momento ruim para a relação de vocês.

Meu peito se apertou e uma cicatriz antiga sangrou um pouco dentro de mim.

— Foi sim. Éramos amigos e nossa relação começou na época da faculdade. Aconteceu, porém, que num dia ruim para nós dois, acabamos por tentar sufocar as mágoas que ambos carregávamos nos braços um do outro. E nesse dia, nessa única vez, ela engravidou. Ela queria ter interrompido a gestação no começo, sabia que nossa convivência seria um erro — meu coração martelou um pouco mais forte contra a cicatriz. — Mas eu não podia deixar isso acontecer, fui criado dentro de valores cristãos, não seguia e nem sigo nenhuma igreja, mas isso seria um insulto a tudo o que aprendi com meus pais. Consegui convencê-la de nos casarmos e que essa seria a melhor forma de lidarmos com a situação, principalmente para nossos pais. E quando ela começou a aceitar, e a gostar da ideia de dar a luz a um filho nosso, ela sofreu o aborto.

    Eu não sabia o que fazer, e nem o que dizer. Otávio estava se abrindo para mim, contando sua história e eu não era insensível à dor que ele sentia. Nem a de sua ex-mulher.

    — Sinto muito que você e ela tenham passado por tudo isso. — Estiquei o braço por cima da mesa e toquei sua mão que brincava com a borda do prato.

    Ele virou a mão para cima e segurou a minha, sorrindo como se fosse um pedido de desculpas. Fomos interrompidos pelo garçom, que se aproximou segurando uma bandeja e me obrigou a puxar o braço.

    Depois desse desabafo, o clima entre nós ficou mais leve, talvez pelo efeito das duas garrafas de vinho que tomamos enquanto comíamos. Otávio se desculpou por seu desabafo, e insisti para que não se preocupasse com isso. Afirmei-lhe que já o tratava como amigo, e uma das minhas funções nessa nova posição seria a de ouvir e apoiá-lo quando ele precisasse.

    Começamos a falar então sobre outros assuntos, como o lançamento de um novo filme, que por coincidência, ambos queríamos ver. Em um momento da conversa ele perguntou-me sobre minha vida. Constrangida com a pergunta direta e justificada depois de tudo o que me falou sobre ele, seria aceitável que quisesse saber sobre mim.

    — Minha história é básica e comum, com o diferencial de que consegui alcançar patamares que muitos não conseguem. Saí de uma cidade pequena no interior para fazer faculdade num grande centro. Consegui um bom estágio numa empresa, e fui crescendo lá dentro. Hoje tenho minha independência financeira, tenho meu próprio carro, meu apartamento e bons amigos. É isso, nada de muito interessante.

    — Falando da maneira que você falou não é mesmo nada interessante. — Ele riu e eu o acompanhei, concordando que o relato que fiz da minha vida parecia mais como uma nota fúnebre de um jornal de bairro.

Ainda esperava que a ex-mulher dele fosse sair da cozinha com uma frigideira na mão ameaçando afundar minha testa com uma pancada. Mas não aconteceu.

Amém!

Ao final do jantar, Otávio pagou a conta e saímos em direção ao estacionamento onde o carro foi deixado. O vento frio das noites costumeiras da capital me acertou. Andando ao lado dele, não pude fingir suportar a temperatura que arrepiava os pelos dos meus braços e abracei-me, tentando em vão aquecer meus braços nus.

Maldita hora que fui vestir esse vestido. Deveria estar de calça e casaco!

Ele percebeu meu desconforto, retirou o blazer que usava e ofereceu-o depositando o mesmo sobre meus ombros. E como se não bastasse o aroma masculino e tentador que exalava do colarinho da peça, Otávio abraçou-me de lado e apertou-me junto ao seu corpo.

Pelo caminho de volta até o carro, minha mente tornou-se independente, tentando convencer-me a embarcar nas sensações que a fragrância do blazer e o calor dos seus braços me provocavam. Mas não eram as mesmas que eu tinha quando combinava algum encontro com Renato. Era além do apelo sexual. Aquele homem estava mexendo com minha cabeça, de maneira diferente, de modo que precisei me concentrar no que estava sentindo e ponderar onde isso me levaria.

Bastava a frustração da perda que já carregava em meu peito. Não poderia, e nem queria, me deixar passar pela tormenta de embarcar nessa empreitada insana, chamada relacionamento. Não depois de ter suturado todos os rasgos dolorosos que uma relação já havia me deixado marcada.

Otávio me conduziu até o carro, e um silêncio constrangedor pairou sobre nós. A caminho do meu apartamento, não trocamos nenhuma palavra, ambos envoltos em seus próprios pensamentos. Minha mente era o caos em um dia de tempestade com tantos "e ses?" me atormentando. Ele parou o carro em frente ao prédio que eu morava, desceu e deu a volta enquanto eu também saia. Ainda vestia o blazer dele, o que me instigava ainda mais a inalar aquele aroma viciante. Por um momento imaginei como seria o cheiro da pele dele, se o da roupa já era inebriante, imagina o do pescoço? Do peito?

Senhor!

Paramos em frente à portaria do meu prédio, retirei o casaco e entreguei-lhe. Procurando ser educada agradeci, enquanto espantava alguns pensamentos pecaminosos que tomaram minha mente.

— Obrigada pelo jantar. E pelo blazer — olhei para a ponta dos meus sapatos, evitando seu rosto.

— Eu é que agradeço por você ter sido tão compreensiva em escutar minhas lamentações.

Ele deu um passo para mais perto de mim. Fui obrigada a olhar em seus olhos, pois seria deselegante se não o fizesse, ou talvez a direção do meu olhar pudesse ser confundida. E por mais insano que possa parecer eu queria fazê-lo, queria ver seus olhos...

— Não... — minha voz sumiu, quando vi seu rosto tão perto do meu.

Otávio era mais alto, mas pela forma que me encarava, tão fixo em meus olhos, parecia que estávamos no mesmo patamar. Sem ter o que dizer, e sem forças para apenas dar o cumprimento de "boa noite" e virar as costas, permaneci ali, congelada no lugar. Dura igual uma estátua. Olhando para ele que apenas me estudava. Por alguns instantes ninguém se mexeu e nem falou. Nada. Apenas presos um nos olhos do outro, tentando cada um a seu modo, enxergar além do que a membrana ocular escondia.

Otávio ergueu a mão e colocou uma mexa do meu cabelo atrás da orelha. Seu dedo indicador continuou o caminho pelo meu pescoço e encontrou minha nuca, envolvendo-a com a mão. Meu coração deu um salto, e minha respiração acelerou. Ele aproximou-se mais de mim e muito suavemente tocou seus lábios com o meus. Leve, apenas um toque, sem enfeites ou malabarismos. Um simples encostar de lábios, que me obrigou a fechar os olhos para forçar a concentração em continuar respirando e não esmorecer sobre meus joelhos bambos. Quando voltei a abrir os olhos ele já havia se afastado, esperando que eu o olhasse enquanto sorria condescendente com minha demora. Perspicaz, ele percebeu o efeito que causou em mim.

— Boa noite, Olívia.

— Boa noite — respondi num sussurro, ainda em estado catatônico.

Ele deu um passo para traz, e obriguei meu corpo a se mover na direção contrária, era a minha deixa para sair andando.

Não voltei a olhá-lo, ainda que meu desejo fosse o de saber se ele ainda estava ali, mas minha coragem havia me abandonado. Passei pela portaria num átimo e fui direto ao elevador, tirando as chaves da bolsa. Quando parou no oitavo andar a chave já apontava para a fechadura, que fez seu trabalho sem muito esforço de minha parte. Bati a porta atrás de mim, caminhei até a mesa onde joguei a pequena bolsa de mão que estava comigo. Tirei os sapatos e deixei-os em qualquer lugar. Depois joguei meu corpo ainda entorpecido no sofá, tentando pensar no que tinha acabado de acontecer. Não me contive apenas de ficar socada no sofá, voltei a me por de pé procurando a carteira de cigarros. Depois de tê-la nas mãos fui para a sacada, zangada comigo mesma por estar naquela situação.

O homem estava mexendo com o meu emocional, e mesmo estando apavorada, reforçando as fechaduras sobre as minhas emoções para que elas se mantivessem trancafiadas no meu íntimo, de alguma forma ele conseguiu entrar, por alguma fresta ou rachadura. Otávio havia tomado uma parte do meu pensamento. Talvez a minha curiosidade em descobrir o mundo dele, o encantamento que me prendeu desde o instante que o vi com a camisa lilás, fossem as fagulhas para esse transtorno que agora ele me causava.

Transtorno sim!

Eu não procurava um relacionamento. Não queria ficar a mercê da necessidade de estar com alguém, nem me importar com ninguém. A barreira de gelo que eu havia criado em torno do meu coração estava grossa, fora construída camada a camada, por tempo suficiente para impedir qualquer intruso de se apossar da minha racionalidade, e me obrigar a perder a única parte restante do meu coração aleijado.

Decidi então que ele não iria me afetar mais. Não passava de mais um homem querendo jogar seu galanteio e charme, e depois de usufruir de todo o investimento que as mulheres fazem para uma relação fluir, iria acabar por destruir mais alguns degraus da autoestima da pobre coitada.

E eu não seria a "pobre coitada" da vez.

Lembrei-me de uma breve solução. Eu precisava descarregar a energia que se acumulou em meu corpo depois desse encontro. Peguei o celular e disquei um número da agenda. Depois de alguns toques uma voz grossa e rouca me atendeu.

— Oi, Olívia.

— Está ocupado? — perguntei já cruzando os dedos para que ele dissesse que não.

— Não, acabei de chegar estava indo me deitar.

— Ah... Desculpe-me, eu não queria incomodar, nos falamos em outro momento...

— Não, não, tudo bem...

— Pode vir até aqui? Queria ficar com você hoje... — perguntei tentando ser gentil e ao mesmo tempo precisando convencê-lo sem ter que pedir demais.

Mas naquela situação, não me envergonharia de implorar de joelhos sobre um punhado de grãos de milho por sua presença, caso fosse necessário. O desespero era grande.

— Claro! Chego em vinte minutos está bem? — sua voz mudou de morna para enérgica.

— Sim. Vou avisar na portaria que você vai chegar, coloque o carro na minha outra vaga no estacionamento, a porta do apartamento vai estar aberta.

— Tudo bem. Estou indo. Beijo.

— Não demore.

Desliguei o celular jogando-o sobre o sofá. Fui até a cozinha, peguei o interfone e disquei o número da portaria. O porteiro atendeu no segundo toque e pude ouvir o som da televisão que transmitia um jogo de futebol.

— Seu José, boa noite, é Olívia do apartamento 82. Um amigo meu vai chegar, ele tem um carro preto, é um Golf, deixe-o entrar, ele sabe onde parar o carro.

— Sim, Senhora Dona Olívia. Precisa avisar quando ele chegar?

— Não, Seu José, não precisa. Boa noite.

— Dona Olívia?

— Oi, Seu José? — respondi já me cansando daquela conversa.

— Qual a graça do amigo da Senhora?

Besta! Falou tudo, mas esqueceu do principal que é o nome da pessoa!

Apertei a palma da mão em minha testa e fechei os olhos para responder.

— Desculpe-me, é Renato.

— Sim, Senhora, boa noite.

Não respondi, desliguei o interfone e fui tomar uma ducha. Se não pudesse esquecer Otávio por completo, pelo menos nos braços de Renato eu teria uma distração interessante.

Capítulo 5.

Na manhã seguinte, despertei cansada. Minha noite tinha sido mais agitada do que o normal para um dia comum de semana. Primeiro um jantar regado a vinho e revelações privadas da vida de Otávio, depois algumas doses de álcool me deixaram leve e acabei-me nos braços de Renato. Devo confessar o bonitão era um excelente lenitivo para os momentos de extrema pressão, principalmente quando algumas perguntas diabólicas surgiam na mente e não havia nem sombra de respostas para elas.

Minha única preocupação era se Renato tinha entendido o sentido real do que lhe havia proposto. Mesmo que eu estivesse bem servida e me fartasse com sua companhia carnal, não era minha intenção criar algum laço afetivo entre nós, e menos ainda, dar-lhe algum indício de que nossa relação poderia tornar-se um algo a mais. Aparentemente ele entendera. Minha cama estava vazia e não havia sinal de sua presença, somente um bilhetinho grudado nos imãs da minha geladeira que dizia: "Aguardo a próxima ligação. Beijos. Renato". Com certeza ele tinha entendido. E de maneira nenhuma eu ia perder o número do seu telefone!

Quando cheguei à empresa, minha estagiária-assistente veio ao meu encontro dizendo que o Sr. Hélio havia marcado um almoço com um fornecedor, e que eu deveria estar presente. Meu sangue ferveu. Não estava nem um pouco interessada em bancar a mediadora naquele dia.

— Qual fornecedor, Melissa? — perguntei já fazendo cara de poucos amigos.

— É o do Rio Grande do Sul, o que fornece corantes para os tecidos. — Ela manteve-se na defensiva.

Postura inteligente a da garota. Fui obrigada a dar crédito.

— Pois me faça um favor, diga ao Sr. Hélio que não vou. Ele que arrume outro mostruário para levar. Hoje estou sem paciência para aguentar conversa de velho safado!

— Mas Dona Olívia... Ele disse que era de extrema importância que a Senhora fosse...

— Se me chamar de "Dona" e usar a palavra "Senhora" mais uma vez, eu jogo você no almoxarifado! Não vou almoçar com nenhum velhote careca e metido a besta, tentando seduzir a funcionária "bonitinha" de seu cliente!

Passei por ela com os pés socando o chão. A pobre infeliz veio atrás de mim, mas parou na porta do meu escritório, indecisa se deveria entrar ou ficar ali parada feito uma estátua de mausoléu.

Joguei minha bolsa sobre a mesa. E comecei a andar de um lado para o outro. De onde veio toda aquela raiva? Eu já havia participado de muitos almoços como aquele. Até o primeiro contato que tive com Otávio surgiu numa dessas ocasiões.

Parei de andar.

A lembrança do nome dele aplacou o calor do meu sangue, em parte. Olhei para Melissa que ainda estava parada na porta, branca como gesso.

— Melissa, me traga um café.

A garota destravou na hora, deu meia volta e saiu aos tropeços. Quando ela retornou ainda me mantinha em pé com as mãos na cintura de frente a janela, olhando o galpão da tecelagem, com a mente trabalhando a todo o vapor.

— Olívia.

Virei-me e peguei o copo de café que ela me estendia. Tomei um gole grande que desceu queimando por minha garganta, que me trouxe a ideia que resolveria o problema.

— Melissa, há quanto tempo você trabalha aqui?

— Há oito meses, Olívia — sua voz saiu vacilante e ela parecia um pouco pálida.

— Certo. Então você sabe como eu trabalho, correto?

— Sim, Dona Olívia... Quer dizer Olívia!

— E você já percebeu como me porto quando o assunto se perde no meio de uma conversa? — percebi que ela relaxou os ombros um pouco.

— Sim, Olívia. Se me permiti dizer já havia prestado a atenção na forma como à senhora, quer dizer, você, se antecipa em preencher algumas lacunas de silêncio.

— Ótimo! — espantei-me com sua declaração, era justo nesse ponto que eu queria chegar. — Então hoje você vai acompanhar o Sr. Hélio no almoço e usar essa percepção que teve sobre mim.

A moça passou de quase corada para branco-leite em instantes. Não deixei que ela argumentasse contra.

— Você deve ficar atenta à conversa. Quando o assunto cair no marasmo, você entra com alguma coisa. Cuidado com as cantadas diretas e indiretas que os digníssimos senhores irão lhe passar, por que não se engane: eles vão! Seja evasiva e ignore. Espero que se relacione bem com as notícias da atualidade e que não perca seu tempo apenas nas redes sociais.

— Não, Olívia. Sempre que posso acompanho os jornais na televisão, e os sites de notícias na internet — ela hesitou um pouco e continuou. — Mas o Sr. Hélio não vai aceitar essa troca.

— Deixe que com ele eu me entendo — tomei mais um pouco do café. — Agora, pode me trazer outro café, e sem açúcar? E depois quero que você faça um levantamento sobre os treinamentos de reciclagem para os operadores das máquinas de corte. Quero uma resposta antes do almoço das datas disponíveis.

— Certo. Mais alguma coisa?

— Não se esqueça de retocar a maquiagem, um pouco mais de cor nas bochechas vai dar-lhe um ar mais saudável.

Melissa concordou com a cabeça e lançou-me um sorriso de quem se desculpa. Se ela conseguisse entreter os gentis "Senhores", eu conseguiria livrar-me dessa tarefa irritante.

Depois que Melissa me trouxe outro copo de café, peguei o telefone e liguei para o meu chefe. Entre resmungos e frases do tipo: "Tem certeza?" ele concordou em levá-la no meu lugar. Abri o notebook sobre a mesa e enquanto iniciava suas funções peguei o telefone celular de dentro da bolsa junto com o carregador. Assim que a bateria começou a encher, uma luz azul e intermitente começou a piscar indicando algumas ligações perdidas e mensagens recebidas.

Olhei primeiro as ligações, uma do meu chefe logo bem cedo, três de Glaucia, e para me fazer tremer os joelhos, havia oito ligações de Otávio. Oito!

Mas eu estava com ele na noite passada! O que seria de tão importante? Talvez ele estivesse com saudade de ouvir minha voz...

Deixa de ser tonta, Olívia!

Falei para mim mesma. Não era isso. Mais provável que ele estava arrependido de suas ações na noite anterior e queria se desculpar. Essa explicação fazia mais sentido. O arrependimento é sempre o sentimento soberano depois que o corpo se recupera dos efeitos do álcool.

Acessei a caixa de mensagens. Em duas delas Glaucia pedia que eu ligasse para ela o quanto antes, queria saber das novidades, e em outra me convidava para uma festa que aconteceria no final de semana, a partir da sexta-feira. Sorri para o aparelho, tinha muito o que conversar com ela, e o assunto não se relacionava com o convite.

Mais duas mensagens estavam esperando ser abertas. O nome que marcava o remetente fez meu corpo tremer, como se tivesse levado uma descarga elétrica. Hesitei em dar o comando para que elas se abrissem, mas a curiosidade foi maior. Apertei a tecla.

"Filha, por favor, preciso falar com você, é urgente. Saudades, Mamãe".

O tremor no corpo aumentou, tateei o vazio atrás de mim enquanto agachava e encontrava o assento da cadeira, sem tirar os olhos do visor do celular. Reli mais duas vezes a mensagem e passei para a próxima, que continha a mesma frase.

O que será?

Minha mãe nunca mandava mensagens com esse tom de urgência. Ela apenas digitava algo parecido com "pode me ligar agora", que era o nosso combinado. Sempre que precisava ou queria falar comigo minha mãe agia dessa forma, mandava a mensagem e eu ligava a seguir. Por vezes ela tentava entrar em assuntos que eu não queria falar e nem ouvir a respeito, e essa era a deixa para que eu encerrasse a conversa.

Unindo-se a tremedeira uma cicatriz no meu peito se abriu. Costurada com linhas grossas de tristeza e ressentimento, a nova fissura deixou sangrar lembranças em minha memória que me obrigava a esconder no canto mais sombrio da minha mente. Lembranças que me fizeram ir embora da pacata cidade onde nasci, e deixar para trás o amor de minha mãe.

Ela sabia da minha opinião, sabia da minha decisão e a respeitava. Eu não queria nem ao menos tentar costurar os retalhos rasgados. Mas, por que essa insistência se ela já tinha aceitado o fato e parado de tentar me fazer mudar de ideia?

Por que agora aquela urgência? Será que minha saudosa mãe queria tentar reconstruir um desenho que fora há tempos atrás rasgado em mil pedaços? Não fazia sentido.

Capítulo 6.

O toque estridente do telefone em minha mesa me assustou, tirando-me do transe. Com o coração aos trotes, passei a mão nos olhos e tirei o fone do gancho antes que ele gritasse outra vez.

— Alô?

— Olívia, o Sr. Otávio deseja lhe falar, posso passar a ligação? — a voz cadenciada de Melissa ajudou a espantar os remanescentes pensamentos confusos.

— Sim, pode passar.

— Olívia?

— Oi, Otávio, tudo bem?

— Oi... Tudo. E com você? Por que não atendeu minhas ligações? — pareceu-me preocupado, mas a pergunta sobre não atendê-lo me deixou desconfortável.

— Não atendi porque meu telefone estava sem bateria, e qual é a urgência? — perguntei enquanto apertava as têmporas entre os dedos polegar e indicador da mão vazia.

— Não, não é urgência, é que você não atendeu no segundo nem no terceiro toque, e nem em nenhum outro. Fiquei preocupado achando que você estivesse zangada comigo — ouvi quando ele parou um momento, puxando o ar. — Desculpe-me por ontem, eu não queria causar uma má impressão.

Eu não sei explicar o porquê, mas suas palavras causaram-me certo alívio. Fez-me esquecer do teor das mensagens no meu celular, e também apaziguou a sensação que eu acabara de ter de que ele queria ser gentil e me descartar.

— Você não causou má impressão nenhuma, Otávio. Fui pega de surpresa, mas se eu não quisesse você não teria se aproximado tanto.

— Fico mais tranquilo assim. Agora sem querer ser muito pretencioso, podemos nos ver à noite? Que tal um cinema?

— Claro... — falei depressa e animada demais.

— Ótimo! Pego você às oito horas, tudo bem?

— Combinado.

— Até mais então...

— Até... — respondi para o telefone mudo.

E agora? Eu ia sair com ele de novo, e não fazia ideia do que poderia acontecer. Na verdade eu tinha uma expectativa a respeito do que eu gostaria que acontecesse, mas e se ele estivesse apenas buscando uma forma de se desculpar pela noite anterior? Que a meu ver foi como um encontro de amigos, exceto o desfecho final, que me pegou de surpresa.

Certo, o encanto que ele exercia era tentador. Seus olhos transmitiam um tipo de força que me deixava presa e a mercê do seu charme. O homem exalava sedução, era sexy como um galã de filme romântico, mesmo falando de outra mulher. O perfume que ele usava tinha um toque amadeirado oriental que impregnou em seu blazer, e quando ele o colocou em meus ombros o aroma invadiu minhas narinas e incitou meus pensamentos a vagarem por imagens que envolviam uma cama, pouca roupa e muita pele exposta.

Quando tocou meu rosto tentando colocar uma parte do meu cabelo atrás da orelha, e depois que escorregou sua mão para minha nuca... Chegando tão perto, encostando seus lábios nos meus, perdi minha razão, e toda a fachada de mulher séria e durona veio abaixo.

O devaneio sobre a noite passada fez-me entender que foi sorte minha ele ter se afastado, antes que eu me empolgasse e o atacasse ali mesmo.

Desliguei o telefone depois que meus pensamentos divagaram, e tentei refrear meu nível de endorfina que tinha começado a subir, obrigando meus quadris a remexerem-se inquietos. Pensei em fazer uma faxina no banheiro masculino da rodoviária. Resolveu de imediato!

Corri os dedos pelas teclas do notebook. Acessei a caixa de e-mails e junto a algumas mensagens internas da empresa, havia três e-mails idênticos seguidos. Daqueles especialistas em deixar o meu humor em estado crítico.

Mas que droga! — pensei irritada — *Primeiro as mensagens da mamãe, agora essas? Só pode ser brincadeira isso!*

Não consegui dar o comando rápido de excluir aquelas malditas mensagens. Havia algum lugar no meu íntimo, um lugar que eu não sabia onde era e nem porque, que não me deixava apagá-las. Movi os três envelopes fechados para a pasta chamada "Passado". Por hoje meu nível de irritação chegara ao limite mais de uma vez, e apenas no período da manhã.

Fechei os olhos e rezei a Deusa da Paciência, para que a parte da tarde fosse melhor.

Enfim minha maré de preocupações havia mudado. Em partes. O almoço do meu chefe, em companhia da minha estagiária deixou uma boa impressão. Melissa se saiu muito bem, mesmo estando trêmula quando voltou. Ficou feliz com os elogios que recebeu do Sr. Hélio, e meus também, depois que falei com ele sobre o desempenho dela.

Pelo menos dessa tarefa inconveniente eu consegui me livrar.

Ao fim da tarde tudo estava resolvido, ao ponto de me permitir sair um pouco antes do final do expediente. Como sempre o trânsito caótico da grande metrópole me atrasou. Não muito a ponto de perder o horário do cinema com Otávio, mas o suficiente para impedir minha mente de ficar fantasiando.

Entrei no apartamento e o relógio pendente na parede lateral da cozinha já marcava sete horas. Eu tinha uma hora para tomar banho, pensar na roupa que iria vestir e tentar manter meus nervos em estado normal.

Corri para o banho sentindo a ansiedade subindo até minha garganta e tentando passar para o nível superior, para atormentar o meu cérebro também. A água quente aliviou alguns dos meus tremores e fez meus pensamentos ficarem quietos.

Sem tempo para ficar passando cremes específicos para cada área do corpo, joguei um pouco de óleo de banho sobre a pele. Sequei os cabelos com secador só até que parassem de pingar. Com a toalha enrolada ao corpo, abri as portas do closet e comecei a olhar.

Do lado esquerdo, estavam os vestidos longos e curtos, à frente estavam blusas e embaixo delas as calças sociais e jeans, e a esquerda, as blusas de manga longa e casacos leves e pesados, todos misturados é claro, mas cada um em seu lugar. Parei no meio do quadrado formado pelas paredes, coloquei as duas mãos na cintura e olhei por todas as prateleiras. Estavam ali também os meus calçados, bolsas, cintos e uma infinidade de outras coisas que eu nem me lembrava mais que existiam.

—Bem, ele me convidou para um cinema, então não precisa ser nada muito elaborado, quem sabe... — falei em voz alta, enquanto pressionava o dedo indicador sobre os lábios, e estudava minhas opções de vestimenta.

Tirei um jeans reto e escuro do cabide e joguei sobre a cama. Voltei e peguei uma regata branca não muito cavada e uma jaqueta jeans bem leve. No cinema fazia frio. Olhei as peças sobre a cama. Troquei a jaqueta por um casaquinho de brim marrom claro, adicionei um lenço para o pescoço e uma sapatilha básica da mesma cor do casaco. Em seguida meus olhos encaram o rádio relógio sobre a mesinha na cabeceira da cama, que gritava em números vermelhos o horário. Eu tinha 15 minutos para ficar pronta!

Merda!

Vesti-me o mais rápido que pude, fui ao banheiro saltando num pé só tentando fazer a sapatilha entrar no pé direito.

Passei um batom claro na boca. Peguei a esmo um vidro de perfume e apertei o vaporizador. O jato do líquido traçou uma reta certeira para o meu olho direito.

— Droga! Ai, ai, ai...

Apertei o olho com a toalha de rosto, enquanto me abaixava para ajudar com o dedo indicador a maldita da sapatilha a encaixar no pé. Ainda com a toalha espremendo o olho que queimava, voltei ao quarto e peguei o lenço. Fazendo malabarismos com uma mão só, consegui dar um nó simples no pescoço. Fui em direção á sala, mas parei em frente ao espelho no corredor para ver o resultado da minha façanha. Meu olho estava vermelho sangue, e ainda ardia.

— Lesada, burra, besta! Custava prestar um pouco mais de atenção? — briguei comigo mesma.

Antes que eu pudesse encontrar mais alguns nomes para me chamar e castigar a minha estupidez, o interfone tocou, me fazendo pular mais uma vez naquele dia.

Eu deveria ser proibida de ficar perto de telefones hoje...

— Alô? — respondi abanando o olho com a mão livre.

— Dona Olívia, é o Seu José da portaria. Tem um Sr. Otávio aqui procurando pela senhora. Posso deixar ele subir?

— Não é necessário, Seu José, avise-o que já estou descendo.

— Sim, Senhora.

Desliguei antes de o gentil porteiro terminar o que dizia. Olhei novamente para o espelho e não gostei do que vi. Peguei minha bolsa, praguejei outra vez sobre a minha estupidez e sem uma escolha ou mais tempo, saí.

Capítulo 7.

Otávio me esperava no hall do prédio, de braços cruzados encarando a rua. Agradeci aos céus por ver que ele também vestia calças jeans, uma camiseta polo marinho e aqueles sapatênis que estavam na moda entre o público masculino. Ele não percebeu minha chegada, e se virou apenas depois que o Seu José me desejou boa noite.

— Oi... — disse ele sorrindo.

— Olá. — Virei o rosto um pouco antes de chegar a ele e retribui o cumprimento de boa noite do Sr. José.

Quando me aproximei um pouco mais de Otávio, nossa diferença de altura ficou mais evidente. Pensei que talvez devesse ter calçado um salto, em vez das sapatilhas. Os seres dotados de grande quantidade de cromossomos Y, nunca entenderam por que sempre nos trocamos mais de mil vezes antes de sairmos. Era para evitar um momento como aquele. Anotei na minha agenda mental que Otávio era bem mais alto do que eu. Mas já era tarde, teria que ir assim mesmo.

Otávio esperou até que eu estivesse bem perto dele. Abaixou um pouco o rosto em minha direção, o que fez meu sangue gelar achando que ele ia me dar um beijo, ali, na frente do porteiro. Fiz pose de estátua, congelando o ar nos pulmões só por segurança. Ele abaixou um pouco mais e deu-me um beijo na bochecha. Fiquei aliviada e decepcionada ao mesmo tempo.

— Como você está? — ele perguntou sorrindo e olhando em meus olhos. — O que aconteceu com seu olho?

— Ah... — esqueci que eu tinha olho. — Não foi nada, só o meu vidro de perfume que resolveu se revoltar contra mim.

Otávio riu alto, e acabei rindo junto, agora eu poderia achar graça da besteira que tinha feito.

— Tem certeza que está bem? Podemos passar em algum hospital se você quiser.

Otávio tocou o lado do meu rosto com as costas dos dedos, acariciando a pele próxima ao olho irritado. Seu toque era quente e terno, fez meu baixo ventre se remexer e senti meu rosto se aquecer num rubor.

— Não é necessário. Logo vai melhorar, é só vermelhidão — respondi pensando no seu toque, e na insistência dos meus joelhos em quererem amolecer. — Vamos? — perguntei tentando fugir da sensação.

— Vamos.

Otávio acenou para o porteiro e fez sinal para que eu seguisse na frente. Pousou a mão na curva final das minhas costas, o que fez os nervos da minha coluna mandarem ondas de choque ao meu cérebro. Depois passou a minha frente para abrir a porta do hall de entrada do prédio. Um vento frio nos acertou, me forçando a cruzar os braços sobre o peito. Ele manteve-se atrás de mim, indicando-me onde tinha parado seu carro. Alguns metros à frente, ele apertou o alarme e as portas de um Aston Martin preto destrancaram, com um silvo baixo do alarme sendo desligado.

— Você tem um Aston Martin? — perguntei atônita, enquanto ele abria a porta do veículo. Tive medo de entrar, mas sobre seu olhar de incentivo deslizei para dentro enquanto ele murmurava alguma coisa como: Ahã...

— E você se interessa por carros? — ele entrou pelo lado do motorista, colocando o cinto de segurança e a chave na ignição.

— Só por três carros: o meu velho e amado Mini Cooper e os meus dois sonhos de consumo que é um Camaro Amarelo, mas tem que ser igual ao Bumblebee, e um Aston Martin Vantage, igual a esse... — parei de respirar um pouco enquanto olhava os detalhes do painel.

— Interessante..., mais alguma coisa que temos em comum.

Olhei para ele que sorria. Passamos pelas ruas da cidade até chegar ao shopping, enquanto trocávamos pequenos comentários sobre as características do carro. Conseguimos pegar a seção que iria começar às nove horas.

Otávio pegou dois refrigerantes e duas barrinhas de chocolate. Me recusei a encarar a pipoca, meus dentes poderia querer aprontar-me uma brincadeira de mau gosto, no final do filme.

Pegamos bons lugares, bem de frente a tela, mas sem ter que ficar com a cabeça para trás. Antes de as luzes se apagarem, um clima de constrangimento pairou sobre nós. Não sabia como agir e nem o que dizer. A pessoa mais capaz de preencher lacunas quando a conversa caia no marasmo, que era idolatrada por seu chefe por ser sempre tão comunicativa em reuniões de negócios, naquele momento tinha uma tranca na memória que não lhe deixava lembrar nada interessante pra falar.

Enfiei o canudo do refrigerante na boca e fiquei enrolando com ele ali, talvez conseguisse me safar se ele achasse que estava bebendo. Otávio salvou o clima mudo poucos instantes depois.

— Podemos comer algo depois do filme, o que acha?

— Hum... Talvez uma coisa rápida tipo fast food? Pode ser?

— Mac? — ele insistiu e seus olhos brilharam... Engraçado o efeito que a simples menção a comida deixa os indivíduos do sexo masculino tão felizes.

— Claro. Um Cheddar Mcmelt completo, por favor.

Rimos juntos, enquanto ele dizia que seriam dois então. As luzes foram apagadas e a seção começou.

O filme foi longo e deveria ser interessante, pelo pouco que entendi parecia ser um misto de realidade com ficção cientifica. Eu deveria ter ido assisti-lo sozinha, prestaria muito mais atenção se não tivesse que ficar olhando a cada cinco segundos, para o rosto do meu acompanhante.

Não podia evitar. Alguma coisa me incitava a procurá-lo, mesmo sabendo que ele estava ao meu lado. Eu precisava saber se ele tentava manter um olho em mim. Aliás, não precisava não, mas e se ele estivesse? Será que seria apropriado ele saber que eu o procurava? Ou não? Seria melhor eu me fazer de amigona de novo, e esquecer o beijo da noite passada? Talvez fosse só um beijo de amigos, de despedida de amigos... Amigos se beijam de vez em quando, isso é normal. Certo?

Para com isso, Oliva! Briguei comigo mesma, e me forcei a prestar um pouco de atenção à tela do cinema. E o filme acabou.

Que ótimo! Quando consigo me prender o filme acaba.

Rezei para que ele não fosse daquelas pessoas que se acham "os críticos" de cinema e que quando saem de uma seção passam horas discorrendo sobre os acontecimentos do filme. Enquanto nos movíamos dentro da sala, um pequeno aglomerado de pessoas se formou no estreito corredor que levava á porta de saída. Alguns mais apressados e pouco educados começaram a empurrar os que estavam mais a frente. Otávio seguia a meu lado, mas quando percebeu a movimentação, passou a andar atrás de mim e colocou as duas mãos sobre meus ombros. Ele usou seu corpo para criar uma barreira contra os empurrões. Quando chegamos mais perto da porta da saída, Otávio aproximou-se ainda mais, encostando o peito nas minhas costas e suas mãos foram para a divisa da minha cintura com meu quadril.

Meus pensamentos e terminações nervosas se rebelaram quando sentiram o seu toque. Mas foi por um momento apenas, logo que passamos pelo acesso de saída ele se colocou ao meu lado, e manteve uma das mãos na parte inferior das minhas costas.

Fora do cinema nos dirigimos para a praça de alimentação. O lugar estava cheio, mas com um pouco de sorte encontramos uma mesa com dois lugares que acabara de ficar vaga. Ele pediu que me sentasse enquanto ia buscar os lanches, tentei fazê-lo esperar, alegando que precisava pegar minha carteira para dividirmos o valor, mas seu olhar fechado e a frase resmungada que dizia "de forma alguma!", me fizeram parar.

Sentei-me e fiquei olhando enquanto ele se afastava, percebi também que algumas outras mulheres também o olhavam. Não as condenei, Otávio chamava a atenção, lindo, alto, e elas não tinham a noção do quanto aquela criatura era encantadora. E beijava como...

Uma vibração dentro da bolsa no meu colo me chamou a atenção. Meu celular piscava uma luz azul quando o trouxe para fora. Antes de atender olhei no visor o nome de quem me ligava. Glaucia.

— Oi, linda, tudo bem? — saldei-a.

— Estou sim, e você? O pessoal vai para uma pizzaria daqui a pouco, vamos?

— Desculpe Glau, não estou em casa...

— Não? — ela se espantou um pouco. — Onde você está?

— Vim pegar um cinema. — esperava que a conversa parasse por aí. Doce ilusão a minha...

— Tudo bem, quando você sair vai pra pizzaria, eu te espero lá.

— Não vai dar, amiga, estou com uma pessoa.

Agora é que a enxurrada de perguntas ia começar de fato.

— Que pessoa? É um homem não é? Fala que é um homem, por favor! Faz a sua amiga alcoviteira ficar muito feliz por você, Olívia? Quem é ele? Eu o conheço? Ele é bonito? Fala Mulher!

— Se parar de fazer tantas perguntas eu falo! — respondi rindo, corri os olhos para a fila da lanchonete e Otávio já fazia o pedido para a atendente.

— Desculpa. Parei. Agora fala.

— É um homem sim... — ouvi quando ela deu um suspiro. — Você não o conhece, o nome dele é Otávio, ele é parceiro da empresa.

— Uau! Ele é bonitão? Espera um minuto... Ontem você não atendeu minhas ligações, estava com ele também?

A percepção dessa criatura estabanada era algo que me assustava na maioria das vezes. Eu tinha medo que ela descobrisse minha ligação com Renato, só pelo fato de nos ver perto. Ela era minha única melhor amiga naquela cidade fria e individualista, mas mesmo assim, existem coisas que não se deve repartir nem com sua mais fiel escudeira.

— Estava, Glau — respondi me rendendo.

— Uau! Mas e aí? Já o beijou? Fez alguma safadeza? Ai meu Deus, que agonia!

Graças a uma força divina, percebi que Otávio já caminhava em minha direção trazendo nas mãos uma bandeja com os nossos lanches. Foi a minha tábua de salvação, se tivesse que responder mais algumas perguntas essa conversa iria longe.

— Glau, ele está vindo para cá. Depois nos falamos está bem?

— Tudo bem — ela disse em tom desanimado. — Mas você sabe que vai ter que me contar essa história toda do começo ao fim não sabe?

— Sei, sei, vou contar. Prometo. Divirta-se.

— Pode deixar, vou jogar um charme hoje pra cima do Renato, quem sabe ele não me dá um pouquinho de atenção?

— Boa sorte — falei ao mesmo tempo em que uma coisinha lá no fundo me incomodou. Eu não tinha direitos sobre Renato, mas a menção do nome dele me deu uma pontinha de ciúmes.

— Boa sorte pra você. Ah! Não esquece a camisinha hein? Tchau... — ela falou rindo e desligou.

Fechei o aparelho e joguei-o dentro da bolsa meneando a cabeça com um sorriso nos lábios, no mesmo instante em que Otávio colocava a bandeja sobre a mesa.

— Está tudo bem?

— Sim, era uma amiga me convidando para sair hoje.

— Atrapalhei seus planos para hoje, me desculpe.

— Não, não. O convite dela só veio agora, o seu chegou primeiro — respondi sorrindo, e certa de que não recusaria o convite dele.

— Que bom.

Enquanto comíamos, trocávamos algumas palavras sobre o filme e sobre alguns shows internacionais que aconteceriam na cidade em breve.

Ele me perguntou como estavam as coisas na empresa, e também falou que já estava com o planejamento pronto junto ao seu irmão, para começarem em breve as exportações. Elogiou o desempenho de seu carro, e que estava muito satisfeito com aquela aquisição, mas ainda amava sua antiga caminhonete, mais pela robustez do que pelo desempenho.

Quando terminamos, Otávio me perguntou se eu gostaria de passear pelos corredores do shopping. Olhando para o relógio respondi que não, estava cansada e queria mesmo ir para casa.

Eu tinha duas intenções com esse argumento. A primeira era o fato real de que minhas baterias de energia já estavam se esgotando, a tribulação do dia exigia sua cota das minhas forças. A segunda é que queria e ansiava por saber de que maneira minha noite ia terminar. O que aconteceu na noite passada foi apenas fruto do excesso de vinho? Ou não? Estava me esforçando para manter uma postura despreocupada perto dele, mas a cada novo olhar, a cada novo sorriso, minha mente imaginava mil e um significados diferentes.

    Caminhamos lado a lado até o carro. Otávio estava sempre fazendo gentilezas como me oferecer o braço para descer a escada rolante, segurava a porta do elevador, e andava atento a qualquer obstáculo á nossa frente, como aquelas plaquinhas de limpeza que muitas vezes aparecem do nada e você só as enxerga depois que tropeçou nelas e fez seu corpo se juntar a bagunça no chão.

    Àquela altura minha bolsa parecia pesar uma tonelada. Era a bolsa básica do dia a dia, a que ia para o trabalho, o supermercado, a farmácia e por isso havia muita coisa lá dentro que era dispensável para uma simples seção de cinema. Mas eu estava sem tempo, e na pressa acabei me esquecendo de aliviá-la um pouco. Comecei a trocá-la de ombro vez ou outra, e quando eles se recusaram a aceitá-la, resolvi carregá-la pela alça. Ainda sim o desconforto persistiu. Antes que fizesse a próxima troca de mãos, Otávio se ofereceu para carregá-la. Eu não me fiz de rogada e entreguei-lhe a razão da minha tortura.

    Ainda sendo mais gentil do que alguém pudesse ser nesse século, e ganhando-me de vez, ele passou minha mão por seu braço para caminharmos juntos. Agradeci aquele apoio, minhas pernas já estavam ficando desobedientes. Quando entramos no carro soltei um suspiro de alívio e deixei meu corpo afundar no banco macio.

— Você não me parece bem, Olívia...

— É cansaço, meu dia foi bem agitado hoje — tentei impor na voz um pouco de ânimo, mas não saiu tão bem quanto eu queria.

— Só cansaço mesmo ou a companhia está ficando entediante? — Ele sorriu para mim, antes de se virar e colocar o cartão do estacionamento na máquina para abrir a cancela.

— Não, Otávio, não mesmo. É que meu corpo não está mais obedecendo às instruções.

— Tudo bem, eu compreendo — ele sorriu largo, e não pude deixar de retribuir.

Bem que eu gostaria de continuar numa conversa decente com ele, mas estava ficando difícil manter os olhos abertos. Os pensamentos se embaralhavam, e transformar a parte aproveitável deles em palavras estava além das minhas forças. Encostei a cabeça no banco e fechei os olhos. Uma música conhecida começou a tocar.

— Gosto dessa música... — falei de olhos fechados, apenas deixando os acordes da guitarra chorosa de The Edge entrar pelos ouvidos e me entreguei ao prazer daquela canção.

— Imaginei que gostaria.

Senti que ele me olhava, mas não tive coragem de abrir os olhos para confirmar minhas suspeitas. Lembrei-me da segunda vez em que o encontrei, eu brigava com a tampa de uma garrafa de água, ao som de uma banda cover do U2, quando ele veio em meu socorro. Sorri sozinha pensando na cena, e depois de alguns instantes adormeci.

Capítulo 8.

Um toque morno descendo pela lateral do meu rosto me acordou. Abri os olhos e fui recebida pelo sorriso luminoso de Otávio, enquanto ele terminava de percorrer minha face com a mão.

Deus! Seu sorriso é tão lindo! Deveria ser crime sorrir assim!

— Chegamos, Bela Adormecida. — A voz rouca e sussurrada e seu rosto tão perto do meu, quase parecia real.

Os olhos de Otávio me fitavam com tanta intensidade que acreditei ainda estar dormindo. Sobre a penumbra que a luz da rua produzia dentro do carro, não consegui definir o que ele queria dizer com aquele olhar. Sentia que ele tentava ver através de mim, como se quisesse passar por minhas barreiras e chegar a minha alma. Virei o rosto para frente escapando da intensidade daqueles olhos.

— Desculpe-me por hoje, não fui uma boa companhia.

— Claro que foi... Bom até uns vinte minutos atrás você foi uma ótima companhia — ele sorriu.

— Eu apaguei não é mesmo? — perguntei constrangida.

— Sim.

— Obrigada pelo passeio.

— Eu é que agradeço pela companhia. Estar perto de você está me fazendo muito bem.

Sorri um pouco, satisfeita com seu comentário. Desviei o rosto para minhas mãos unidas em meu colo e voltei a olhá-lo.

— A mim também — respondi. — Preciso ir agora.

Inclinei-me para dar-lhe um beijo no rosto, esperando que ele se virasse e que aceitasse meu beijo de despedida de frente. Mas ele não se virou, hesitei por um instante e me obriguei a continuar encostando minha face na dele e fazendo apenas um barulho de beijo. Minha boca nem tocou sua pele.

Virei-me para a porta e levei a mão à maçaneta.

— Olívia...

Parei prendendo um pouco a respiração.

— Sim? — perguntei distraída enquanto voltava o rosto em sua direção.

Otávio me encarava de forma diferente. Como se algo o incomodasse e ele quisesse por pra fora, mas não conseguia. Seus olhos obscurecidos pela penumbra pareciam maiores, mais hipnóticos e irradiavam uma sensação estranha, algo entre o tormento e o medo misturados em proporções iguais. Meu coração entrou num frenesi, pulsando com violência a ponto de me perguntar, se ele podia ouvir o que se passava dentro do meu peito. Eu ouvia.

Ainda me encarando, ele começou a se aproximar. Esperei, sem me mover em sua direção, desejando que ele continuasse a vir até mim. Uma das vantagens do carro dele era a de que os bancos do passageiro e do motorista estavam colados um ao outro, e não demorou muito para que ele ficasse a centímetros da minha face.

— Não posso deixar você entrar sem antes continuar de onde parei na noite passada.

O hálito dele bateu quente em meu rosto e surpreendeu-me com o cheiro de chocolate e menta, bem leve, bem sutil, mas mesmo assim perceptível. O desejo por prová-lo aumentou ainda mais o meu descompasso cardíaco.

— Então... Não deixe... — respondi quase sem voz, ansiando para que ele se apressasse.

E ele o fez.

Foi apenas um roce de lábios. Meus olhos ainda abertos encaravam os dele, mergulhando ainda mais naquele mar azul-oceano-profundo. Ele se afastou um pouco e sorriu. Eu esperei sem reação. E então ele me beijou de verdade.

Sua boca abraçou a minha com uma sede quase violenta. Joguei meu braço livre ao redor do seu pescoço, mostrando que também o queria.

Um calor intenso começou a crescer dentro de mim, à medida que seus lábios pressionavam os meus. Sua língua passeava dentro da minha boca, buscando a minha e quando a encontrou o gosto de menta e chocolate explodiu o meu paladar e quase me tirou os sentidos. As mãos hábeis de Otávio me enlaçaram pela cintura e me puxaram para cima dele, como se eu fosse uma boneca de pano, fazendo-me ficar em seu colo com as costas meio apoiadas no volante.

Eu não queria parar e ele também não. A boca de Otávio parecia ter vida própria, e a cada novo movimento, a tensão crescia entre nossos corpos. Uma de suas mãos subiu pelas minhas costas e se alojou na minha nuca forçando-me ainda mais para perto dele. Nossas respirações assumiram um ritmo intenso e pulsante, como se cada puxada de ar fosse nos tirar um tempo precioso. Prendi seu cabelo entre os dedos da mão e puxei, não com força, mas com prazer, com desejo, como se eu precisasse fazer aquilo para expulsar um pouco da energia excitante que nos envolvia naquele momento.

Ele soltou um suspiro e começou a se afastar com lentidão, diminuindo o ritmo da dança que nossas bocas úmidas faziam. Ainda demorou um pouco para que nos separássemos por completo. Ele mordeu meu lábio inferior, e soltou, voltando a encostar seus lábios nos meus mais algumas vezes.

— Eu deveria ter feito isso ontem — ele sorriu e colocou uma mecha do meu cabelo atrás da orelha.

— Talvez não... — respondi encarando-o. — Ontem foi apenas um prelúdio para hoje. Talvez se fosse ontem não teria sido tão... Intenso.

Pensei na minha necessidade avassaladora da noite anterior.

— Você tem razão, mas ainda não acabei de matar a minha vontade — ele sorriu e se aproximou um pouco mais.

— Nem eu... — respondi indo ao seu encontro.

Ficamos ali sorvendo sensações e desejos um do outro por mais um tempo. Eu não queria parar. Mas se não parasse, iria perder o controle total da minha razão e acabaria na cama com ele. Por alguma razão desconhecida, sentia que não poderia tratá-lo como fazia com Renato. Era mais intenso, ultrapassava as fronteiras dos sentidos carnais. Eu queria ter Otávio muito mais próximo de mim e provar mais dele do que apenas sua boca, mas não naquele momento. Precisava ver como essa situação iria se desenrolar, ainda mais pelo fato de sermos parceiros profissionais. Seria desconfortável se essa relação não passasse de atração física, e eu tivesse que lidar com sua presença no trabalho vez ou outra.

Além do que, eu o conhecia há pouco tempo. E precisava saber mais dele. Por motivos um tanto conservadores, mas ainda enraizados na minha personalidade, não poderia me entregar assim tão fácil. Com Otávio havia algo a se considerar.

— Não é seguro ficarmos aqui no carro — falei no espaço entre um beijo e outro.

— Você poderia me convidar para conhecer seu apartamento... — ele sugeriu com malícia mal disfarçada.

Adorei a sugestão, mas não ia acontecer. Pelo menos não dessa vez.

— Talvez numa próxima vez...

— Ah... — seu suspiro falso me fez rir.

— Ahã! Tenho que acordar cedo amanhã. E você também.

— Quando eu te vejo de novo? — sua boca dava beijos curtos na minha, quase me impedindo de responder.

— Não sei... Sábado?

— Nossa tão longe assim? — ele ainda me beijava e agora descia pela lateral do meu rosto, alcançando o meu pescoço.

Quase mudei de ideia. Sua boca quente em contato com minha pele causava um formigamento tremente, e não pude segurar um gemido. Afastei-o um pouco com as duas mãos empurrando seu peito. Precisava manter o controle sobre os meus impulsos, e os dele.

— Não é longe, é depois de amanhã! — falei rindo de sua expressão sofrida.

— Eu não vou conseguir esperar...

— Vai sim. Amanhã tenho algumas coisas pra resolver, mas sábado a gente se encontra.

— Tudo bem... — ele forçou um semblante infeliz.

— Ahn... Acho melhor mantermos esses acontecimentos fora da área de trabalho...

— Por pouco tempo... Eles deverão saber, o quanto antes, que você é minha namorada — sua expressão séria me pegou desprevenida.

— Sou? — perguntei. — Mas já?

— E não é? — ele parecia confuso, ou estava se fazendo de confuso.

— Ainda não. Nem o conheço direito.

— Mas conhecerá. E logo será então minha linda namorada! — ele riu, e eu o acompanhei.

Trocamos mais um beijo intenso, e decidi que já era hora de parar de testar nossa sorte, ficando dentro do carro, na rua, namorando.

Desci do veículo e ele me acompanhou. Antes que pudesse passar pela porta de entrada do prédio, Otávio me puxou com força fazendo meu corpo bater contra o dele e me beijou com desespero. Por muito pouco não mandei a prudência para o inferno, e o arrastei para o meu apartamento. Em pé como estávamos era mais fácil sentir as curvas do seu corpo pressionando o meu. Uma parte muito mais saliente abaixo de sua cintura me fez tremer, quando a encostou no meu abdômen, e esse pequeno detalhe balançou minhas intenções já definidas. Empurrei-o um pouco mais forte, antes que o desejo dominasse minha razão.

— Vai... — disse sorrindo, mas querendo que ele ficasse.

Ele deu dois passos para trás, e quando achei que tinha conseguido escapar ele correu de volta e prendeu-me com seus braços e com sua boca.

Por fim consegui fazer com que ele fosse embora. Passei pelo porteiro sorridente, cumprimentando-o e sentindo um pouco de vergonha pela cena que ele acabara de ver pelas câmeras de segurança. Com passos rápidos fui em direção ao elevador. Passei a mão pela minha boca que estava meio dormente, pela força dos beijos que troquei com Otávio.

Entrei no apartamento e fui jogando a bolsa sobre a mesa, tirando os sapatos no corredor, e jogando-me na cama extasiada pelo turbilhão de emoções que tinha acabado de me submeter. Por muito tempo não me sentia tão leve em relação a um homem. O encanto que Otávio exercia sobre mim, ia muito além dos meus temores amorosos. Estava com medo de deixar-me levar por seu charme e acabar tendo mais uma decepção, mas já estava farta de alimentar a barreira de limitações que havia criado. Queria me envolver. E acima de tudo, queria deixar que me envolvessem.

Capítulo 9.

O alvorecer da sexta-feira não prometia um dia de intensa tortura no trabalho. Acordar, ter que trabalhar, cumprir obrigações perante os membros da sociedade era algo desanimador para mim. Mas naquela manhã tudo parecia mais fácil, mais empolgante, mais bonito. Até o trânsito caótico parecia exalar uma beleza ímpar, que eu nunca consegui apreciar antes. Alheia ao fato de que tudo o que acontecia era o mais fiel retrato do dia anterior, me peguei pensando na onda de expectativa que me cercava.

O sono profundo em que mergulhara depois do encontro com Otávio, trouxe-me vigor extra para que encarasse as rotinas diárias de forma diferente.

Cheguei ao trabalho distribuindo sorrisos e cumprimentos de bom dia. Melissa arregalou os olhos quando a saudei de maneira tão cordial naquela manhã.

Combinei com ela as tarefas do dia, e avisei-lhe que iria tirar a parte da tarde de folga. Pedi que ela me trouxesse um copo de café, enquanto olhava as correspondências e os e-mails. Nada de diferente nem de aterrador estava entre as pequenas cartas eletrônicas.

Levantei-me, fui até a janela do escritório e fiquei olhando o barracão da tecelagem. Mas meus olhos não enxergavam o grande prédio de concreto com suas cores terrosas e colunas de tijolo a vista. A imagem que vinha em minha mente era de um tom azul-oceano-profundo. Era a cor dos olhos de Otávio. O sabor de seus lábios juntou-se à lembrança, levando meu corpo a se arrepiar, quando as sensações do momento resolveram participar daquela reminiscência.

Fui chamada a realidade ao ouvir meu nome sendo pronunciado baixo, quase num sussurro. Virei-me e encontrei minha estagiária segurando o copo de café em uma das mãos e equilibrando um ramalhete de flores silvestres em outra.

— Acabou de chegar pra você, Olívia — ela sorria como se o presente pertencesse a ela mesma.

Caminhei ao seu encontro e antes que pudesse pegá-lo nas mãos, perguntei sem esconder o ar de contentamento.

— Tem cartão?

— Sim está aqui ao lado, preso na fita.

Retirei o cartão e peguei o ramalhete de suas mãos. Toquei de leve algumas pétalas coloridas das tulipas e das gérberas. Coloquei-o sobre a mesa, e pedi que Melissa providenciasse um vaso. Ela me entregou o copo de café e saiu.

Abri o pequeno envelope vermelho que escondia um bilhete escrito à mão com letra inclinada e simétrica:

Bom dia...

Agradeço imensamente pela noite passada. E aviso que o acontecido entre nós permeia meus pensamentos, fazendo-me revivê-lo a cada cinco minutos. Aguardo ansioso nosso reencontro, para que possas me conhecer melhor e aceitar ser minha namorada o quanto antes.

Otávio

Sorri para o cartão, na esperança vaga de que talvez ele pudesse sentir a alegria singela que me proporcionou aquele agrado. Consegui terminar de organizar minhas obrigações com Melissa, e pouco antes do horário de almoço deixei a empresa. Passei num salão de beleza e depois de implorar um encaixe no horário da minha cabelereira, que quase teve um colapso nervoso tentando reorganizar sua agenda. Enquanto mordiscava alguns biscoitos expostos numa vitrine e tomava um refrigerante, peguei o telefone celular e liguei para Glaucia.

Entre expressões verbais que iam da incredulidade, até o suspense aterrador que Glaucia ia me passando pelo telefone, contei-lhe o que tinha acontecido entre Otávio e eu. Mais cedo ou mais tarde teria que fazê-lo. Caso contrário, ela iria aparecer na porta do meu apartamento a qualquer momento exigindo explicações. Quando ela terminou o interrogatório, ficou em silêncio por alguns instantes, e depois me perguntou de forma carinhosa e até um pouco preocupada.

— Como você está se sentindo com relação a isso, Olívia?

— Pra ser sincera, estou com medo. — Respondi pensando apenas na razão e deixando a euforia de lado.

— E o que você vai fazer?

— Vou deixar acontecer. Gosto da companhia dele e o jeito que me olha me faz sentir a pessoa mais importante no mundo. Não sei se é invenção da minha cabeça, mas vou pagar para ver.

— Espero que tudo dê certo então.

— Eu também Glaucia...

Só conseguiria falar com ela de novo na próxima semana. Ela refez o convite para a balada, e eu recusei sem muito explicar. Antes que ela desligasse, perguntei como tinha sido suas investidas em conquistar o "bonitão" da turma.

— Estou trabalhando nisso. Ontem eu só preparei o terreno, nesse final de semana ele não me escapa!

Rimos juntas de sua determinação, e foi minha vez de desejar boa sorte. Fiquei um pouco preocupada com Renato. Se caísse nas garras de minha adorada amiga, nosso pequeno acordo de amigo do desejo teria que ser cancelado. Talvez isso fosse o melhor a acontecer. Meu envolvimento com Otávio trazia mais expectativas do que o meu acordo com Renato.

Acabei por deixar meus pensamentos vagarem por antigos relacionamentos, dos quais percebei que não guardei nada que valesse uma lembrança. Nenhum sentimento ficou marcado em mim, meu interesse era apenas o da satisfação sexual, e pensando assim, nunca deixava ninguém se aproximar demais.

Mas Otávio estava quebrando muitas barreiras que eu sustentava há longo tempo. Pensei em Renato por um momento e na pequena insinuação que ele havia feito de termos uma relação um pouco mais oficial. Não era isso o que eu queria, nem com Otávio, mas ele já chegou impondo seu charme e me deixando a mercê de seus galanteios. O jeito de olhar, o sorriso malicioso e até sua dor emocional acabaram por me despertarem a atração por aquele ser tão hábil, consciente ou não, na arte do encantamento. Sem contar seus toques de gentileza que me pegaram desprevenida.

Fui chamada a realidade quando minha cabelereira anunciou meu nome, me convidando a cadeira de corte.

Ao anoitecer, cheguei ao meu apartamento satisfeita. Meu cabelo estava alguns milímetros mais curtos, e um pouco mais iluminados com algumas mechas vermelhas, salpicadas por entre as madeixas. Minhas pernas e virilha ainda ardiam um pouco da brutalidade a que foram submetidas pela temível depiladora, e as unhas dos pés e mãos pareciam estampar limpeza na cor clara. Serviço completo.

O cheiro de lavanda predominava no ambiente limpo, a mesa-escrivaninha-porta-trecos, estava milagrosamente organizada. E me fez soltar um suspiro de alívio ao perceber que minha Santa Faxineira esteve presente ali. Tentando manter a ordem sacra que estava instalada, coloquei a bolsa e a pasta do computador sobre o sofá. Descalcei os sapatos e deixei-os na lavanderia e fui para o chuveiro.

Demorei-me no banho, enquanto ia relembrando os momentos marcantes dos meus últimos dois dias. Percebi chocada com minha falta de educação que não liguei para agradecer as flores que Otávio havia mandado. Acelerei no término do banho e com uma toalha enrolada na cabeça e outra no corpo, liguei para ele. A voz rouca acompanhava uma docilidade que deixou a sensação de que ele estivesse sorrindo quando me atendeu.

— Olívia, como está?

— Oi, estou bem, queria lhe agradecer pelo presente. Foi muito gentil de sua parte.

— Não precisa. Mas fico contente que tenha gostado.

— Obrigada, eu gostei muito.

— O que vai fazer hoje? — ele perguntou um pouco ansioso.

— Nada, vou ficar em casa. Preciso organizar alguns documentos, e depois vou assistir um pouco de televisão e dormir. — Falei esperando que ele se opusesse.

— É verdade, você havia me falado que queria ficar em casa hoje. Tudo bem. Amanhã ligo para combinarmos alguma coisa então. Beijos. Até.

— Até...

Não terminei de falar, e nem tive tempo para inventar alguma coisa que o fizesse insistir um pouco mais em nos encontrarmos. Uma sensação estranha passou por mim. Ele desistiu muito fácil. Na noite anterior seu empenho em conhecer meu apartamento me fez pensar em coisas meio indecentes, mas sua falta de vontade nessa nossa última conversa deixou-me decepcionada.

Bem, não deve estar tão interessado assim em me ter como namorada. Melhor assim. Ainda dá tempo de matar a expectativa. Pensei enquanto olhava para o aparelho de celular mudo na palma da mão. Joguei-o ao lado da bolsa e voltei ao banheiro para terminar de me secar.

Vesti um pijama leve. O dia tinha sido quente, e o ar parado deixava o ambiente morno. Descalça, fui até a geladeira e peguei uma das formas de gelo e um copo grande. Olhei indecisa para a jarra de suco e para garrafa de Martini. Pesei as opções e pela confusão que sentia optei pelo Martini.

Fui para a sacada e acendi um cigarro. Era para esses momentos que o pequeno cilindro com ponta incandescente me servia, ajudava a diminuir o ritmo acelerado que meus pensamentos se punham a marcar, quando algo me incomodava. Culpa disfarçada? Talvez. Mas não tinha intenção de me afastar da nicotina, e naquele momento a minha mente refazia cada palavra que ele havia me dito há pouco.

"Mas que droga! O que eu estou pensando? Que ele viria correndo quando eu mesma o havia dispensado? Ou que ele ia implorar para ficar comigo? Será que ele achou que uns amassos no carro me fariam ficar desesperada por ele? Vá à merda Otávio! Eu não vou me dar a uma pessoa que não sabe a diferença entre uma noite de amor, e uma transa apenas. Mas, eu sei qual é essa diferença? Talvez nem eu saiba..."

Terminei o cigarro e voltei para dentro alojando-me confortavelmente no sofá. Apertei as teclas do controle remoto da televisão e comecei a mudar de canal procurando algo de interessante. Não havia nada, resolvi então ligar o aparelho de som. *Ah! Bono Vox... É de você que eu preciso!* Peguei um dos livros que estavam sobre a mesa e comecei a ler.

Fiquei surpresa ao ouvir o interfone tocar e ver no relógio digital da televisão que já passava da meia noite. Corri para atender preocupada com o que pudesse ser numa hora daquelas. Eu não esperava ninguém, e se o prédio estivesse pegando fogo? Ou um ladrão estivesse invadido a segurança? Ou...

— Dona Olívia? — soou a voz receosa do Seu José, do outro lado da linha.

— Oi, Seu José, aconteceu alguma coisa?

— Desculpa ligar uma hora dessa, Dona Olívia, eu não acordei a Senhora não, acordei? — a contrariedade impregnada na voz do homem.

— Não, Seu José, eu estava indo dormir. Aconteceu alguma coisa?

— É que aquele rapaz que estava aqui com a senhora ontem insistiu para que eu ligasse para a Senhora. Posso autorizar sua entrada?

Parei de respirar um minuto. *O Otávio estava na portaria do meu prédio? Por quê?*

— Dona Olívia? — ouvi a voz do Seu José esperando uma resposta minha.

— Sim, Seu José. Deixe-o entrar, avise qual é o número do meu apartamento, obrigada.

— Sim, Senhora. Boa noite.

— Boa noite.

Fiquei um momento ainda olhando para o fone em minhas mãos, tentando decidir o que fazer. Bem, era um pouco tarde para pensar em alguma coisa, ele já estava subindo. Olhei para baixo e vi meu corpo mal vestido num micro pijama que causaria vergonha até em mim mesma se me olhasse num espelho.

Droga!

Corri para o quarto e peguei o roupão de cetim cinza que deixava na cadeira aos pés da cama. Vesti-o às pressas e antes que pudesse atar à faixa na cintura a campainha tocou. Cheguei rápido à porta de entrada e abri.

Otávio estava vestido numa camisa de linho branca, com as mangas enroladas até a altura do cotovelo e uma calça jeans reta. Trazia nas mãos uma garrafa de vinho, duas taças e mais uma embalagem misteriosa que eu não pude identificar. Seu sorriso largo me pegou de surpresa, e seus olhos me prenderam no mesmo instante que os encontrei.

— Não consegui esperar até amanhã.

Capítulo 10.

Um turbilhão de emoções e perguntas me açoitava. Felicidade por ele estar ali e por que eu queria que ele estivesse. Temor pelo mesmo motivo. Mas eu queria estar com ele! Por que ficava nesse vai e vem? Ou teria alguma razão escondida em algum espaço interior meu, e que eu ainda não sabia?

— Não vai me convidar para entrar? — ele inclinou a cabeça de lado e estampou um sorriso de quem se desculpava.

— Não deveria... — vi seus olhos se abrirem um pouco de espanto e logo em seguida uma sombra de decepção passar por eles. Foi o bastante para mim. — Mas, por favor, entre.

Ele caminhou em direção à sala, enquanto me virava para trancar a porta. Deixou o misterioso embrulho, a garrafa de vinho e as taças sobre a mesa. Passou pela sala e parou em frente à sacada colocando as mãos na cintura. Ficou ali um tempo olhando para fora, e quando se virou me viu encostada na lateral da mesa onde antes ele estivera. Mantive o rosto sério com os braços cruzados sobre o peito esperando que ele se explicasse. Na verdade, também estava numa briga interna comigo mesma, por estar tão eufórica com a presença dele.

— É bonito seu apartamento. — Otávio se virou deixando os braços caírem.

— Obrigada.

— Me perdoe por aparecer assim sem avisar. Juro que tentei não fazer isso, mas...

— Olha Otávio... — tentei dizer, mas ele me interrompeu.

— Espere... Me deixa explicar... — ele chegou mais perto. — Eu sei que combinamos de nos vermos amanhã, mas a tarde se arrastou para mim. Eu não sei porque, Olívia, mas eu precisava ver você. Meu trabalho não rendeu em nada hoje, só conseguia pensar em te ver de novo.

Otávio puxou uma respiração forte, balançou a cabeça para os lados negando alguma coisa em pensamento. Em seus olhos o azul estava ainda mais escuro, como se uma sombra os cobrisse.

— Quando você disse que não íamos nos ver hoje, muitas suposições negativas vieram a minha mente. Apesar de tentar mudar sua opinião, não encontrei alternativa a não ser vir até aqui fazer com que você me desse apenas cinco minutos do seu tempo. É somente isso que quero agora, nada mais. Apenas tome o vinho comigo, me deixe ficar aqui apenas olhando pra você, e depois vou embora.

Seu olhar triste e envergonhado pesou sobre mim por alguns segundos e depois ele mirou o chão. Era como se uma força maior brigasse contra ele, e a derrota lhe causasse agonia, além de um pouco de vergonha.

Encarei seu rosto, e por mais que minhas suposições imperfeitas em relação ao nosso pequeno diálogo ao telefone tivessem me instruído a pensar em não me expor demais para ele, naquele instante, tudo o que eu havia me comprometido a fazer estava esquecido. Sobre o olhar daquele homem forte e ao mesmo tempo tão frágil, minhas estruturas caíram por terra. Minha única vontade era a de me jogar em seus braços e apagar qualquer outro pensamento que não fosse estar com ele.

— Senti um aperto no peito como se precisasse de sua presença, mesmo que silenciosa ao meu lado. Não tenho a intenção de sufocar você com o meu comportamento Olívia, mas a verdade é que eu me senti incompleto sem você por perto.

Ele se aproximou e pegou minhas mãos desfazendo o nó que eu havia feito com os braços cruzados sobre o peito. Ergui meu rosto para encará-lo, e seus olhos transmitiam uma dor opressiva e urgente, que me incitou a questionar se era minha culpa a causa daquele mal.

— Por favor, não quero mais nada de você hoje além de algum tempo de sua companhia. Trouxe o vinho mais por desculpa do que por qualquer outra razão. Não consegui pensar em mais nada para sustentar minhas justificativas.

Aproximei-me um pouco mais dele e levei uma das mãos ao seu rosto. A pele com a barba crescente de um dia, parecia arder sobre a minha palma. E ainda que eu quisesse recusar, seria impossível esconder o quanto a presença dele acalmava os meus pensamentos confusos. Escorreguei minha mão até sua nuca e puxei seu rosto de encontro ao meu, içando-me sobre a ponta dos pés, para diminuir a distância entre nós. Sua boca juntou-se a minha com desespero e ansiedade. Seus braços me enlaçaram pela cintura e ele me apertou contra o seu peito forte. Minha mão livre se juntou a outra, cercando seu pescoço como se eu pudesse mantê-lo preso ao meu corpo.

Beijei-o com igual ímpeto. Retribuindo cada suspiro que ele me dava. Meus lábios e os dele dançavam em sintonia, sugando a necessidade que tínhamos um do outro. Apertei-me junto ao seu corpo quase me tirando o ar. A barreira da roupa nos separava e me impedia de saber se a pele do seu peito era tão quente quanto à de sua face.

Paramos ao mesmo tempo, quando ambos não tínhamos mais fôlego para manter aquele ritmo. Colamos nossos rostos frente a frente, e na respiração cansada, no sorriso triunfante que estampávamos e na promessa que surgia de ambas as partes, disse-lhe enquanto buscava o azul-oceano-profundo que me tirava qualquer resquício de razão.

— Que bom que você veio.

Otávio voltou a me beijar com mais ardor, e pude ouvir um gemido de satisfação vindo do fundo de sua garganta. Minha confirmação de que também ansiava sua presença libertou-o das amarras que o obrigava a ser cauteloso comigo. Suas mãos se prenderam a minha cintura, e subiam pelas minhas costas causando tremores em todo o meu corpo. O desejo crescia dentro de mim, transformando todos os meus pensamentos em gelatina. Quase perdi a sustentação das pernas e agradeci por ter seus braços fortes ao meu redor, impedindo-me de cair. E por mais que eu me apertasse contra ele ainda parecia insuficiente. Eu o queria mais próximo de mim, queria a sensação de pele contra pele. Sua carne colada a minha.

Consegui forçar minhas pernas a se firmarem e devagar o soltei. Peguei suas mãos que ardiam como brasa, ao passo que as minhas pareciam um bloco de gelo. Mergulhada no oceano azul comecei a andar de costas puxando-o para meu quarto. Seu rosto iluminou-se um pouco mais quando compreendeu minha intenção, ele então me enlaçou pela cintura mais uma vez, e devorou minha boca com a dele.

Eu podia sentir em minha pele que Otávio também estava tomado por algo maior do que as nossas razões. Era uma força hercúlea que não nos impediria de prosseguirmos com as ações que o primeiro beijo naquela noite já desencadeara.

O fiz sentar-se na cama e parei em sua frente. Suas mãos encontraram a lateral dos meus joelhos e começaram a subir passando pelas minhas cochas, meus quadris e delinearam com delicadeza a minha cintura. Sem tirar seus olhos do meu rosto, ele encontrou o pequeno nó que prendia o roupão, desatou-o com precisão e com um leve impulso fez com que ele deslizasse pelos meus ombros caindo aos meus pés.

Os pelos do meu braço se eriçaram quando sua mão quente pegou meus pulsos. Ainda em pé na sua frente, soltei-me dele e cruzei os braços pegando a parte baixa da pequena blusa que usava e ergui-a passando pela cabeça. Suas mãos quentes pousaram em minha cintura e devagar contornaram meu corpo até as costas. Parou ali por alguns instantes enquanto ele me olhava sério e ao mesmo tempo maravilhado com o que via. Depois continuou seu trajeto, voltando para frente, passando pela minha barriga e subindo até encontrar a curva dos meus seios, pausando neles por um momento e depois retornando para a minha cintura.

Otávio ficou de pé em minha frente e comecei a desabotoar os botões de sua camisa. Toquei seu peito por baixo do tecido subindo até seus ombros e deixando que a camisa branca escorregasse por seus braços. Sua pele quente, quase em estado febril, arrepiava-se em cada ponto onde minha palma fria tocava. Sua boca encontrou a minha e o desejo explodiu em nós.

Ele deitou-me sobre a cama com delicadeza e explorou cada parte do meu corpo com as mãos, com os olhos, com a boca. Entreguei-me àquele corpo másculo e torneado e pude sentir que ele também se entregava a mim. Seu peito largo parecia minha cama particular, os braços poderosos me seguravam com força e ao mesmo tempo com suavidade.

Amamo-nos com intensidade e com delicadeza. Combinamos num embate entre o terno e o selvagem, e perseguimos juntos o auge do prazer. Nossos corpos se encaixaram suavemente dando a impressão de que foram moldados para se completarem. O suor e o êxtase selou essa união. O tempo não passou enquanto estávamos unidos, aliás, nos braços de Otávio não havia tempo que pudesse ser medido.

Quando a manhã chegou, o estreito raio de sol que passava pela cortina de voal verde claro aqueceu meu rosto me tirando do sono profundo. Senti um corpo firme e grande contra minhas costas e um braço que me ancorava pela cintura com firmeza. O sorriso floresceu em meus lábios com as lembranças da noite passada.

Mantive-me imóvel desfrutando do calor do corpo encostado no meu. Muitos pensamentos questionadores de repente tomaram forma em minha mente, e o sorriso deixou minha face quando as consequências do que havia acontecido me acertaram.

O prazer que Otávio me proporcionou me fez lembrar um tempo passado, onde, apenas uma única vez, tivera sentido esse mesmo tipo de prazer. Algo em meu mundo sólido e inabitável de sentimentos amorosos estava desfeito. O amargo da dúvida tomava minha mente em relação ao que sentia por aquele homem, que fizera amor comigo de maneira tão intensa na noite passada. Estava começando a gostar dele. E acordar aninhada naqueles braços fortes e quentes, trouxe um significado mais real ao estilo "dormir de conchinha".

Assustada, percebi que tinha acabado de me apaixonar por Otávio, que ressonava baixinho perto do meu ouvido.

Capítulo 11.

Fiquei parada deixando o calor do corpo dele me envolver, enquanto encarava a pequena nesga de sol. Não sabia o que aconteceria quando saísse daquele ninho de sonhos, e para minha tortura contínua, peguei-me esperançosa de que aquilo não acabasse.

Há tanto tempo mantinha-me aquém dos sentimentos mais fortes. O medo de passar pela dor da perda, impedia-me de me entregar. Glaucia por muitas vezes insistiu que não valia a pena deixar de amar por medo. E eu tinha muito medo. Acreditava com fervor que esse sentimento era apenas destrutivo, que não compensava os poucos momentos de alegria que proporcionava, e no final sempre deixava marcas dolorosas. Eu já tinha marcas suficientes. Não queria sentir o amor. Não mais.

Mas, nos braços daquele homem, minha convicção tomou um rumo diferente. Como ele conseguiu enfeitiçar-me eu não sabia. Só podia desejar que as marcas que ele deixaria, fossem mais amenas.

Um gemido baixo tirou-me de minhas divagações. O braço pesado em minha cintura apertou-me um pouco mais contra seu corpo, acompanhado de um beijo demorado em minha nuca. Virei-me para encará-lo, sentindo o rosto corar quando dois olhos grandes e iluminados encontraram os meus.

— Bom dia — ele me beijou de leve nos lábios.

— Bom dia... — retribui, sem jeito.

— Dormiu bem? — percebi um pouco de ironia em cima de suas palavras.

— Não muito... — respondi escondendo um sorriso. — Alguém ficou roncando em meu ouvido a noite toda...

Ele riu alto e abraçou-me mais forte, me puxando mais para perto dele e beijando-me a face, a boca e o meu pescoço fazendo cócegas quando sua barba que começava a crescer tocava minha pele.

— Culpa sua! Me deixou tão arrebatado, que seria impossível diferenciar o meu corpo dormitado de um bloco de concreto.

Rimos juntos enquanto eu sentia meu rosto arder envergonhada de seu comentário. Ele percebeu a coloração rubra sobrepondo minha pele clara e um brilho diferente despertou em seus olhos.

— Você fica mais linda quando se sente envergonhada...

— Não estou envergonhada — rebati em vão, sabendo que minhas bochechas ardendo contavam outra historia.

— Ah não? — seu olhar malicioso me pegou de surpresa. — Então essa cor vermelha em seu rosto é apenas impressão minha?

Antes que eu respondesse, sua boca cobriu a minha transformando minhas palavras em gemidos. O beijo cresceu e ganhou intensidade. Nos aconchegamos um ao outro e despertamos juntos de uma maneira muito mais interessante.

Tomei um banho demorado, e coloquei um vestido de algodão. Depois entreguei uma toalha limpa para Otávio deixando-o para que ele se lavasse também. Fui para cozinha e fiz um café enquanto montava uma mesa simples para o desjejum. Meu estômago roncava alto de fome e imaginei que ele estivesse na mesma situação.

Quando Otávio entrou na pequena sala, eu conseguira organizar uma mesa singela com poucos quitutes a oferecer, apenas algumas frutas, café e leite.

— Desculpe pelo café simples, eu não esperava companhia para o café da manhã — falei um pouco sem jeito.

Ele se aproximou de mim, me abraçou e me beijou com ímpeto.

Senhor! Cada beijo desse homem era como se fosse o último!

— Pra mim está ótimo, quero apenas o café, não sou de comer logo de manhã.

Otávio se sentou em uma das cadeiras, e eu me aproximei da outra que ficava em sua frente, servi o café numa xícara alta, e entreguei-lhe voltando a beber da minha enquanto me sentava.

— E então, o que você costuma fazer num sábado de manhã? — ele pousou sua xícara sobre a mesa, e ergueu seus olhos para mim.

— Bom, quando o dia está ensolarado como hoje, gosto de ir a um parque, andar um pouco, fazer uma corrida, coisas assim.

— Então você gosta de praticar exercícios? Incrível! Achei que essa palavra fosse estranha para você — ele sorriu.

— Você não poderia estar mais errado — respondi. — Quando morava no interior eu fazia parte do time de basquete da cidade.

Uma lembrança passou por minha mente. Os jogos de basquete que aconteciam na cidade eram sempre prestigiados pela população local e das cidades vizinhas. O quadro de medalhas e troféus encobria uma grande parte da sala esportiva da prefeitura. Os times participavam de muitos campeonatos na região, e mais do que o amor ao esporte, a bagunça dentro dos ônibus de viagem e depois nos lugares onde as equipes eram instaladas, era contagiante. Eram boas lembranças de um tempo longínquo.

— Olívia?

Voltei à realidade quando ouvi Otávio me chamando.

— Desculpe-me — disse sem jeito. — Estava me lembrando dos jogos.

— Tudo bem. E você pretende ir ao parque hoje?

— Não, hoje não. Tenho companhia hoje — sorri enquanto sorvia mais um pouco do café.

— Gostaria de levá-la a um lugar. Tenho uma pequena chácara a alguns quilômetros do centro, subindo a serra. É bonito lá, poderíamos ir hoje e voltar amanhã à tarde, o que me diz?

— Claro! A que horas iremos?

— Assim que você fizer a sua mala. Não se esqueça de levar um casaco, faz um pouco de frio a noite. Ah! Leve um tênis e roupa de caminhada, tem uma trilha linda pela serra.

— Tudo bem.

Levantei-me e ao passar por ele, Otávio me agarrou pela mão e me puxou até que caí sentada em seu colo, um pouco assustada. Seus olhos brilhavam intensos sobre mim.

— Agora você é minha namorada?

— Se eu gostar do passeio... — beijei seu nariz e levantei-me apressada.

Em pouco tempo minha pequena bagagem ficou pronta. Vesti uma calça jeans com uma blusa branca e por cima joguei uma jaqueta do mesmo tecido da calça, com as mangas enroladas até a altura do cotovelo. Nos pés, coloquei uma sapatilha baixa e confortável.

Saímos juntos em direção ao carro dele. Paramos em um posto de gasolina para abastecer o veículo e pegar algumas garrafas de água. Pegamos a estrada ao som de nossa banda irlandesa preferida.

Capítulo 12.

Em menos de uma hora chegamos na chácara. O portão robusto deslizou quando Otávio apertou o controle remoto, que estava sobre o quebra-sol do seu carro. Passamos por ele e uma estreita trilha de pedra fazia o papel de estrada. A mata densa formava um túnel ao redor do caminho, e por um tempo não consegui ver nenhuma fresta de luz do sol. À frente começou a surgir um ponto luminoso findando numa grande clareira, que abrigava um carpete de grama baixa. Era o pano de fundo perfeito para o lindo jardim em estilo europeu, salpicado de bromélias e helicônias que se destacavam com suas cores fortes no predominante verde. Ao centro, num ponto mais elevado, estava aninhada uma majestosa casa.

Falar que o lugar era lindo seria um eufemismo. A arquitetura da casa tinha traços modernos, bem diferentes da imagem humilde que eu havia criado em mente. Na verdade, nem que eu tivesse incorporado a inspiração de Niemeyer, jamais seria capaz de desenhar tanta elegância, modernismo e altos valores estéticos de construção.

Otávio parou o carro em uma das entradas e sorriu encantado, como se tivesse acabado de achar um presente no dia de Natal.

— Eu adoro esse lugar... Espere no carro um minuto, Olívia. Vou falar com caseiro e saber se ele prendeu os cachorros.

— Tudo bem — respondi ainda em choque com tanta beleza.

Vi Otávio se afastando e olhando em volta. Ele caminhou pelo lado esquerdo e desapareceu atrás de uma das paredes. Olhei para o lado oposto ao que ele tinha seguido e vi um deck com uma pequena murada branca. Acima dele era possível ver algumas pontas de árvores, provando que a subida pela estrada batida levava ao topo da serra.

Otávio voltou logo, parou ao lado do carro e abriu a porta para que eu descesse.

— Está tudo certo. Bem vinda ao meu refúgio.

— Esse lugar é lindo.

— Você precisa ver a noite, lá do deck. Esta casa era da minha mãe. Quando ela faleceu deixou como testamento para mim e meu irmão. Ele acabou me dando sua parte de presente, sabe, há muitas lembranças aqui e ele não quer ficar revivendo. Estou fazendo algumas reformas, por isso o lado oeste está interditado.

Ele acenou para um lado apontando alguns montes de terra e uma grande caçamba para entulhos.

— Venha, vou lhe mostrar a casa. Bom pelo menos a parte acessível.

Otávio sorria e falava de maneira tão empolgante, que me impedia de responder suas perguntas, antes que ele voltasse a falar. Ele pegou minha mão e saiu apressado. Precisei acelerar o passo e me concentrar onde pisava enquanto ele me arrastava para dentro da casa.

Havia uma pequena rampa de grama que levava até a entrada principal. Uma grande porta de correr estava aberta e o interior da casa não era diferente da pompa da estrutura externa. Otávio deve ter percebido meu olhar abobalhado, ao me deparar com a parte de dentro.

Os móveis bem dispostos contrastavam entre o moderno e o antigo. Eles estavam espalhados de forma tão harmoniosa que dificultava a separação de suas características. Em suma era o meu sonho de casa perfeita! E mesmo que conseguisse chegar a ser a proprietária da empresa em que trabalhava, demoraria um longo tempo até que eu conseguisse ter uma propriedade como aquela.

— É maravilhosa! — exclamei sem conseguir encontrar palavras mais apropriadas.

— Você gostou?

— Muito! — dei mais alguns passos para dentro, com receio.

Toquei a lateral da mesa de jantar. Era de madeira tão vermelha e lustrosa, que dava a impressão de que a cor iria acabar tingindo a ponta dos dedos. Virei-me para ele e seus olhos me encaravam com satisfação.

— É um lugar muito bonito.

— Você não viu as outras dependências ainda.

Com um sorriso agora encoberto pela malícia ele chegou mais perto de mim. Abraçou-me pela cintura, beijou meu pescoço e ergueu meu corpo do chão, girando um pouco e me postando ao seu lado. Em seguida pegou minha mão e me disse em tom de expectativa.

— Você precisa ver o restante da casa.

Fui arrastada enquanto Otávio ia nomeando os ambientes. Copa, cozinha, sala de jantar, escritório com lareira, quarto de hóspedes, outro quarto de hóspedes, lavabo, e finalmente depois de passar por mais uma centena de cômodos diferentes ele virou á esquerda no final do corredor. Uma longa porta de correr escondia mais um cômodo, ele parou na frente e anunciou em tom sério.

— Seu quarto — abriu a porta e me empurrou para dentro me fazendo esquecer por um momento que deveria respirar.

A grande cama em estilo imperial dominava o centro do ambiente e chamava a atenção toda para ela. Grandes faixas de voal quase transparentes pendiam dos pilares altos de madeira que cercavam o colchão. Quase não consegui desprender minha atenção daquela estrutura que parecia ter sido tirada de um conto de fadas. Deveria ser a cama de uma princesa de algum castelo medieval. Olhei em volta e percebi que todo o quarto seguia as mesmas características dos outros ambientes, misturando o antigo com o novo. A cômoda escura de madeira maciça tinha traços antigos, enquanto as poltronas sobre o tapete de sisal branco eram estilizadas e de uma cor cereja berrante com o espadar alto. Andei até a janela-porta e a vista da mata verde banhada pelos últimos rios de sol dava o toque final ao encanto que aquele lugar ostentava.

Olhando aquela imagem tive a sensação de que estava vivendo um sonho. Não poderia ser real tudo aquilo. O lugar era fascinante. Mágico!

Exalava calmaria e aconchego. E como se não fosse o bastante ainda havia o melhor de todos os complementos: Otávio.

Virei-me e o encontrei encostado no umbral da porta, com os braços cruzados sobre o peito, olhando-me com satisfação. Se a intenção dele era a de me impressionar com a beleza daquele lugar, poderia ver em meu rosto que tinha conseguido alcançar seu objetivo. Ele baixou os braços e veio em minha direção. Quando estava bem próximo abri os braços e enlacei seu pescoço e ele me abraçou forte, enquanto me dava um beijo singelo.

— Esse lugar é maravilhoso.

— Eu sei... Bem diferente das caixas elevadas que habitamos na cidade não é mesmo? — ele ria referindo-se aos apartamentos.

— Concordo.

— Vamos sentar lá fora um pouco, apreciar o final da tarde. Depois a Dona Sandra vai fazer uma massa para jantarmos tudo bem?

— Sim, mas quem é a Dona Sandra?

— É a esposa do caseiro, o Seu Antônio. Eles estão aqui há muito tempo e conhecem cada pedaço dessa casa. A Dona Sandra é uma excelente cozinheira e cuida da casa durante a semana. E o Seu Antônio se ocupa do restante.

Balancei a cabeça confirmando que havia entendido.

— Vamos? Seu Antônio vai trazer nossa bagagem e... — ele parou de falar um pouco constrangido.

— E? — instiguei-o a continuar.

— Eu falei que poderia trazer tudo pra esse quarto, você se importa?

— Não... Absolutamente.

Um sorriso largo brotou em meu rosto e me aproximei um pouco mais dele procurando por mais um beijo seu.

Capítulo 13.

Ficamos um tempo no deck apenas contemplando a beleza gratuita do final da tarde. Na grande metrópole o pôr do sol era estranho, as cores eram opacas sempre sombreadas pelas grossas nuvens de poluição. Ali sobre a montanha era diferente. As cores vibravam e pareciam cantar despedindo-se de mais um dia. Há muito tempo eu não via esse pequeno presente de todos os dias em sua plenitude, e o quadro ficava mais majestoso com o par de braços fortes ao redor da minha cintura.

Aquela harmonia tocou-me. Não conseguia me lembrar de como era bom poder dividir as coisas belas com alguém, que também queria compartilhá-las comigo. Otávio estava despertando em mim sentimentos e emoções que eu acreditava não ser mais capaz de sentir. O abraço apertado, a doce companhia, a troca de olhares e a atenção dedicada, eram pequenos gestos que minha individualidade e desesperança esconderam nos recônditos obscuros das minhas recordações. Coisas que um dia eu sentira, mas que se transformaram em uma assombração.

Sentindo-me amparada pela força dele, e alheia aos acontecimentos do cotidiano, peguei-me desejando que aquele pôr do sol não terminasse. Senti meu peito leve, em paz. Alegria se espalhou por todo o meu corpo e aqueceu o meu coração gelado. O medo de me decepcionar perdera suas forças, e mesmo que o engano viesse bater á minha porta cobrando os débitos da minha entrega, naquele momento, decidi que não me importaria mais. A partir daquele instante não ia mais me privar de sentir o peito doer de saudades, de sorrir a esmo para qualquer coisa e de proclamar minha felicidade num reencontro marcado.

Soltei os braços de Otávio de minha cintura, que recuou um pouco tirando a cabeça de meu ombro e esperou enquanto eu me virava de frente para ele. Pousei uma das minhas mãos sobre seu peito e com a outra toquei seu rosto.

— Ainda quer que eu seja sua namorada? — perguntei enquanto ele me encarava com seriedade.

— Sim. Quero mais do que queria hoje de manhã — um sorriso luminoso fez os cantos de sua boca se erguer.

— Então eu quero ser... — alisei sua pele e puxei seu rosto de encontro ao meu.

Uma energia vibrante e doce percorreu meu corpo. Sons de passos fizeram com que nos afastássemos, quando Antônio veio avisar que o jantar seria servido em meia hora. Otávio agradeceu e eu apenas meneei a cabeça. Percebi que a luz do dia já havia desaparecido, e a iluminação da casa e do deck foram acesas. Mais alguns instantes se passaram enquanto Antônio caminhava de volta. Acompanhei com os olhos seus passos enquanto mantinha a cabeça apoiada no peito de Otávio.

— Preciso tomar um banho — falei ainda encostada nele.

Por um momento achei que ele não tivesse me ouvido, descolei meu rosto de onde estava e olhei para cima procurando seus olhos. Ele olhava fixo para frente, com o semblante inexpressivo. A boca formava uma linha reta que não demonstrava nenhum sentimento. Uma nuvem de preocupação passou por minha cabeça, quando percebi a máscara que cobria sua face. Até aquele momento eu apenas divagava em minha mente sobre as minhas impressões, os meus sentimentos e as minhas ações. Não havia perguntado nada a ele e nem estivera atenta as suas reações, tão presa em minha individualidade e egoísmo.

— Otávio? — chamei seu nome em um sussurro incerto.

Após mais alguns instantes que pareciam horas, ele soltou um longo suspiro e encontrou meu olhar.

— Desculpe-me, Olívia.

— Está tudo bem com você?

— Sim, está. Só estava me lembrando do dia que me encontrei com você a primeira vez e o quanto a achei irritante.

— Você me achou irritante? — perguntei chocada enquanto empurrava seu peito, tentando me afastar dele.

— Sim. Toda cheia de si, controlando a conversa como se fosse a dona da situação. A minha primeira impressão foi a de que você deveria ser uma tirana e que um dos seus principais adjetivos deveria ser prepotência. — Ele falou e me apertou um pouco mais, deixando-me confusa, e impedindo que me afastasse. — Mas depois que a vi no bar, tão diferente da mulher que eu conhecera, e tão encantadora brigando com aquela garrafa de água... — ele riu. — Você despertou em mim sentimentos que eu imaginava estarem esquecidos. Agora com você aqui nos meus braços, não consigo imaginar a quem agradecer por aquele encontro.

Uma onda de alívio fez meus nervos rígidos amolecer. Ele abaixou a cabeça, seus olhos brilhantes sobre as luzes noturnas e o sorriso maroto que ele refletia me fez rir também. Ele depositou um beijo apertado em meus lábios e me abraçou mais forte.

— Estou muito feliz por você estar aqui comigo hoje, e mais ainda por aceitar me deixar fazer parte da sua vida.

— Eu também sinto o mesmo — respondi com um bolo formando em minha garganta.

— Vamos para dentro, estou ficando com fome.

— Eu também... — respondi rindo enquanto caminhávamos abraçados para dentro da casa.

Otávio me levou até o quarto, onde me deixou sozinha para que eu me arrumasse para o jantar. Ele havia dito que precisava resolver alguns assuntos com o caseiro e em breve voltaria a me fazer companhia.

Entrei no chuveiro e deixei que a água quente levasse embora o cansaço emocional que eu sentia. Mesmo estando satisfeita com os últimos acontecimentos, ainda existia uma ponta de receio que teimava em me deixar alerta, como se fosse uma chave reserva, pronta para trancar qualquer emoção frustrante antes que ela destruísse todas as minhas barreiras por completo.

Saí do banheiro e vesti uma calça de malha leve, com uma camiseta simples. Escovei o cabelo para livrá-lo dos nós, e depois espirrei algumas gotas de perfume, evitando com cuidado a área do rosto. Uma batida na porta me chamou a atenção, levantei-me e fui abrir. Otávio esperava com as mãos nos bolsos, vestido um roupão cinza claro, seus cabelos úmidos pingavam sobre o tecido atoalhado.

— Desculpe incomodar Olívia, mas preciso da minha mala — ele parecia um pouco envergonhado.

— Mas onde você tomou banho? Achei que viria para cá.

— Eu usei um dos outros quartos. Mas minha roupa está toda aqui.

Sorri, e virei meu corpo para o lado, dando passagem para que ele entrasse. Fiquei um pouco incomodada com a situação. Mesmo que na noite anterior nós tivéssemos chegado ao ápice da intimidade, ainda existiam pequenas circunstâncias que poderiam causar certo constrangimento. E estávamos vivendo uma dessas situações agora.

— Eu... — parei entre o umbral da porta indecisa por alguns instantes. — Eu vou esperá-lo no deck.

Evitei olhá-lo, sentindo minha pele esquentar no rosto e no meu pescoço. Fui saindo e fechando a porta atrás de mim. Nosso nível de intimidade ainda não me deixava tão à vontade, a ponto de ficar olhando ele vestir uma roupa.

A noite cobria toda a montanha como um tapete escuro. Entre nuvens era possível ver poucas estrelas no céu e uma brisa fria pairava sobre o mar verde de árvores. Meus braços se arrepiaram depois que o rubor se dissipou. Cruzei-os sobre o peito e me recusei a voltar para dentro a fim de pegar o casaco que eu havia deixado sobre a cama.

Não esperei muito tempo. Os passos sonoros de Otávio sobre a madeira do deck me informaram de sua chegada. Virei-me para o lugar de onde ele vinha, e sorri ao ver meu casaco de malha azul marinho dobrado sobre o braço dele. Com um movimento fluido, ele jogou a pequena peça de tecido sobre meus ombros, abraçando-me e me puxando contra seu peito.

— Está frio aqui fora. Vamos entrar, nosso jantar vai ser servido.

Concordei balançando a cabeça para cima e para baixo e esperei que ele me solta-se, mas ele não o fez. Ergui meu olhar procurando o dele e quando encarei aqueles grandes olhos azul-oceano-profundo todo o frio foi esquecido.

Ele abaixou a cabeça em minha direção, procurando minha boca que por instinto eu já havia posicionado para receber a dele. Um beijo doce e urgente, que fez meus joelhos tremerem um pouco, enquanto ele me apertava mais contra seu peito. Quando me soltou ambos sorrimos um ao outro, com ternura e se não fosse pelo sonoro ronco que minha barriga fez, me lembrando de que tinha algumas obrigações alimentares a cumprir, eu teria ficado a noite toda em pé ali mesmo, nos braços dele.

— Vamos — ele sorriu, abraçou-me por sobre os ombros, e virou meu corpo para a entrada da casa. — Que falha a minha deixando minha namorada com fome logo no nosso primeiro passeio juntos.

— Eu vou perdoar você dessa vez — respondi rindo.

Caminhamos abraçados até a sala de jantar onde uma música suave circulava pelo ambiente. A mesa posta de forma simples, mas de muito bom gosto estava iluminada com dois castiçais de prata com velas acesas. Otávio nos serviu uma generosa taça de vinho, e conversamos amenidades enquanto apreciávamos o prato principal, rondelli ao molho branco.

Por um momento minha mente vagou, achando que tudo o que estava acontecendo poderia ser alguma disfunção irracional do meu órgão pensante. Talvez ficar muito tempo sem um namorado, tenha me deixado um pouco doida da cabeça. A combinação de boa comida, bom vinho, boa musica, bom ambiente e por sinal muito bom ambiente, e ainda, fechando com chave de ouro, um homem lindo, encantador e gentil? Era muita coisa boa num só lugar...

Não! Impossível! Com certeza minha cabeça deveria estar com sérios problemas!

Mas era real!

Otávio estava ali na minha frente. Lindo, sorridente e me contando coisas sobre aquele lugar incrível. Sua mãe viveu ali por muito tempo, desde que perdera o marido, pai de Otávio, em um grave acidente de carro. Amava aquela tranquilidade da montanha, e mesmo depois que os filhos saíram de casa para estudar e trabalhar, ela ficou até o fim de seus dias. Faleceu dormindo em uma das cadeiras do deck.

    Quando terminamos o jantar, Otávio me convidou para irmos até a frente da pequena lareira no escritório. As taças e a segunda garrafa de vinho nos fez companhia. Sentamos ao pé de uma poltrona e a conversa mudou de rumo, quando ele resolveu perguntar sobre minha família.

    Meu corpo ficou rígido e meu sorriso se desfez na simples menção a essas duas palavras: "minha família". Uma avalanche de imagens começou a vir a minha mente, bagunçando minha visão com a descarga de cenas que meu cérebro resolvera expor naquele instante.

    — Eu... — parei um momento enquanto puxava o ar para dentro dos pulmões. — Eu não quero falar sobre isso.

    Otávio percebeu minha mudança de humor. E por mais que eu quisesse esconder meus sentimentos com relação a "minha família", duvido que fosse capaz de impedir que meus olhos demonstrassem a dor profunda que a menção a esse tema me trazia. Ele pegou uma mexa de cabelo que caia sobre meu rosto, e colocou atrás da orelha.

    — Tudo bem, Olívia. Desculpe por tocar nesse assunto.

    — Obrigada.

    — Mas eu quero saber a sua história. Pelo que percebi é algo que lhe aflige e não vou forçá-la a me contar — ele parou enquanto erguia meu rosto e me forçava a olhar em seus olhos. — Eu quero fazer parte da sua vida, e não ser apenas um coadjuvante, e sei que você vem com um passado, assim como eu. Quando estiver pronta, estarei esperando para ouvi-la está bem?

    — Tudo bem — meu corpo gelou só em pensar em ter que relatar a ele fatos do meu passado que me causavam angústia e dor. Eu não tinha a menor intenção de contar-lhe a minha história, saberia evitar esse tipo de menção no futuro.

    Otávio se aproximou de mim e colocou minhas pernas sobre as dele. Ficamos sentados um de frente para o outro. Ainda evitava seu olhar tentando esconder minhas expressões de suas analises.

    — Não vamos mais falar sobre isso — com delicadeza ele amparou meu rosto entre suas mãos.

Seus olhos ardiam nos meus. Minha mente se fez amiga, abandonando por completo as lembranças do passado, voltando a se focar no presente, na sensação calmante que era ter as mãos quentes dele em minha pele. Sua boca se aproximou da minha e quando seus lábios tocaram os meus não existia mais nenhum vestígio do meu passado doloroso.

Capítulo 14.

Um leve roçar de dedos na lateral do meu braço me fez despertar. A luz amena que passava pela cortina clara era a prova de que o dia já havia renascido. Abri os olhos aos poucos, fazendo-os se acostumarem com a claridade deleitosa e um sorriso espontâneo surgiu em minha face. As lembranças da noite passada possuíram minha mente por um momento antes de me virar e encontrar o rosto lindo e iluminado de Otávio apoiado em uma das mãos enquanto deslizava seus dedos sobre a pele das minhas costas.

— Bom dia...

Seu sorriso largo, com dentes meticulosamente alinhados e alvos parecia brilhar mais que a própria luminescência do sol. Senti o cheiro de menta que vinha de seus lábios. Ele deveria ter acordado bem antes de mim.

— Bom dia... — respondi colocando a mão sobre a boca.

Não ia macular aquele sorriso lindo com meu horrível hálito matinal.

Ele riu de minha expressão, e antes que eu pudesse me opor, Otávio me abraçou segurando minhas mãos enquanto buscava me beijar. Virei meu rosto evitando que ele se aproximasse, enquanto dizia para a janela um "não!" desesperado.

Desvencilhei-me de seus braços e girei meu corpo para fora da cama me pondo de pé antes que ele me segurasse.

— Hum... — seus olhos se abriram um pouco enquanto me fitava. — Você fica ainda mais linda desse ângulo de visão e com a luz sobre sua pele.

De súbito entendi o que seus olhos estavam vendo. Tudo! Eu não usava nenhuma peça de roupa. O maldito rubor queimou minha face e procurei algo com o que me cobrir. Por que estava com vergonha de exibir meu corpo para ele, depois de passar a segunda noite sem uma única peça, eu não sabia.

Peguei a camisa que ele usou na noite passada e enfiei os braços com violência pelas mangas, puxando a frente para esconder minha nudez. Não esperei que ele me dissesse qualquer coisa a mais. Fui para o banheiro e fechei a porta.

Meu rosto no espelho estava em brasa. Joguei um pouco de água fria tentando apagar um pouco o vermelhão que me ardia na pele. Escovei os dentes, com muita pasta de dente. Depois de mais alguns instantes e com a camisa dele abotoada retornei para o quarto.

Ele me esperava com as duas mãos apoiadas atrás da cabeça. O peito estava nu e o lençol branco de algodão cobria o restante de seu corpo da cintura para baixo. Pensei no que aquele lençol deveria estar escondendo e meu rosto se esquentou... De novo! Caramba!

Fiquei estacada na porta do banheiro, olhando para o homem lindo que estava estendido naquela cama, como um banquete só para o meu deleite.

Caminhei em sua direção, incentivada pelo brilho de malícia de seus olhos e seu sorriso misterioso. Quando me aproximei, ele retirou um dos braços de trás da cabeça, estendendo-o num claro convite para me aninhar-me com ele. Não me fiz de rogada e aceitei de bom grado.

Deitei-me ao seu lado e pousei minha cabeça sobre seu peito. O braço, antes estendido, moldou-se a forma das minhas costas e se encaixou em minha cintura. Seu toque pesado fazia sentir-me protegida, e por alguma razão ainda obscura para mim, eu precisava daquela sensação.

— Podemos conversar agora? — o riso suave estava presente em sua voz.

— Agora podemos — respondi enquanto tentava esconder minha face. — Que horas são? — perguntei enquanto procurava algum relógio mais a vista.

— É cedo ainda, sete e meia, eu acho. Como você está, Olívia?

— Estou bem, por que a pergunta?

— Por nada — seu tom pareceu-me sério demais para quem até poucos instantes atrás, se divertia com minha nudez.

Ergui a cabeça de seu peito e o encarei, de onde estava não podia ver seus olhos.

— Otávio o que está tentando me esconder? Depois do que passamos na noite passada e na anterior, da forma como nos entendemos tão bem, e depois de eu aceitar ser sua namorada e ainda após o sermão que você me deu sobre "a minha família" o que você quer esconder de mim? — perguntei encarando-o, enquanto sua boca mantinha-se numa linha fria.

— Eu não passei um sermão em você, Olívia! — percebi um tom de indignação bem leve quando seus olhos se abriram um pouco mais ao ouvir meu comentário.

— Passou sim! — retruquei. — Mas você está querendo fugir do assunto.

— É que eu estou um pouco confuso.

Confuso? Minha mente aceitou aquela palavra e revirou em todos os registros de nossas conversas, procurando onde eu havia deixado essa sensação passar a ele.

— Confuso com o quê?

— Com a força que você exerce sobre mim. — sua voz mudou, ele parecia rouco, como se fosse difícil me contar essa pequena fragilidade.

— Ah! — exclamei sem ter o que responder. — Pode se explicar, por favor?

— Bem que eu gostaria... — seu sorriso foi triste. — Mas o que posso dizer é que você despertou um lado meu que eu achei que tivesse perdido.

— E que lado é esse?

— O lado que se apaixona... O lado que quer estar com uma pessoa o tempo todo, que quer dividir e somar. Quer a atenção e o carinho, o sorriso sereno de desculpas e o olhar ardente da sedução. O que não quer fazer o mal, e que quer corrigir todo o mal que já cometeu em vida. O lado que não se importa com o que acontece ao redor do mundo, apenas deseja fazer o objeto de sua paixão estar bem, feliz...

A voz de Otávio foi diminuindo até terminar em um sussurro. Seus olhos expressivos conceituavam e davam ênfase à declaração dita. Suas palavras me acertaram além da superfície e senti em meu peito tudo o que ele dizia. Percebi que em mim as mesmas afirmações tomavam forma e pareciam ser a minha própria verdade também.

— Compreendo o que você diz... — desprendi meu olhar do azul-oceano- profundo dos seus olhos por um momento e tornei a encará-lo. — E você acha isso bom ou ruim?

Eu tinha a minha opinião formada. E a meu ver, era bom, muito bom. Otávio era gentil e atencioso. Sua cautela em cuidar de mim, na forma como me tocava, no jeito de me olhar quando eu me movia de forma inesperada, sempre com uma das sobrancelhas um pouco arqueada como se estivesse me questionando o tempo todo se eu estava bem.

— Ainda não sei... — ele puxou uma respiração forte e eu parei a minha, logo tornou a dizer. — Apesar de ter medo de me apaixonar, não vou deixar de sentir cada emoção que me for presenteada. Nesse momento, acho bom, muito bom...

Otávio sorriu, e enfim consegui relaxar os pulmões. Levantei minha mão e deixei que ela pousasse em seu rosto enquanto o encarava. Suspirou fundo e fechou os olhos por um instante, e quando tornou a abrir, eu ainda o olhava. Há tanto tempo ninguém me tocava tão fundo quanto ele acabava de fazer naquele momento. Eu não permitia que isso acontecesse, e tentei impedi-lo, também, de se aproximar de mim. Mas sua resistência e a energia que possuía me encantaram. Se ele dizia que eu exercia algum poder sobre ele, então deveria saber que sua influência sobre mim não era diferente.

— Otávio, há muito tempo não tenho um relacionamento sério com ninguém. O que mais próximo cheguei de deixar isso acontecer foi quando fazia faculdade, e mesmo assim não era nada de muita importância. — Desviei meu rosto para a janela, evitando seus olhos e voltei a falar. — Existe uma parte minha que se perdeu em meu passado, a parte que me instigava em entregar-me aos sentimentos sem reservas. Não sei se posso recuperá-la algum dia, mas o que lhe afirmo é que estou disposta a tentar fazer isso por você... E com você...

Seus olhos me estudavam. Seu rosto suavizou e tornou-se sereno, compreendendo o que eu dizia.

— Alguém magoou você muito não foi, Olívia?

— Foi — confirmei. — E em algum momento, e se você quiser ouvir eu irei lhe contar, mas não hoje. Ainda não sei se posso lidar com as lembranças que carrego. São muito ruins. Posso apenas lhe prometer que o que estou sentindo por você agora, não vai retroceder. Você está despertando em mim uma fé que eu imaginava não possuir mais...

— Uma fé? — ele perguntou arqueando uma sobrancelha.

— Sim. Uma fé no sentimento puro que esta crescendo entre nós dois. O qual acreditava nunca mais voltar a sentir. Não quero promessas, nem compromissos. Quero apenas estar com você o quanto me for possível. Me faz bem ter você perto de mim.

— Então eu faço minhas as suas palavras.

Ele deu-me seu sorriso mais puro e me puxou para perto. Abraçou-me apertado, beijou minha testa e segurou minha cabeça sobre seu peito.

Ficamos mais alguns instantes abraçados enquanto eu revolvia nossa conversa em minha cabeça. Sobre o que ele pensava, o meu acesso era limitado. Após algum tempo de silêncio, ele começou a alisar meu cabelo e comentou enquanto enlaçava os dedos da minha mão, pousada sobre seu peito.

— Vamos fazer uma trilha hoje?

— Eu adoraria. — me entusiasmei com a ideia.

— Então iremos.

Ele sentou na cama e me trouxe com ele. Pegou meu rosto entre suas mãos grandes e me deu um longo beijo, quase me deixando sem ar.

— Você não deveria fazer isso se quer sair para fazer uma caminhada — acusei-o.

— Me desculpe! — seu riso leve me fez sorrir com ele. — Prometo ficar mais atento da próxima vez.

— Seria bom — respondi e me lancei ao seu pescoço fazendo o mesmo que ele. Agora eu o deixava sem ar. — Desculpas aceitas...

Saí da cama e dei passagem a ele. Fui até minha mala procurar uma roupa para o passeio, e por sugestão dele antes de sairmos do meu apartamento no dia anterior encontrei a legging preta, o top e a camiseta que eu usava para fazer minhas caminhadas aos sábados. Calcei o tênis e por último coloquei uma faixa atoalhada sobre a testa para segurar a franja que escorria pela lateral do meu rosto. Quando me levantei, Otávio já me esperava na porta, pegou minha mão e me conduziu a sala de jantar, onde um generoso café da manhã nos esperava.

Capítulo 15.

O cheiro de café recém-coado e de bolo de fubá dominava o ambiente. Minha boca salivou quando aqueles aromas chegaram ao meu nariz.

Otávio puxou uma cadeira para que eu sentasse, e não consegui esperar que ele desse a volta e ocupasse seu lugar. Enlacei a garrafa de café e enchi a xícara até a borda, levando-a a boca logo em seguida.

— Com fome? — ele perguntou enquanto ria da minha afobação.

— Muita! Acho que meu sono agitado na noite passada me deixou sem muitas energias...

Otávio riu alto enquanto repetia minhas palavras "sono agitado?" em forma de pergunta. Ele se serviu de uma xícara de café, e me devolveu a garrafa. Peguei um pedaço de bolo, que ainda estava quente, e o sabor não decepcionou. Lembrava muito os bolos que minha mãe fazia. Quase pude ver sua silhueta arredondada tirando a assadeira do forno quente...

Uma nuvem escura passou por minha mente, e balancei a cabeça de um lado para o outro espantando aquela lembrança. Já estava ficando incomodada com a frequência que elas vinham aparecendo nos últimos dias. Lembrei-me até que a última vez que chequei meus e-mails, na sexta-feira de manhã, havia mais uma daquelas mensagens que eu me recusava a abrir.

—... Olívia?

Percebi quando meu nome foi chamado que deveria estar divagando sozinha com cara de boba aluada.

— Desculpe-me, Otávio. Não ouvi o que você disse.

— Percebi que você não ouviu, está tudo bem?

— Sim está. Só estava divagando sobre o bolo...

Ele fez aquele questionamento com a sobrancelha erguida, e dessa vez adicionou um movimento de ombros de quem não estava entendendo nada.

— Nem queria saber... — ri um pouco para disfarçar e tentar distraí-lo do assunto.

— Tenho uma surpresa para você.

— Surpresa? Que surpresa? — perguntei já esquecendo o bolo.

— Se eu contar vai perder a graça você não acha?

Ele me deu um sorriso misterioso e desviou o olhar do meu rosto. E claro que eu fiquei em estado de alerta e com a curiosidade quase escapando pelas entranhas.

— Otávio... Me conta... — pedi fazendo cara de piedade.

— Depois que você terminar seu café eu lhe mostro.

— Argh! — bufei igual uma criança mimada.

Para uma pessoa que tinha total controle sobre sua vida, aquela situação era algo que me deixava inquieta. Aquele homem estava mexendo com as minhas emoções. E o ordinário sabia disso! Resolvi deixar que ele fizesse seu jogo, tentando esconder a excitação que borbulhava em meu estômago, e agradecendo por ele não poder ver uma das minhas pernas ganhando vida, e saltitando embaixo da mesa. Concentrei-me no pedaço de bolo e no café, engolindo-os com um pouco mais de pressa.

— Terminei — anunciei já me pondo de pé.

— Nossa quanta ansiedade! — ele sorriu para mim enquanto deixava o guardanapo sobre a mesa e se levantava também.

Caminhou em minha direção e veio ao encontro da minha boca dando-me um beijo apertado. Em um movimento lento e sutil, baixou a faixa que eu usava para prender a minha franja até cobrir meus olhos.

— Isso é necessário? — perguntei confusa enquanto ele pegava minhas mãos e me colocava em movimento.

— Surpresa é surpresa, não quero que você veja antes da hora.

— Tudo bem... — concordei. — Mas estou ficando preocupada com tanto mistério.

— Quanta aflição... Fico até com medo de estar perto de você quando estiver na TPM!...

Ri alto de seu comentário ao mesmo tempo em que Otávio começava a me rebocar. Ele foi me puxando pelas mãos enquanto caminhava de costas. Entre alguns passos ele ia dando informações como "cuidado com o degrau" e "vire um pouco de lado".

Senti a brisa fresca do ar da manhã misturada ao toque quente do sol em minha pele. Estando com os olhos tapados minha noção de espaço tinha sumido por completo, parecia que eu andava quilômetros e não chegava ao destino final. Não pude resistir mais à sensação de desorientação.

— Falta muito?

— Não, só mais um pouco... Aqui. Pode parar.

Ele soltou minhas mãos, virou meu corpo segurando em meus ombros para um dos lados, empurrou-me um passo a mais para a direita.

— Pronto. Agora espere só mais um pouco.

— Otávio... — supliquei sentindo o nervosismo descer por minhas pernas.

O que ele estava aprontando?

Ouvi seus passos se afastando de mim e logo retornou.

— Estique os braços, como se fosse segurar algo, palmas para cima.

Obedeci aos seus comandos, e esperei que ele depositasse o que quer que fosse em minhas mãos. A expectativa me deixava trêmula, e quando ele colocou o objeto redondo sobre minhas palmas, o tremor cessou.

Meu corpo endureceu. Eu sabia que tinha uma bola nas mãos, o formato arredondado não deixava dúvidas. Mas era a textura da bola que me deixou estática. A parte rugosa era cortada por veios um pouco mais profundos. Levantei-a até perto do rosto e inalei o aroma do couro e borracha. Esse movimento era parte de um ritual particular meu, que há muito tempo não fazia. Por um momento não pude pensar em nada, apenas deixei o aroma acre da bola invadir meu olfato. Otávio retirou a faixa dos meus olhos, liberando o meu sentido da visão.

Pisquei algumas vezes enquanto meus olhos se acostumavam com a luminosidade, e me dei conta que estava posicionada de frente a uma tabela de basquete, em cima da marca de lance livre no início do chamado garrafão.

— Surpresa!

Ele exclamou com entusiasmo. Lembrei-me de que havia comentado com ele que eu praticava esse esporte na adolescência. Só não havia mencionado que por causa dele, minha vida foi arrasada pela traição das pessoas que mais amava. As más lembranças me vieram à mente, com força.

Meu corpo não reagia. Fiquei estagnada com a bola na mão sem conseguir impedir que as imagens do passado povoassem minha cabeça. E num átimo muitas reações começaram a ocorrer simultaneamente.

Minhas mãos começaram a transpirar e senti minha cabeça girar. Primeiro devagar, mas depois ganhando força, como se estivesse dentro de uma lavadora de roupas, na etapa de centrifugação. Minha pele se arrepiou inteira e ondas de frio e calor percorriam a superfície do meu rosto. Meu coração começou a martelar contra as paredes do meu peito, forçando uma passagem que não existia. Ele queria sair de dentro da minha caixa torácica, estava apertado e sufocado. As pernas começaram a tremer com força, provocando movimentos oscilantes que reverberaram por cada músculo do meu corpo. Uma dor intensa se apoderou do meu corpo, como se milhares de navalhas recortassem a minha carne ao mesmo tempo.

Meus olhos ainda vidrados focavam ora a bola, ora a tabela intimidadora, ornada com a rede branca e nova que pendia do aro. Comecei a ofegar em busca do ar que se rarefez, enquanto meus pulmões gritavam em agonia.

— Olívia, você está bem?

A voz de Otávio me chamou um pouco de volta a realidade, mas as sensações ainda estavam dominando o meu corpo.

— Não... — respondi em um sussurro quase inaudível. — Não posso... Não consigo respirar... Otáv...

E sem forças para manter-me de pé, deixei a bola rolar de minhas mãos e meu corpo seguiu o mesmo movimento de derrocada. Antes que pudesse sentir o baque da minha cabeça contra o chão, os braços fortes de Otávio me cercaram e me trouxeram de encontro ao peito. Senti-me grata por ele ter me amparado. Com a sensação de segurança me envolvendo, deixei que meus olhos se fechassem e mergulhei na escuridão que se abria a minha frente.

Capítulo 16.

Ainda lutando com a onda escura que cobria a minha mente, consegui despertar sentindo algo redondo sendo posicionado em várias partes do meu tórax. Pisquei algumas vezes contra a luz amena que incidia sobre meus olhos e senti um aperto suave sobre meu pulso esquerdo. Uma mulher de cerca de quarenta anos, com os cabelos louros, lisos e presos num rabo de cavalo no topo da cabeça, segurava meu braço enquanto seus lábios se mexiam em sincronia, enquanto olhava seu relógio de pulso.

Ainda em silêncio percebi que minha outra mão estava sendo massageada. Um dedo quente fazia movimentos circulares sobre a minha palma. Virei à cabeça e vi o rosto preocupado de Otávio me encarar. Seus olhos pareciam agoniados, e por um momento não entendi aquela reação.

— Oi... — falei num sussurro tentando sorrir.

— Oi, como você está? — ele perguntou enquanto se aproximava mais de mim, e passava a mão livre pela minha testa descendo pela lateral do meu rosto e deixando ela ali.

— Estou bem... O que aconteceu? — minhas lembranças estavam embaralhadas, só conseguia enxergar a bola de basquete...

— Você teve um grave ataque de pânico, Olívia — falou a mulher que segurava minha outra mão. Ela tinha um estetoscópio pendurado no pescoço.

— Um ataque de pânico? — apressou-se Otávio em perguntar.

— Sim. Não é uma coisa séria, mas pode ser assustador para o paciente e para quem está com ele. Você me disse, Otávio, que aconteceu na quadra de basquete. Certo? — Otávio confirmou com um movimento de cabeça. — Haveria alguma razão, Olívia, para ter acontecido naquele local?

— Talvez... — sussurrei em resposta.

Será que o passado ainda tinha tanto poder sobre mim?

E como não pronunciei mais nenhuma palavra, a médica decidiu por encerrar a conversa.

— Muito bem então. Otávio ela está bem, só precisa descansar um pouco. Peça para Sandra trazer-lhe um chá de camomila e dê um analgésico caso ela reclame de dor de cabeça.

— Obrigada Alva, por vir tão rápido. Desculpe por atrapalhar seu passeio.

— De maneira alguma! Não estava muito disposta a fazer trilha hoje com os meninos e você me deu uma desculpa — ela levantou-se e pegou minha mão com as suas. — Olívia, sinto por nos conhecermos dessa maneira, mas você não tem com o que se preocupar, esse ataque pode ser apenas uma reação do seu corpo a um momento de estresse. Descanse, e se precisar de algo mais, Otávio sabe onde me encontrar.

— Obrigada... — respondi atordoada.

— Eu a acompanho até a porta — Otávio soltou-me e caminhou atrás da médica.

Fechei os olhos quando eles saíram do quarto, meu corpo parecia cansado, com sono. Senti um movimento de oscilação sobre a cama e abri os olhos. Otávio estava sentado ao meu lado, com um sorriso preocupado em seu rosto. Ele passou os dedos por minha face e ficou me olhando por algum tempo antes de falar.

— Está melhor?

— Sim, só com um pouco de sono.

— A Sandra vai trazer um chá para você.

— Obrigada... Otávio, não sei como isso pode ter acontec... — tentei falar, mas ele colocou um dedo sobre meus lábios me impedindo de continuar.

— Shhh... Descanse agora. Você vai me contar quando estiver pronta.

Antes que eu pudesse argumentar, Sandra entrou no quarto com uma xícara de chá. Otávio me fez tomar todo o conteúdo e depois se deitou ao meu lado. Segurou minha mão e ficou me olhando enquanto o efeito do chá acalmava meu corpo, ainda um pouco trêmulo, e me conduzia ao sono.

Quando acordei estava sozinha. Levantei devagar e fui ao banheiro. Fitei meu rosto pálido no espelho e um misto de confusão e medo passou por meus olhos. *O que esta acontecendo comigo?* Desisti de tentar encontrar respostas, mas a preocupação pelo ocorrido deixou-me um pouco insegura. *E se acontecer de novo?*

Parei de olhar meu rosto assustado. Aquela pessoa que me encarava de volta parecia estranha, tirei a roupa e entrei no chuveiro. A água quente caiu pelo meu corpo, apoiei as duas mãos sobre o azulejo e abaixei a cabeça. Forcei-me a esvaziar a mente, mas uma batida leve na porta me chamou a atenção.

— Sim?

— Olívia, está tudo bem?

— Tá, já estou saindo.

Não ouvi a resposta. Apressei-me em enxugar a água do meu corpo depois que saí da ducha, vesti um roupão branco atoalhado que pendia em um gancho ao lado do box e passei uma escova pelos cabelos. Evitei olhar para moça do espelho de novo.

Otávio estava sentado na poltrona vermelha que ficava no lado oposto do banheiro. Seus olhos me encaravam com intensidade e percebi o rosto sisudo aliviar seus traços quando me viu. Ele estendeu uma mão me convidando. Caminhei em sua direção e quando nossas mãos se tocaram ele me puxou para seu colo. Depois de algum tempo ele encostou sobre o espaldar da poltrona e me trouxe junto, deixando minha cabeça apoiada entre o ombro e o pescoço dele. Um de seus braços apoiava minhas costas e o outro segurava minhas mãos.

O momento não precisava de palavras. O conforto do colo dele me aquecia, mas ainda sim, me sentia envergonhada pelo episódio da crise.

— Otávio, me desculpe... Eu não sabia que aquilo poderia acontecer.

— Não, minha linda. Não tem do que se desculpar.

— Mas você precisou chamar uma médica, estou envergonhada.

— A Alva é médica pediatra e uma grande amiga da família. Ela possui uma casa aqui perto e sempre está por aqui nos finais de semana. Não tem do que se envergonhar. Você não sabia que isso poderia acontecer.

Enquanto ele falava ia apertando os dedos entrelaçados aos meus.

— Há muito tempo não entrava numa quadra...

Eu não tinha certeza se aquela informação era para ele ou para mim mesma.

— Tudo bem... Não precisamos falar mais sobre isso. Não até que você queira — ele me apertou um pouco mais contra seu corpo e eu me aconcheguei sobre ele.

Não falamos mais sobre o assunto. Depois de mais alguns instantes, Otávio lembrou que o dia já estava chegando ao fim e que deveríamos voltar para a cidade. Concordei a contragosto, e em pouco tempo nossas bagagens estavam arrumadas e guardadas no porta-malas do carro. Sandra insistiu para que eu trouxesse comigo um pote com uma porção de flores de camomila, e depois de ela me explicar em detalhes como deveria fazer a infusão agradeci por seus cuidados.

Otávio me deixou em casa logo no início da noite. Fez questão se subir e me ajudar com a mala, e depois de ditar mil recomendações e de deixar mais dois números de telefone dele, deu-me um longo beijo.

— Tem certeza que vai ficar bem sozinha?

— Tenho não se preocupe. Se algo acontecer eu ligo pra você.

— Promete?

— Prometo — confirmei forçando uma segurança que me faltava, ainda que meu interior gritasse para que eu não o deixasse partir.

— Tudo bem. Ligo pra você amanhã de manhã.

Com um beijo, despediu-se. Não antes de sussurrar ao meu ouvido que estava feliz por termos passado juntos aquele final de semana. Fechei a porta do apartamento e caminhei em direção ao meu quarto. Deitei sobre a cama ainda arrumada, sem me importar em tirar a colcha que a cobria. As imagens da bola de basquete e da tabela vieram a minha mente, e a sensação dolorosa que as acompanhava também se fez presente. Ali sozinha deixei as barreiras do esquecimento se abrirem um pouco e percebi que nem o tempo e nem a distância foram suficientes para aplacar a dor que carregava em meu peito. Meus olhos começaram a arder, e as lágrimas não demoraram a chegar, banhando minha face e encharcando o travesseiro.

Capítulo 17.

A manhã de segunda-feira veio chovendo e fazendo frio. O trânsito que já não era dos melhores nos dias ensolarados, com a penumbra que a chuva deixava no ar, atrapalhava ainda mais o movimento dos carros. O trajeto do meu prédio até a empresa era de quarenta minutos em média, mas em dias como aquele era impossível chegar antes de perder pelo menos uma hora e meia nas vias congestionadas.

Quando cheguei ao trabalho, depois de mais de uma hora de atraso, fui surpreendida por uma linda cesta de flores depositada sobre a minha mesa.

Melissa havia dito que a encomenda chegara antes dela. No cartão as palavras de Otávio me aqueceram e me fizeram sorrir.

"Minha namorada"

Espero que tenha passado a noite bem. Dormir sem você ao meu lado foi muito ruim, acho que fiquei mal acostumado...

Já sinto saudades de você. Muitas!

Otávio.

Ele sabia como agradar. Ou se fosse uma das suas armas de conquista, estava funcionando. Melissa entrou em minha sala depois de bater de leve na porta.

— Com licença, Olívia. Tenho uns documentos para você assinar, e o Sr. Hélio avisou que haverá um almoço hoje com outro fornecedor, ele quer saber se você vai com ele?

— Não, Melissa, não vou. Preciso resolver algumas coisas aqui que vão me tomar o dia todo. Você irá em meu lugar, tudo bem?

— Sim. Sem problemas — ela depositou os papéis a minha frente e ia indicando onde eu deveria assinar. — Isso é tudo.

— Melissa, o cronograma dos treinamentos está em ordem? — olhei minha agenda e ainda faltava resolver essa pendência.

— Sim. Começaremos na próxima semana. E parabéns pelas flores.

— Obrigada... São do meu namorado. — Dizer aquela palavra fez meu rosto se retorcer em um sorriso. Era estranho e ao mesmo tempo bom.

— Hum... Posso perguntar o sortudo que a conquistou?

— Otávio.

—Otávio Sonreale?! — ela exclamou sem se conter. — Parabéns, chefa! Ele é um homem lindo! E grande! E sexy como o inferno! E... — ela parou de falar e engoliu um seco quando voltei meu rosto sério para encará-la.

— Eu sei... Ele é mesmo não é? — sorri para ela.

— Desculpe pela sinceridade, Olívia, mas é sim!

— Tá bom. Já chega de sinceridades. Vamos trabalhar.

Passei mais algumas tarefas para Melissa, que se apressou em cumpri-las. Tive uma conversa breve com o Sr. Hélio, avisando-o que não era mais necessário me convidar para compromissos com fornecedores, representantes e afins, e que deveria tratar direto com Melissa.

No meio da manhã, resolvi tirar alguns minutos e ligar para Otávio.

— Oi, namorado... — falei assim que ouvi sua voz rouca dizer "alô".

— Oi, minha namorada, como você está? — ele parecia sorrir.

— Estou bem e você?

— Tirando a saudade que já estou de você... Tudo bem.

— Obrigada pelo presente...

— Ah! Só queria por um pouquinho mais de cor na sua manhã. Como está seu dia hoje? Tem um tempo para almoçar comigo?

— Tenho sim, onde encontro você? — e por alguns instantes ele não respondeu, achei até que a ligação tinha caído. — Otávio?

— Oi, estou aqui, eu... Posso passar na empresa pra te pegar?

Ele ficou incomodado?

— Por mim não tem problema — respondi tranquila.

— Que bom! — ele se animou. — Achei que não quisesse ser vista comigo...

— Otávio... — sorri de sua insegurança infantil. — Eu não queria ser vista com você, enquanto não tínhamos nenhum compromisso. Agora não preciso esconder de ninguém que estamos juntos, ou preciso?

— Não! Claro que não! Pego você então ao meio dia tudo bem?

— Combinado. Até mais.

— Até...

Desliguei e fitei o aparelho celular em minha mão, com um sorriso no rosto. Eu não tinha a mínima ideia de onde aquela história ia dar. Mas de uma coisa eu estava certa, ia apostar minhas fichas nesse romance.

Escondi a alegria de falar com Otávio de lado e comecei a organizar minhas tarefas. Já tinha conferido a agenda do dia, passado as tarefas para Melissa, conversado com meu chefe e até dispensado um pouco do meu tempo para agradecer a um presente. Restava apenas checar a minha caixa de e-mails.

Quando as vinte primeiras mensagens apareceram senti um alívio momentâneo percorrer meu corpo. Só havia mensagens de cunho profissional, algumas promoções e e-mails de comunicação interna. Desci a barra de rolagem devagar, deixando as mensagens seguintes aparecerem uma a uma na tela. E a cada nova eu voltava a respirar um pouco mais confortável.

Mas minha sensação de tranquilidade durou pouco. Depois de ver mais de cinquenta mensagens, e filtrar as que seriam mais importantes e que deveriam ser abertas, encontrei o motivo da minha apreensão. Um único e-mail. Uma única cartinha virtual amarela saltou no final da página. E continha os dizeres mais tentadores que eu havia encontrado em todo esse tempo.

Senti meus dedos suando. Minha testa estava fria e o ar saia e entrava em meus pulmões em um ritmo mais acelerado. Comecei a tremer. A curiosidade que me marcava a personalidade, mesmo que mórbida, seria minha ruína naquele momento.

No e-mail estava escrito apenas uma simples frase: "Este é o último!".

Capítulo 18.

Ai que droga!

Pensei enquanto a tentação me consumia. Como queria remover aquela cartinha e colocá-la na pasta junto a tantas outras, mas eu não conseguia. Meus nervos estavam travados, minhas mãos não me obedeciam. E uma voz, não sei de quem e nem de onde vinha, gritava na minha cabeça: ABRA! ABRA!

Forcei meu corpo a se mover e levantei-me, dando as costas ao monitor e indo em direção á janela. Um suor frio escorria pelo meu pescoço, mas quando passei a mão, não estava molhado. *E agora? Por quanto tempo mais vou conseguir ignorar essas mensagens? Por que ela não para de me mandar esses e-mails? Inferno!*

A sensação de frio passou e um sentimento de ira se apossou de mim. Estava cansada de passar por essa sensação a cada nova mensagem.

Não!

Não vou deixar que isso estrague o meu dia, hoje não!

Voltei para frente do computador, e sem pensar muito apertei os comandos e guardei a carta amarela.

Otávio veio me buscar um pouco antes do combinado. Ele entrou em minha sala e me surpreendeu enquanto ainda falava ao telefone com um colaborador da empresa. Levantei um dedo para ele enquanto sussurrava "só um minuto!".

Coloquei o fone no gancho, e olhei para ele. Otávio era de tirar o folego! Vestia uma camisa verde clara, com o colarinho aberto e as mangas enroladas até a altura do cotovelo. Escondia as mãos nos bolsos da calça social de um tom escuro, quase preto. Levantei e caminhei em sua direção. Seus olhos presos nos meus transmitiam um brilho quente, quase sensual.

Parei a pouca distância dele. Não sabia o que fazer. Abraçá-lo? Cumprimentá-lo como um colega de trabalho? Jogar-me em seus braços? Essa opção me pareceu a mais tentadora... Mas estávamos num ambiente de trabalho.

Oh! Indecisão!

Otávio veio em meu socorro, estendendo uma das mãos. Quando a toquei, senti uma onda de paz que apagou toda a raiva que me atormentava há poucos minutos atrás. Não pensei mais. Joguei o braço livre sobre seu ombro, e minha mão encontrou sua nuca. Puxei-o ao meu encontro enquanto me punha na ponta dos pés para beijá-lo.

— Bem... Acho que devo vir buscar você mais vezes... — suas mãos foram para a minha cintura, me puxando contra seu corpo, enquanto eu envolvi os dois braços ao redor do pescoço dele.

— Não seria uma má ideia... — respondi sorrindo.

— Podemos ir?

— Ahã...

Saímos da sala de mãos dadas, e sorri para minha assistente enquanto ela nos encarava com a boca aberta.

O almoço com Otávio foi tranquilo. Ao final, ele me deixou na empresa, e combinamos de nos vermos a noite.

O resto da tarde passou sem novas surpresas. Exceto o fato de ver um sorriso pretensioso entre meu chefe e minha assistente. Estava escrito em seus rostos que eles haviam conversado e ambos exalavam certa energia conspiratória a meu favor.

Otávio chegou ao meu apartamento por volta das oito horas. Pedimos uma pizza e bebemos o vinho que ele levara na primeira noite que esteve lá.

Nossa conversa fluía fácil, e suas atitudes eram tão casuais, que dava a impressão de que nos conhecíamos há muito tempo.

Naquela noite não o deixei ir embora. Eu já sentia falta de seu abraço e sorri fácil quando acordamos na manhã seguinte, e seus braços me envolviam pela cintura.

Os dias foram passando e nossa relação ia se firmando. Víamo-nos quase todos os dias e as noites que não estávamos juntos eram raras. Minha solidão sempre tão presente, agora me atormentava quando não dividia minha cama com Otávio. Em certas ocasiões em que ele precisava viajar, a saudade se abatia sobre ambos e quase virávamos a noite conversando pelo telefone. E o reencontro era uma explosão da necessidade de ambos.

Glaucia, em uma dessas noites em que Otávio estava fora, pressionou-me a admitir o que eu fingia não acreditar. Estávamos em uma pizzaria, e enquanto ela beliscava a grossa fatia de pizza também me sondava com seus olhos de lince.

— Você está apaixonada por ele, Olívia.

— Não, Glau, é que estamos passando muito tempo juntos, e quando ele não está fica meio estranho, entende?

— Entendo... Ô sua lesada! — ela alterou a voz, me assustando. — E você acha que esse "estranho" é o que hein?

— Sei lá! — respondi ficando irritada com seu comportamento

— Mas eu sei! Você está apaixonada por ele! Seus olhos brilham quando você fala dele, e é quase impossível você pronunciar o nome "Otávio" sem sorrir!

Seus olhos grandes me encaravam e seu sorriso cínico me fez sorrir de volta. Balancei a cabeça tentando não pensar em suas palavras, mas já era tarde. Ela havia despertado essa pequena dúvida em minha mente.

Será?

Apaixonada?

Eu?

Tentei mudar de assunto perguntando por Renato. Seu rosto se iluminou, e depois ficou sério. Não entendi sua reação.

— Glaucia? O que está acontecendo?

— Nós ficamos juntos na festa, e depois algumas vezes...

— E?... — instiguei.

— E, que ele não quer um compromisso sério. Só isso! Ele me disse que gosta de mim, mas não quer se prender a ninguém... Coisa que me faz lembrar muito de alguém em especial...

Seu olhar se tornou duro, perfurando-me. Engoli um seco, e desviei meu rosto para a taça de vinho que acompanhava a pizza. Tomei um gole grande, enquanto minha mente trabalhava com as mil e uma possibilidades sobre o comportamento de Renato. *"Será que ela sabia que tivemos um pequeno... entendimento? Será que ele contou a ela?"*. Resolvi arriscar que ele tivesse mantido a boca fechada.

— Não olhe para mim assim, minha linda! Eu não tenho nada a ver com o Renato. Você sabe muito bem, que eu não tinha e nem tenho interesse nele. Ademais, a única vez que nos falamos mais do que cinco minutos, foi naquele bar, o qual a senhorita se acabou de tanto beber, e se não fosse pela ajuda dele, eu não conseguiria levá-la para casa, lembra-se?

Joguei essa história para cima dela, rezando para que acreditasse, e para que meu querido, lindo, ex-amigo do desejo, não tivesse contado nossas pequenas aventuras para ela.

— Tem razão Olívia. Me desculpe, mas é que as atitudes dele são tão parecidas com as suas antes do Otávio, lindo, gatão, Deus Grego do Olimpo!!

Sem pensar joguei um pedaço de queijo sobre ela com o garfo, ameaçando-a se sequer pensasse em se aproximar de Otávio. Depois rimos da nossa conversa. Eu havia apresentado os dois quando a convidei para almoçar, em um dia da semana.

— Olívia... Posso perguntar uma coisa?

— Se eu falar que não, você desiste da pergunta?

— Não — ela riu e continuou. — Você contou a ele sobre sua família?

Um nó se formou em minha garganta. Glaucia tinha uma sensibilidade fora do comum. Aquele assunto me atormentava, e eu não queria falar sobre ele, mas havia consequências do meu passado que poderiam influenciar seriamente meu futuro com Otávio.

— Não, Glaucia. Ainda não lhe contei — minha voz saiu num sussurro dolorido.

— Você sabe que tem que contar pelo menos uma parte, ele tem que saber, é um direito dele...

— Eu sei... Estou tentando criar coragem.

— Espero que essa coragem venha mais rápido, Olívia. Você está tão envolvida com ele já, que fico preocupada com você se quando ele descobrir, não entenda sua situação.

A voz dela tinha compaixão. Seu rosto se transformou numa carranca triste, quando estendeu a mão sobre a mesa e apertou a minha que esmagava o guardanapo de tecido.

— Tem razão, Glau. Ele precisa saber pelo menos uma parte.

Capítulo 19.

Otávio voltou de viagem dois dias depois de meu encontro com Glaucia. Era fim de tarde quando ele surgiu na porta do meu apartamento, segurando duas caixas de comida japonesa. Meu coração deu um salto no peito quando seu rosto lindo se iluminou num sorriso sincero em me ver, e me joguei em seus braços.

Meu corpo tremia de medo pelas decisões que eu tinha tomado. Não podia privar a verdade daquele homem que me fazia tão bem, que me despertava para sentimentos tão fortes e que eu imaginava ser incapaz de compartilhar com alguém outra vez.

Depois de amá-lo com uma certeza dolorosa de que talvez aquela fosse nossa última vez juntos, uma tormenta começou a se formar em meu peito e me sufocar. Precisava ser verdadeira com ele, não poderia mais esconder-lhe que talvez seu futuro não fosse completo ao meu lado. Tinha que dar-lhe a alternativa da escolha. Sentei-me na cama, puxei o lençol para cobrir meu corpo e enquanto o olhava tentando imaginar por onde ia começar, ele sentiu minha mudança de humor e se adiantou.

— Aconteceu alguma coisa Olívia? — ele apoiou as costas na cabeceira da cama, passou a mão pelo meu rosto e esperou.

— Não... Bem aconteceu... — respirei fundo, era difícil encontrar as palavras certas.

— O que foi? — seu rosto estava preocupado.

— Eu preciso lhe contar algumas coisas do meu passado e... — parei, enchi os pulmões e prossegui. — E talvez você não vá mais querer continuar nessa relação depois que souber.

Abaixei meus olhos para minhas mãos que se retorciam unidas sobre meu colo. Eles começaram a arder, e não consegui impedir que essa queimação se transformasse em lágrimas. A mão quente de Otávio veio até meu queixo e levantou meu olhar para encontrar o seu.

— Ei! O que está acontecendo? Eu fiz algo de errado?

— Não. Você não fez nada de errado Otávio. É que existem algumas coisas sobre meu passado que você precisa saber, não posso mais fingir que as marcas que carrego comigo afetam somente a mim. Se eu ficar com você, elas também farão parte de quem você é, e do que iremos ser.

— Então me diga... Não gosto de vê-la assim...

— Eu... — parei e respirei fundo. O medo de perdê-lo e a dor em admitir algo que poderia sim, fazer com que ele mudasse sua forma de me ver, me corroíam por dentro.

— Você...? — ele pegou minhas mãos, e meu desespero aumentou.

Encarei seus olhos, o azul-oceano-profundo que me encantaram e me tiraram das masmorras da minha escuridão. Olhos esses, que me fizeram acreditar na minha capacidade de amar de novo. Glaucia estava errada, eu não estava apenas apaixonada por Otávio, eu o amava! E por isso precisava lhe contar. Era minha obrigação libertá-lo, para que ele pudesse escolher. Mesmo que sua decisão pudesse me quebrar.

— Antes preciso perguntar uma coisa... O que você espera dessa nossa relação? — um estalo me surgiu à mente, talvez não fosse necessário contar-lhe.

— Como assim? Não estou entendendo...

— Futuro. O que você espera de futuro para nós dois?

— Ah! — seu rosto se anuviou um pouco e um sorriso cresceu em seus lábios. — Pelo jeito que as coisas estão caminhando entre nós, não consigo pensar em um futuro sem você! Já até cogitei a ideia de casar, ter filhos...

Pronto! Agora é que eu acabava de perdê-lo de vez. Retirei minhas mãos das dele, e meus olhos transbordaram com lágrimas silenciosas. Eu não poderia dar a ele o futuro que esperava. Seu rosto voltou a endurecer. O espanto formou uma mancha cinza sobre seu olhar, e a dúvida e o desentendimento de onde aquela conversa poderia chegar o deixaram inquieto.

— Olívia... O que está acontecendo? Não estou entendendo nada dessa conversa. Por favor, princesa, me diga o que está se passando com você...

— Eu não posso dar-lhe um filho Otávio. Nunca poderei...

Escondi meu rosto entre as mãos. Meu choro que antes era contido passou a ser acompanhado de um soluço rouco. A dor apertava meu peito. A crença de que minha vida seria sempre vazia e solitária não era mais uma expectativa vã. Era real. Nenhum homem como Otávio, ou como qualquer outro, se prenderia a uma mulher seca por dentro. Uma mulher que não poderia estender sua linhagem. Por mais que a sociedade tivesse evoluído, ainda existia o orgulho masculino que ditava como regra, a sua capacidade de produzir um herdeiro, que carregasse seu sangue e seu nome.

— Shhh... — de repente seus braços estavam me cercando, trazendo-me para seu peito e apertando-me contra ele, enquanto alisava meus cabelos bagunçados.

Depois de algum tempo consegui me controlar, mas mantive meu rosto escondido contra sua pele. Toda a minha coragem havia sumido, só restando dentro de mim um ser quebrado em vários pedaços. Mais uma vez.

— Desculpe não ter contado antes, Otávio. Eu não sabia como dizer, e, na verdade, não queria dizer. Mas não posso prendê-lo a mim, sabendo que não serei capaz de dar-lhe o que você precisa.

— E como você sabe do que eu preciso? — sua voz era calma, sem a entonação de uma surpresa ou raiva que eu imaginei que estariam presentes.

— Por que você acabou de me dizer. Vi sua dor quando me contou sobre sua ex-mulher e a perda do filho que vocês esperavam. Você quer se casar, ter filhos... Eu nunca serei a mulher ideal para você. Sou seca por dentro... — mais lágrimas escorreram por meu rosto molhando o peito dele.

Ele empurrou-me do seu peito contra minha vontade. Suas mãos seguraram meu rosto e ele me forçou a olhá-lo.

— Eu não me importo, Olívia. A única coisa de que preciso em minha vida é de você! Foi você que me libertou da culpa que carregava em meu peito. E se o futuro com você me cobra esse preço, eu estou disposto a pagar.

— Mas você disse...

— Eu disse que queria me casar e ter filhos com você, mas não disse que esses filhos deveriam sair de você. Eu não me importo, meu amor. Aliás, já é hora de eu lhe dizer, que há muito tempo minha vida não era tão linda, tão cor de rosa, quanto está sendo desde que a conheci — ele sorriu enquanto me prendia com seu olhar. — Eu sinto sua falta todos os dias, e a cada minuto longe de você parece que meu peito vai explodir de ansiedade. Você é dona do meu coração agora, Senhorita Olívia Freitas, eu a amo, e não vou deixar que esse pequeno detalhe me afaste, entendeu?

Ele me prendeu apertado contra seu peito e ficamos ali abraçados por um longo tempo. Meu choro que era dolorido mudou de sentimento. Minhas novas lágrimas eram de contentamento, por ele e por mim. Mas minha confissão ainda não havia terminado. Otávio precisava saber dos motivos que me deixaram nessa situação infértil. Afastei-me um pouco dele, mantive nossas mãos unidas buscando nelas a força necessária para o que eu iria lhe contar.

— Otávio, eu não fui sempre estéril... Quando era mais nova engravidei de um rapaz que morava na mesma cidade que eu, éramos namorados havia algum tempo e aconteceu. Mas eu vim fazer faculdade aqui em São Paulo e acabei perdendo o bebê...

— Compreendo...

— Tive complicações por causa do aborto espontâneo que sofri, e perdi muito sangue. Precisei passar por uma cirurgia de emergência onde os médicos tentaram estancar a hemorragia, mas não conseguiram. A única solução foi retirar o meu útero.

— Eu sinto muito, Olívia... — ele tocou meu rosto com a ponta dos dedos.

— Eu também... — respondi com um sorriso fraco.

— Quem estava com você aqui?

— Eu morava em uma pensão, e a dona do lugar gostava de mim. Então ela acabou por me adotar como filha postiça. Eu ainda a visito de vez em quando. Se não fosse por ela, talvez tivesse acontecido o pior. Ela me encontrou caída perto da cama em cima de uma poça de sangue no quarto que eu alugava. Atrasei-me em descer para o café da manhã e ela sentiu minha falta.

Olhei para Otávio que mantinha o rosto sério, mas os olhos exalavam compaixão enquanto apertava minhas mãos.

— Mas Olívia... E o pai do bebê? Ele não sabia que você estava grávida?

— Não. Quando parti, não contei a ele. Além do fato de ter passado numa das mais concorridas faculdades do país, ele foi o segundo motivo que me fez sair de lá...

— Mas não entendo... Vocês não namoravam?

— Sim, por mais de um ano... — respondi enquanto a memória se reavivava.

— Então por que você veio embora? Por que não contou a ele? — Otávio parecia me acusar por ter escondido a verdade.

Respirei fundo de novo. O ar queimou quando passou pelos meus pulmões, mas era uma dor emocional, e não física. E às vezes esse tipo dói muito mais do que qualquer machucado na carne.

— Porque no dia que ia contar-lhe que estava esperando um filho dele, ele se adiantou e me disse que iria se casar... Com uma moça chamada Elisa... Que era a minha irmã gêmea.

Capítulo 20.

O choque causado por minha revelação deixou os olhos de Otávio maiores e sua boca aberta num grande "O" mudo. Por algum tempo ele ficou parado absorvendo minhas palavras, tentando assimilar o que lhe havia dito. Um sorriso triste escapou de meus lábios, enquanto eu encarava nossas mãos unidas.

— Ela é igual a você? — sua voz soou rouca.

—Não. Somos gêmeas bi vitelinas... Ela é mais alta do que eu... Nossa semelhança se restringe apenas ao fato de termos sido geradas juntas — respondi com um sorriso forçado.

— Meu Deus, Olívia! Até parece história de novela mexicana!

— Eu sei... É bem a cara de um folhetim dramático...

— Mas, e seus pais?

— Meu pai morreu quando éramos pequenas, em um acidente com o caminhão que ele trabalhava, caiu em uma ribanceira. Minha mãe nos criou da melhor maneira possível, sei que ela vive com Elisa hoje em dia.

— E vocês não se falam?

A conversa estava se estendendo, e o cansaço emocional que as lembranças traziam estavam acabando com minhas energias. Senti alívio depois de contar a ele essa minha dolorosa cicatriz, mas por hora já bastava.

— Sim, nos falamos de vez em quando. Telefono para ela de tempos em tempos, mas com Elisa nunca mais falei. Ela até hoje tenta se comunicar comigo, me manda e-mails quase sempre, mas não consigo abri-los. E nem quero.

— Ela se casou mesmo com seu namorado?

— Sim. Por favor, Otávio, essa conversa está me deixando mal. Podemos mudar de assunto?

— Claro! Desculpe-me pela curiosidade mórbida... — ele me puxou para perto de seu peito e passou um dos braços por minha cintura.

Seu sorriso gentil pôs fim aquela conversa. Abraçou-me forte, e mesmo que não tenha dito uma palavra, eu sentia a compaixão que exalava dele através de seu toque.

— Otávio, eu amo você...

— Graças a Deus! Já estava ficando preocupado achando que eu estava sozinho nessa empreitada. — Ele riu baixo enquanto beijava minha nuca, fazendo meu corpo arrepiar.

Os dias seguintes foram tranquilos e a normalidade repousou em nossas rotinas. Estávamos cada vez mais próximos, e já não havia dúvidas dos sentimentos que ambos partilhávamos. Não falamos mais sobre o meu passado. O alívio se fez presente em meu peito quando percebi que ele não se importava com o meu defeito.

Num domingo acordamos pouco depois das nove horas da manhã. Preparei um café enquanto ele colocava algumas guloseimas sobre a mesa.

— Olívia, posso usar o seu computador depois? Preciso checar minha caixa de e-mails, estou esperando uma mensagem do meu irmão.

— Claro! Está na bolsa em cima do sofá.

Depois que terminamos o café, ele me ajudou a tirar a mesa, e enquanto ligava meu computador, decidi ir tomar um banho. Iríamos almoçar fora e depois estávamos pensando em ir ao cinema.

Demorei-me no banheiro e ao retornar, encontrei Otávio parado em frente à sacada com os braços cruzados sobre o peito. Coloquei os braços ao redor da cintura dele que, ofegou de surpresa e se virou de frente para mim.

Segurou meu rosto entre suas mãos e beijou-me com delicadeza.

— Olívia, eu...

Ele se soltou de meus lábios e seus olhos estavam frios, tristes. Algo acontecera no espaço de tempo que estive ausente. Sua boca era uma linha reta sem expressão, e ele parecia lutar contra as palavras.

— O que foi Otávio? Aconteceu alguma coisa? Seu irmão... Ele está bem?

— Sim, está tudo bem com ele. Mas sem querer entrei em sua caixa de e-mails, quando iniciei o computador ela se abriu automaticamente.

— Tudo bem Otávio, eu deixo a senha salva e sempre abre como página inicial — seus olhos ainda estavam estranhos.

— Mas é que havia um e-mail de... Elisa...

Senti os pelos do meu braço se eriçarem. Soltei-me dele e dei um passo para trás e uma mancha cinza em seus olhos me dizia que havia algo mais, do que o simples fato de ele ter visto um e-mail de Elisa.

— E...?

— Eu li. — seus olhos baixaram para o chão.

— Você leu?

— Me perdoe, meu amor. Não queria invadir sua privacidade, mas você precisa saber que...

— Não, Otávio! — falei um pouco mais alto do que gostaria, enquanto me afastava um pouco mais.

— Por favor, Olívia... Me escute...

— Não! Não quero! Você fez errado em abrir, e está fazendo mais errado ainda em querer me contar o que está lá. Não quero saber!

— Mas Olívia... Você precisa...

— Eu não preciso de nada! Nada do que vem dela me interessa! Não mais! Falei pra você que não quero e não vou deixá-la voltar para a minha vida.

Virei às costas e marchei para o quarto. Meu rosto ardia, parecia queimar. A raiva me consumia por ele ter lido algo que não lhe pertencia e por logo de imediato já estar se voltando contra mim, querendo que eu desse atenção as declarações lamuriosas e desculpas dela.

Otávio entrou no quarto logo em seguida, ainda tinha o rosto sério, mas dessa vez parecia determinado.

— Olívia, me desculpe. Eu não deveria ter lido algo que diz respeito somente a você.

Amoleci um pouco quando seu tom de voz me acertou. Ele parecia arrependido. Não respondi. Apenas o encarei tentando expressar meu descontentamento através do olhar.

— Liv, por favor...

Por um momento parei de respirar. Podia jurar que meu coração tinha tomado um choque de alta tensão, parado de funcionar e retomado suas batidas. *Liv... Foi disso mesmo que Otávio me chamou?*

— Do que você me chamou? — ele empalideceu no mesmo instante.

— Olívia... Espere me deixe falar...

— Não Otávio! Me responda! Do que você me chamou?

— Liv. Foi assim que sua irmã se dirigiu a você no e-mail. Você precisa ler o que...

— Basta Otávio! — agora eu gritava. — Eu não preciso ler nada! Aliás, eu não preciso de nada que venha dela! Não quero! Você não tem a mínima noção do que ela me fez! E não foi só por ela ter me traído e roubado o homem que eu amava, ela me tirou muito mais do que isso, ela me tirou um sonho, um futuro, uma esperança! Eu sofri aquele aborto por culpa dela! E não posso ter mais filhos por culpa dela! A dor que me rasgou por meses, anos, até que eu conseguisse me levantar, ainda atormenta a minha sanidade. Eu quase fiquei louca de desespero, tive que tomar remédios controlados, fazer terapia. Você não tem ideia do inferno que eu passei!

— Mas Olívia...

— Chega! Não quero mais discutir isso com você. Se for insistir nesse assunto, prefiro que vá embora.

Ele se aproximou um pouco de mim, e recuei. Se ele me tocasse eu perderia as forças. Suas mãos tinham o dom de me acalmar, e naquele momento eu não queria ficar calma.

— Por favor, Liv...

— Pare de me chamar assim! — a raiva explodiu dentro de mim. — Meu nome é Olívia! O-LÍ-VI-A! Vá embora Otávio.

— Não, não posso deixar você aqui sozinha nesse estado.

— Ótimo, se você não sair, saio eu!

Passei por ele como um furacão. Ele tentou segurar meu braço, mas girei o punho no sentido anti-horário que torceu o braço dele enfraquecendo-o e me libertando com facilidade. Fui até a sala e peguei a bolsa que estava sobre o sofá e as chaves do carro. Quando voltei meu corpo para a saída, ele bloqueava minha passagem.

— Pare, Olívia! — ele esticou uma das mãos à frente. — Eu vou embora.

Meu corpo tremia e dava a impressão que eu estava prestes a ter uma convulsão. Não respondi. Apenas encarava aquele rosto que eu aprendera a amar. Não queria que ele fosse, mas já o conhecia o suficiente para saber que ele não iria desistir de tentar me convencer. E isso estava fora de discussão.

Nem morta!

Otávio pegou as chaves do seu carro, a carteira e o telefone que estavam sobre a mesa. Olhou-me com pesar, que eu não soube definir se era por ele ter tentado me persuadir, ou por ter visto o vendaval que se abatera sobre nós.

— Me perdoe...

Otávio sussurrou para mim enquanto caminhava em direção à porta, olhou-me com tristeza e saiu.

Fiquei parada onde estava por um momento, tentando por em ordem os pensamentos e a minha pulsação. Meus olhos começaram a arder e logo em seguida uma torrente de lágrimas borbulhava através deles.

Minhas pernas não conseguiram mais suportar o peso do meu corpo e caí no chão sobre o tapete. A explosão de raiva havia passado dando lugar a outros sentimentos que me fizeram tremer de dor e tristeza. A visão de Otávio saindo pela porta com o rosto assombrado povoou minha mente. A maneira como gritei histérica e sem controle, despejando todo o desgosto e revolta em cima dele, me apertaram o peito, aumentando a dor.

Ela fizera de novo. Mesmo estando ausente e sem pronunciar uma única palavra, sua influência ainda podia me ferir. Elisa tinha conseguido me separar do homem que eu amava mais uma vez.

Capítulo 21.

Não me lembro de quanto tempo fiquei amontoada no tapete da sala. Mantive os joelhos próximos ao peito, envolvidos pelos braços e chorei. Chorei de raiva, de amargura, de tristeza, de saudade, e de mais uma infinidade de sentimentos que nem eu mesma sabia que carregava. Quando as lágrimas secaram e os soluços pararam de me chacoalhar, estiquei o corpo sobre o tapete e fiquei olhando para o teto branco do apartamento.

Minha cabeça estava vazia e aliviada, e o meu corpo se rendia ao cansaço. Um barulho abafado chegou aos meus ouvidos, olhei para o lado e percebi que o som vinha de dentro da minha bolsa. Com esforço sentei-me e estiquei a mão, agarrando a alça que estava mais perto. Dentro dela encontrei o telefone celular piscando insistente enquanto a melodia de Dancing In The Dark soava.

Olhei para o visor e o nome de Otávio aparecia destacado entre as outras informações da tela. Esperei a música terminar de tocar e logo depois apareceu a informação de cinco ligações não atendidas dele. Deslizei o dedo no visor para frente e apertei a tecla de desligar do aparelho.

Joguei o telefone sobre o sofá e levantei-me. Fui até a cozinha e abri a geladeira. Minha garganta estava seca, mas a água foi esquecida quando vi a garrafa de Martini. Tirei a tampa e sem me importar com o copo, virei o gargalo na boca e deixei grandes quantidades escorrer para dentro. Baixei a garrafa e respirei entre o engasgo e a tosse. Repeti o processo e larguei o recipiente quase vazio sobre a pia.

Passei pela mesa e o computador ainda estava ligado. Bati com força a tela do notebook, descontando um pouco no aparelho eletrônico a minha frustração. Senti meus olhos arderem com novas lágrimas, e desisti de tentar brigar com o objeto inanimado.

Fui para o quarto e me larguei sobre a cama. Abracei o travesseiro de Otávio e o seu perfume me assaltou. O cheiro pungente dele, cítricos, madeira e menta, me trouxe a memória os olhos azul-oceano-profundo que estavam tristes quando partiu... Tremi e a torrente de lágrimas recomeçou.

Acabei pegando no sono. Um leve roçar de dedos sobre minha face me fez despertar. Pisquei os olhos duas vezes até identificar o rosto fino e o cabelo dourado de Glaucia. Ela estava deitada de frente para mim, e mostrava um sorriso triste enquanto alisava minha bochecha e prendia uma mecha do meu cabelo desordenado atrás da orelha.

— O que faz aqui? — perguntei num sussurro.

— Otávio me ligou... Ele me contou o que aconteceu...

— Ai Glau...

Ela me puxou para perto dela, abraçou-me com força, como uma mãe faria com sua filha, enquanto um soluço escapava de dentro do meu peito.

— Está tudo bem agora...

Ficamos ali deitadas juntas por um longo tempo. E por mais que me sentisse oprimida pelos sentimentos pesados, a companhia dela me ajudou a aprisioná-los dentro de mim. Aos poucos eles pararam de doer.

Já era início de noite quando ela me soltou e me obrigou a entrar no banho. Disse que iria preparar alguma coisa para comermos.

Saí do chuveiro e ouvi-a conversando com alguém ao telefone.

— Ela está bem... Não, não, eu vou ficar aqui com ela, não é necessário... É, o telefone dela está desligado... Tudo bem, qualquer coisa eu ligo pra você... Prometo... Até mais.

Entrei na sala assim que ela desligou o aparelho. Olhou-me, e antes que eu a questionasse já respondeu minhas indagações.

— Era Otávio. Ele queria saber como você está...

— Ah!... — exclamei sem ter o que dizer, e sentei-me à mesa. — Ele lhe contou tudo?

Ela apenas meneou a cabeça para cima e para baixo. Baixei os olhos sobre o lanche que jazia a minha frente.

— Até sobre o conteúdo do e-mail?

Ela parou o que fazia na pia. Enxugou as mãos em um guardanapo de pano e puxou uma cadeira para bem perto. Pegou a minha mão e encarou-me até que teve certeza de que eu prestava atenção nela.

— Olha, Olívia, eu sou da mesma opinião dele.

— Não, Glaucia não posso...

— Espere, não terminei — sua voz firme me calou. — Nem eu e nem ele, vamos obrigar você a nada. Se não quiser ler os e-mails, isso é uma decisão que cabe somente a você. É a sua família e não a nossa. O que aconteceu entre você e eles não nos compete, e vamos apoiá-la em sua decisão. Se quiser ler, tudo bem, se não quiser, não vamos forçá-la. Só vamos estar aqui com você para o que precisar entendeu?

— Eu gritei com ele, Glau...

Com um sorriso tranquilizador ela se levantou e me deu um beijo no topo da minha cabeça.

— É estou sabendo. Parece que você conseguiu agarrá-lo de vez! — ela riu alto.

— Como é? Ficou doida mulher?

— Seus gritos minha adorada amiga, deixaram o lindíssimo Sr. Otávio preocupado. Ele viu a sua dor e está muito arrependido de ter insistido para que você lê-se a mensagem. Agora mesmo ele está esperando uma ligação para saber se pode, ou não, voltar para cá — ela arqueou uma sobrancelha esperando minha resposta.

Sorri para ela. Sentia-me um pouco envergonhada pelo dramalhão que havia feito. Talvez não fosse necessário tanto barulho, mas quando minha personalidade entrava em ação, a raiva assumia o controle.

— Vamos comer, e depois você liga para ele.

— Assim é que se fala!

Comemos os lanches e enquanto eu retirava a mesa, Glaucia ligou para Otávio. Ele prometeu que chegaria em meia hora e minha amiga se apressou em sair. Abraçou-me forte e me depositou um beijo sonoro na face.

— Obrigada, Glaucia.

— Não me agradeça, não fiz nada que você não faria no meu lugar. Se acerte com Otávio, ele gosta de você Olívia, e não é pouco.

— Eu sei, também gosto dele...

— Não senhora! Você o ama!

— Tudo bem! Hora de amiga "sabe tudo e enxerida" sair. Tchau!

Empurrei-a para fora enquanto ela me soprava um beijo e um sorriso peralta. Fechei a porta sem trancar. Fui para o quarto e me deitei. Fechei os olhos esperando ouvir quando Otávio chegasse, mas só acordei com os braços quentes dele em volta da minha cintura.

A sensação de conforto e calmaria estava presente de novo.

— Me desculpe, Otávio... Não queria brigar com você... É que...

— Não, meu amor. Eu que lhe devo desculpas. Não tinha o direito de insistir em algo que lhe desagrada. Perdoe-me. Não farei mais isso.

— Obrigada.

— Mulher, você me assustou... — ele riu baixo em minha nuca. — Achei que você iria me jogar alguma coisa na testa!

— Não me faltou vontade!

— Ainda bem que faltou opção então!

Rimos juntos. Virei-me para ele e encarei seus olhos. Seu sorriso sincero tão perto do meu rosto quase me deixava zonza. Passei os dedos por sua face, sentindo o leve roçar da barba por fazer em contato com minha pele. Puxei seu rosto em minha direção e o beijei. Com vontade para provar que a discussão havia sido esquecida, e com desespero para reafirmar o meu amor e desejo por ele. Ele sentiu meu apelo e acompanhou-me, retribuindo no mesmo ímpeto cada investida minha. Na manhã seguinte não havia mais nenhum resquício da discussão que tivemos.

Capítulo 22.

Otávio me levou até a empresa naquela manhã, prometendo que viria me buscar no horário do almoço. A distância entre o trabalho dele e o meu acrescentava quase uma hora a mais de trânsito, e mesmo assim ele insistia em me levar quando passava a noite anterior no meu apartamento. Depois de um beijo sonoro e apaixonado, que quase me fez desistir de ir trabalhar, ele se foi.

Resolvi algumas pendências com minha estagiária e passei as orientações sobre as tarefas dela. Havia alguns textos e fichas do treinamento de funcionários que deveriam ser atualizados. Assumi essa função, e fiquei boa parte da manhã envolvida nesse processo. Otávio ligou por volta das onze horas, pedindo desculpas, pois não poderia me pegar para o almoço.

Logo depois de me despedir dele, Melissa ligou-me de sua mesa.

— Olívia, tem outra ligação para você...

— De quem é?

— É uma moça, se chama Lívia.

— Não conheço ninguém com esse nome... Tem certeza que é para mim?

— Sim, Olívia, ela foi bem enfática.

— Tudo bem, pode passar...

Esperei a transferência se completar.

— Olívia, RH, pois não?

— Por favor, é a Olívia Freitas Ribeiro?

— Sim, ela mesma. Como posso ajudá-la? Lívia não é?

Ouvi uma respiração profunda através do fone.

— Isso, meu nome é Lívia, em homenagem a você!

— Ahn?! Não entendi o que você quis dizer...

— Vou me explicar. Meu nome é Lívia, porque duas pessoas que amam muito você resolveram homenageá-la dando-me esse nome. Essas pessoas são Pedro e Elisa, sua irmã. Portanto você é minha tia. E antes que resolva desligar o telefone na minha cara, só queria comunicar-lhe que minha mãe está morrendo! E que apesar de tudo o que eu, meu pai, e minha avó fazemos para agradá-la e tentar deixá-la mais confortável, ela está sempre triste, porque ela queria que VOCÊ, "tia Olívia", estivesse aqui.

Não respondi. Aliás, não fiz nada. Não me mexi, e possivelmente tinha parado de respirar também. Eu estava sonhando... Será que aquilo era real? Não podia ser.

— Tia Olívia? — a voz da moça, que não era moça coisa nenhuma, era apenas uma garota me trouxe de volta.

— S... Sim...

— Desculpe por ligar assim, e por falar como falei. Mas sei que você não sabia de nada, e quer saber não tenho mais paciência para ficar vendo minha mãe morrer, e ainda ficar toda melosa quando fala de uma pessoa que nunca ligou pra ela! Sei que algo entre vocês duas aconteceu e deixou você triste. Mas minha mãe sente sua falta todos os dias, ela te ama do mesmo jeito que sempre a amou. E está morrendo! MORRENDO entendeu?! Pronto! Falei! Passe bem Tia Liv.

E de repente o telefone ficou mudo.

— Alô? Lívia? Alô?!

Nada. Nenhum som. Aquela criatura despejou tudo aquilo em cima de mim e desligou o telefone. E agora? Será que era verdade? Elisa estava... Morrendo? Por quê?

Sentada na cadeira, não conseguia raciocinar direito. *O que foi que a garota disse? Que Elisa me amava ainda? Será?...*

Um calafrio percorreu meu corpo. Minhas mãos começaram a suar, as barreiras da minha memória se abriram e transbordaram lembranças de tempos felizes ao lado da minha irmã. Éramos gêmeas e talvez por esse fato vivêssemos grudadas uma a outra.

Elisa sempre fora mais agitada. Gostava das festas, de barulho. E acabava me arrastando junto. Sempre. A única coisa que consegui fazer sem ela era o basquete. Na escola primária fomos apresentadas ao esporte que era tradição na cidade. Eu me apaixonei pela prática e arrastei Elisa para os treinos. Mas depois de algum tempo ela desistiu, enquanto eu me tornava uma das titulares.

Elisa não participava do time, mas estava presente em todos os jogos, torcendo por mim. Em contrapartida eu estava com ela em qualquer outro momento. Estudávamos na mesma turma, dividíamos as roupas, os calçados, os livros, o quarto. Até conseguimos juntas um emprego de vendedora na papelaria da cidade. Tudo o que se referia a Elisa se referia a mim também. Além de irmãs, éramos amigas. Melhores amigas!

Foi ela quem me convenceu a declarar meu afeto por Pedro. O garoto mais encantador que alguém poderia conhecer. Estávamos sempre juntos na mesma turma.

E depois que, com a ajuda dela, consegui me acertar com Pedro, tudo parecia ser perfeito no meu mundo. Eu tinha a melhor irmã/amiga que alguém poderia ter e o namorado mais lindo e encantador, pelo qual eu era loucamente apaixonada. Até a final dos jogos regionais há doze anos... Onde perdi de uma única vez as duas pessoas que mais amava na vida.

Meu peito doeu com a lembrança. Coloquei os cotovelos sobre a mesa e encostei a cabeça nas mãos apertando as têmporas que latejavam. *O que estava acontecendo?*

A frase de Lívia martelou em minha mente sem piedade: "minha mãe está morrendo!". *Não.* Não podia ser verdade aquilo. *Era alguma artimanha para me convencer a voltar a falar com ela. Só podia ser isso!*

Uma ideia me veio à mente, uma memória recente para ser mais específica. A voz de Otávio ecoou em meus ouvidos como se ele estivesse presente, ao meu lado.

Não queria invadir sua privacidade, mas você precisa saber que...

O que ele quis dizer com isso?

E então me lembrei de onde ele tinha tirado aquela suposição.

Os e-mails!

Apressei-me em acessar minha caixa de mensagens. Depois de alguns instantes o monitor se encheu de pequenos envelopes amarelos fechados, desci a barra de rolagem atenta até que encontrei a mensagem aberta de Elisa. No espaço dedicado ao assunto da mensagem havia apenas a palavra "Adeus".

Ansiedade e medo borbulhavam em meu estômago, provocando um gosto amargo que subia pela garganta e se alojava em minha boca. Será que Elisa precisava mentir para me fazer dar atenção a ela? Algo estava acontecendo com a parte desagregada da minha família. Movida pela curiosidade mordaz, decidi deixar um pouco a teimosia de lado, e abri o e-mail.

Querida Liv,

Sinto muito por ainda não ter conseguido que você me perdoasse, mas tenho fé de que quando nos encontrarmos em outro mundo, conseguirei lhe provar o quanto me arrependo da mágoa que lhe causei, e a dor gigantesca a que sua ausência me sentenciou. Sempre te amei Olívia, de todo o coração e não consigo me perdoar por não ter tido forças para correr atrás de você e trazê-la de volta para o meu lado. Não tenho muito tempo, e nem forças para voltar atrás e corrigir os meus erros. E isso é o que mais me tortura. Gostaria que soubesse que de tudo de ruim que fiz nessa minha vida, a pior coisa foi ter machucado você. E sua falta é o meu castigo mais doloroso.

Um dia a encontrarei minha gêmea, e quando isso acontecer, juro que terei forças suficientes para provar-te o meu amor e nunca mais deixar você partir para longe de mim. Enquanto isso não ocorrer, prometo que onde eu estiver vou olhar e estarei cuidando de você da melhor maneira que puder, e me for permitido.

Amo você minha irmã.

Amo tanto que me dói na alma a força desse amor.

Por favor, me perdoe. Não há um dia nessa minha vida que eu não pense em você...

Adeus.

Elisa.

Capítulo 23.

Minha mente ficou em branco total. *Mas que porcaria era aquela?*

O que Elisa queria com tudo aquilo? Primeiro manda uma mensagem toda melosa, sugerindo que ia morrer, e depois obriga a menina, filha dela e de Pedro, a ligar e falar um monte de besteiras daquelas? Pra quê? Tentar me comover?

A que ponto você chegou minha querida irmã!

Por Deus! Já passou muito tempo, por que ainda me importunava, por que não me deixava em paz?!

Fechei a mão em punho e soquei a mesa sem piedade. Minha raiva era tanta que poderia queimar um ser vivo só com a força do olhar. Respirei ofegante enquanto tentava me controlar. O barulho do meu soco na mesa foi tão alto, que logo depois Melissa entrou aos tropeços na minha sala com o semblante assustado.

— Olívia, está tudo bem?

— Tá!!!

— Precisa de alguma coisa... — disse ela insegura.

— Sim, preciso! De um copo de veneno pode ser?

Pobre coitada! Resolveu aparecer na hora mais errada. E meu descontrole não mediu esforços em atingi-la também. Ela ficou parada segurando o umbral da porta, indecisa se entrava ou voltava correndo de onde tinha vindo.

Respirei fundo uma vez, duas, melhor mais uma... Meu coração entrou num ritmo mais compassado. Uma pontada de dor atingiu meu braço, assim que o sangue começou a circular.

— Ai!

Juntei a outra mão ao punho dolorido, apertei devagar e doeu mais ainda. Tentei flexionar os dedos que ainda estavam cerrados num soco, e quase gritei de dor, mas se abriram.

— Ai! Que droga! — resmunguei, enquanto me levantava e segurava a mão machucada com a mão sadia.

Baixei a mão e coloquei entre os joelhos, enquanto segurava a vontade de praguejar, até fazer vergonha à pessoa mais desbocada do planeta. Fechei os olhos com força e mordi o lábio inferior, tentando suportar a pulsação dolorosa que se apoderou do meu braço. Ainda bem que bati com um punho apenas...

Melissa ainda me olhava espantada e estática.

— Você se machucou?

— Não é nada, só bati a mão um pouco forte demais sobre a mesa.

— Desculpe, Olívia, mas acho que você machucou sim... — disse ela apontando para meus dedos que se dobravam de maneira estranha.

A imagem dos meus dedos meio tortos me assustou um pouco. Olhei para ela que ainda encarava minha mão. Ela percebeu e se adiantou em minha direção.

— Vamos. Eu levo você a um hospital.

— Não é necessário, Melissa... É só por um pouco de gelo...

— De jeito nenhum, Olívia! — sua voz era dura e decidida. — Aposto que você quebrou um osso, vamos para o médico agora!

Optei por não recusar, e nem entrar em uma discussão com ela. Meu pulso, minha mão, os dedos, aliás, todo o conjunto estava doendo muito, e a cada movimento uma pontada de dor acertava a palma da minha mão. Minha raiva mudou de direção, frente a minha estupidez impulsiva.

Antes de sairmos da sala, Melissa pegou o meu telefone celular e meu computador e os jogou dentro da bolsa. Passou por sua mesa, pegando as chaves do carro dela ao mesmo tempo em que ligava para o Sr. Hélio, avisando de nossa saída repentina. Com cuidado me ajudou a descer as escadas que levavam até o estacionamento da empresa. Dirigiu em silêncio cortando a frente dos outros veículos quando possível. De vez em quando me lançava um olhar preocupado ao ouvir um gemido estrangulado que eu tentava reprimir.

Ficamos esperando ser atendidas por quase uma hora. Depois de tirar algumas radiografias, fomos chamadas até o consultório médico. Bom, eu fui chamada, mas reboquei Melissa comigo. Ficar sozinha em hospitais com médicos estranhos não era uma boa recordação para mim. Naquele momento minha mão estava roxa e tinha dobrado de tamanho.

Um homem baixo e atarracado de cerca de quarenta ou cinquenta anos, estava sentado atrás de uma mesa branca com algumas radiografias espalhadas sobre ela. Ergueu os olhos para mim quando entrei segurando a mão inchada. Melissa vinha logo atrás carregando as bolsas e seu rosto estava sério e ansioso. Depois de nos cumprimentar, ele pegou uma das placas e colocou sobre um monitor iluminado e olhou concentrado nas manchas brancas.

Uma música conhecida começou a tocar sobre o colo de Melissa.

— Melissa, meu telefone. Atende por favor?

— Claro! Espero você lá fora, tudo bem?

— Sim.

— Com licença.

Ela se levantou e saiu. O médico ainda olhou mais duas radiografias, e depois, recolocou a primeira contra a luz.

— Olha Senhorita Olívia... — ele fez um círculo pequeno com uma caneta sobre uma das manchas. — Você tem uma pequena fratura aqui, no osso pisiforme, e uma luxação aqui e aqui também. — ele fez mais dois círculos, um na mão e outro em um dos dedos. — Não é nada sério, mas terá que usar uma tala para manter a mão imobilizada.

— Mas vou ter que por gesso? — já me via com um saco de lixo amarrado ao cotovelo e tentando tomar um banho descente.

— Não será necessário. Podemos colocar uma tala ortopédica. Você pode removê-la daqui a três dias para tomar banho, mas o restante do tempo deve usá-la.

— E por quanto tempo devo usar essa tala?

— Por pelo menos vinte dias, depois quero vê-la e refazer as radiografias.

Suspirei derrotada. Mesmo que minha mão tivesse a aparência de uma pata de elefante, ainda tinha esperança de que não fosse preciso nada além de analgésicos e uma pomada.

Quando saí do consultório, Melissa me esperava sentada á frente da porta. Ela olhou-me nervosa quando percebeu a grande luva cinza e azul escuro cheia de tiras, que escondiam toda minha mão e a horrível tipoia preta que envolvia meu pescoço e cobria todo o resto do cotovelo, sustentando o braço dobrado.

— E então?

— Vinte dias, uma injeção dolorida pra caramba e uma caixa de anti-inflamatórios — respondi erguendo a mão contundida para ela.

— Sinto muito. Quebrou mesmo?

— Trincou. Vamos embora, Melissa, não quero ficar aqui mais do que o necessário.

— Claro, claro. Vou deixar você na sua casa.

— Obrigada — olhei para ela e agradeci com sinceridade. — Obrigada mesmo, Melissa.

Ela sorriu em resposta. Passamos por algumas portas, viramos em alguns corredores e deixei que ela me guiasse, mesmo lendo as placas que indicavam a saída. Sentia-me insegura de estar naquele lugar branco, frio e triste. Por que todo hospital tem essa mesma cara? Bem que poderiam pintar uma parede de violeta, outra de laranja, e colocar um som bem agitado. Talvez os doentes não se sentissem tão... doentes.

— Ah! Melissa, quem era no telefone?

Ela seguia um pouco a minha frente e antes de se virar para me responder parou de caminhar.

— Ele — ela apontou com a mão para um homem em frente à recepção pedindo informações.

Otávio estava debruçado sobre o balcão da recepção conversando com a pessoa escondida atrás dele. Ele passou a mão pelo cabelo, mas não era um gesto sutil. Era ansioso e combinava com seu rosto sério.

Logo ele nos viu. Agradeceu a pessoa escondida, e correu em nossa direção. Tive medo que ele desse um encontrão conosco e acabasse por completar o meu serviço.

— Olívia! O que aconteceu? — seu olhar ia da minha mão imobilizada para meu rosto repetidas vezes. — Passei na empresa pra pegar você e o Sr. Hélio disse que você tinha se machucado, depois a Melissa atendeu seu telefone... Ah! Oi, Melissa!

Melissa respondeu com um sorriso e um aceno de cabeça.

— Está tudo bem agora, Otávio. Eu trinquei um osso da mão, vou ter que usar essa coisa aqui... — ergui o braço encapado. — Por vinte dias. Mas não foi nada de sério.

— Tá certo... Entendi... — ele chegou mais perto, colocou a mão sobre meu queixo e o levantou dando-me um beijo rápido. — Vamos embora então.

— Melissa, se importa se eu for com Otávio?

— De maneira alguma, Olívia. Aqui está sua bolsa. — Otávio a pegou.

— Obrigada novamente, Melissa.

— Não por isso. Até mais Otávio, e até amanhã Olívia.

— Hum... Acho que vou tirar o dia de folga amanhã... — olhei para ela e dei uma piscadela. — Preciso me recuperar um pouco...

— É claro! — ela sorriu. — Se eu precisar de alguma coisa ligo para você. Tchau.

Ela se virou e seguiu em direção ao estacionamento. Otávio pousou uma mão na altura da minha cintura e caminhou ao meu lado acompanhando o meu ritmo. Abriu a porta do carro e me apoiou até que me acomodasse. Em seguida, me prendeu ao banco com o cinto de segurança. Seu rosto passou a centímetros de meu, e seu cheiro me invadiu as narinas provocando arrepios na pele. Estiquei-me um pouco mais a frente e dei-lhe um beijo quando ele começou a recuar. Parou onde estava e voltou sua boca para mim sorrindo. Acertei seus lábios com os meus enquanto o puxava pela nuca com a mão saudável.

Ele retribuiu meu beijo, e quando o liberei correu os dedos da mão pela linha do meu maxilar antes de sair. Ao chegarmos ao meu apartamento, ele insistiu em procurar as chaves dentro da minha bolsa. Depois de quase cinco minutos revirando e fuçando acabou por me estender a bolsa aberta.

— Desisto! O dragão que você esconde aí dentro não quer me entregar as chaves.

Ri alto de sua justificativa, antes de tentar a minha sorte.

— Pronto Drago, pode me entregar a chave agora.

Enfiei a mão dentro da bolsa e logo a trouxe de volta com o molho de chaves enroscado nos dedos. Ele as tomou e soltou um grunhido de desagrado, me fazendo rir de novo.

Dentro do apartamento comecei a sentir as dificuldades de se ter uma mão imobilizada. Mesmo que fosse a mão direita que estava fraturada, e o fato de ser canhota, senti a imensa falta da união das duas em fazer as atividades mais simples. Sentei-me no sofá e tentei soltar o fecho da sandália de salto que calçava. A do pé esquerdo foi fácil, mas a do pé direito... Tive que me contorcer um pouco para chegar até o fecho, e mesmo assim não consegui abri-lo.

Otávio estava na cozinha pegando um dos comprimidos que eu deveria tomar. Ouviu quando gemi resignada, deixando um pé descalço e o outro ainda preso na sandália.

— Droga! — praguejei.

Ele se aproximou e estendeu o comprimido e depois o copo com água. Pensei na minha estupidez em não conseguir conter minha fúria e descontando-a em mim mesma.

— O que foi? — perguntou com o olhar preocupado.

Tomei metade da água enquanto engolia o remédio. Levantei o tornozelo calçado para ele.

— Não consigo soltar.

Ele se ajoelhou em minha frente, e desfez o motivo da minha frustração. Suas mãos tocaram em minha pele e senti o calor que elas me provocaram subindo pelo joelho. Com olhos brilhantes e um sorriso zombeteiro ele se aproximou um pouco mais de mim, postou os braços na lateral das minhas pernas e segurou em meu quadril com as duas mãos.

Aquele leve toque arrepiou os pelos dos meus braços. Senti que a tala ficou um pouco mais apertada quando meu sangue começou a circular com mais velocidade embaixo da minha pele.

— Acho que você vai precisar de uma ajuda por alguns dias...

— Também acho — estiquei meu corpo ficando de frente para ele, separei os joelhos e enlacei-o entre as pernas, retribuindo o sorriso malicioso que ele dava. — Como vou conseguir tomar banho com isso? — estiquei o braço ainda preso na tipoia para ele.

— Teremos que dar um jeito...

Ele se aproximou um pouco mais e soltou a tipoia com suavidade do meu pescoço. Colocou-a ao lado, sobre o sofá e voltou a me encarar nos olhos.

— Você vai precisar de um ajudante, ou um enfermeiro para atar os botões de suas roupas... — ele tocou minha camisa e começou a abrir um a um os botões. — Ou desatar...

— Concordo com você, será que poderia me indicar alguém?

— Eu vou encontrar alguém que possa fazer esse trabalho tão... Pesaroso... — ele se inclinou em minha direção e começou a beijar meu pescoço, descendo pelos ombros enquanto desfazia os últimos botões.

— Seria muito gentil de sua parte. Faça-me um favor e avise ao candidato que ele será muito bem recompensado... — deixei a palavras morrerem num sussurro.

Ele parou o que estava fazendo. Olhou para meu peito adornado por um soutien branco. Com um sorriso largo e os olhos brilhando de expectativa voltou a me beijar no pescoço indo em direção ao ombro.

— Conheço alguém a altura do trabalho... Está na hora do seu banho patroa!

Capítulo 24.

Otávio foi muito meticuloso no seu papel de enfermeiro ao me dar banho, não deixando nenhuma parte do meu corpo sem atenção. Sem colaborar em nada com uma das mãos imobilizadas, apenas deixei que ele fizesse seu trabalho enquanto me entregava ao toque de suas mãos. Ambos estávamos envolvidos na água morna e na espuma, e mesmo com minha pequena imobilidade todo o processo foi extremamente prazeroso. Quando terminamos, ambos estávamos ofegantes.

— Quantos banhos você toma por dia? — perguntou enquanto ajeitava a tipoia em meu pescoço.

— Depende... Um de manhã outro à tarde, na maioria das vezes.

— Hum... Gostei disso... — sua voz se tornou rouca e carregada de segundas intenções.

— Gostou é? Agora vai começar a abusar da minha deficiência temporária e tirar proveito sobre a situação de ser meu "enfermeiro"?

— Não... De maneira nenhuma! Só quero o melhor para minha paciente.

Ele me abraçou e deu-me um beijo apertado, enquanto riamos da troca maliciosa de palavras que ambos jogávamos um sobre o outro. Fomos para a cozinha e ele preparou alguns lanches. Otávio comentou que talvez precisasse viajar em breve para onde o irmão dele estava a fim de resolver alguns assuntos que ainda não tinham sido esclarecidos.

Assim que ele mencionou o irmão, lembrei-me do motivo real de eu estar com aquele adereço negro sobre o peito. Por um momento revivi toda a conversa que tinha tido por telefone com Lívia, e depois a mensagem de despedida tão dramática que Elisa havia me mandado. Minha memória passou sobre tudo o que ocorrera, embaralhando o que ouvi com o que tinha lido, e terminando por deixar-me irritada por ter me machucado.

— Olívia?... — um toque sobre minha mão me tirou da minha divagação interna.

— Ahn?... Desculpe, Otávio, não ouvi o que você disse...

— Você está com dor?

— Não, não é isso... Estava pensando no telefonema que recebi hoje que foi o estopim para me deixar aleijada... — sorri sem graça.

— Você não me contou como machucou a mão.

Verdade. Ficamos tão envolvidos um com o outro que acabei por esquecer. Isso, antes de minha raiva me fazer perder o controle, e atentar contra meu próprio corpo. Narrei a Otávio toda a conversa que havia tido com a minha suposta "sobrinha", e sobre o e-mail.

— E o que você pretende fazer a respeito? — seus olhos sérios me encaravam enquanto uma de suas mãos brincava com os dedos da minha mão inteira.

— Nada.

— Como assim nada? — ele apertou meus dedos um pouco.

— Nada de nada. Não vou me meter. Não quero saber se isso é verdade, ou mais uma das artimanhas de Elisa pra me fazer sentir pena dela — falei um pouco irritada.

— Não sei... — sua voz ficou rouca por um momento. — Talvez fosse melhor tirar isso a limpo. E se for verdade?

— Se for verdade, que ela descanse em paz e carregue com ela todo o mal que me fez!

Levantei-me exasperada retirando minha mão da dele com um puxão rápido. Fui até a porta da sacada e fiquei olhando para o negrume da noite que já se abatia sobre a cidade. Depois de alguns instantes, Otávio se levantou e veio até mim me abraçando por trás colocando seu queixo sobre meu ombro.

— Não falemos mais sobre isso. Você tem o direito de decidir qual caminho quer seguir. Não vou mais questioná-la a respeito desse assunto.

— Obrigada. Não quero que você se ofenda Otávio, mas ainda existem mágoas que não consegui esquecer. E talvez, o meu grande mal seja justamente o fato de querer que elas fiquem em meu peito, pulsando, como uma maneira de manter viva a lembrança da dor pela qual passei.

— Você sabe minha opinião. Se pudesse te arrastaria agora mesmo para sua cidade natal, e descobriria qual é a verdade real, mas vou acatar sua decisão.

Fechei os olhos por um momento e tentei imaginar o quadro que encontraria, caso ele cumprisse sua intenção. A inconstância da verdade e da ilusão se misturava. Seria Elisa capaz de impor a sua própria filha que advogasse em seu favor com uma mentira? Ou a verdade dos fatos era tão dolorosa que incitou uma garota a tomar a iniciativa de tentar convencer a tia ausente?

— Vamos, Olívia, você precisa descansar...

Ele me puxou sobre seu braço quando deitamos juntos. Aninhou seu rosto perto da minha nuca e abraçou-me, tomando cuidado de colocar um travesseiro embaixo da minha mão inutilizada.

Meu sono foi agitado, não conseguia parar de pensar em toda aquela história e sabia que mais cedo ou mais tarde teria que tomar partido sobre o assunto. Em algum lugar dentro do meu peito, um leve tremor se fez presente quando tencionei a acreditar, e por mais que me fizesse de dura e insensível, senti medo. E a essência desse medo eu não procurei distinguir.

A manhã seguinte surgiu depois de uma noite mal dormida. A tala sobre o braço me incomodava, e foi difícil encontrar uma posição confortável. Meu corpo estava dolorido, minha mão pulsava escondida pela tala. Tudo doía!

Virei-me para o lado onde Otávio deveria estar e não o encontrei. Forcei minhas pernas a me carregarem para o banheiro. Seria humilhação demais se tivesse que pedir a Otávio que pusesse pasta de dente em minha escova.

Saí do banheiro e ouvi vozes na cozinha. Não era só a dele. Peguei o roupão de seda sobre a cadeira e me retorci para passar os braços dentro dele. Desisti de dar o nó na frente, apenas puxei-o sobre o pijama e prendi as laterais embaixo da tipoia que por milagre consegui vestir sem muito trabalho.

Glaucia estava sentada a mesa tendo Otávio bem próximo dela e ambos encaravam a tela do meu computador com as faces sérias.

— O que está acontecendo aqui? — perguntei confusa com a imagem que via.

— Bom dia, Olívia — disse Glaucia num tom cortante.

Otávio se levantou e veio até mim, deu-me um beijo suave nos lábios, mas seu rosto estava tão duro quanto o dela. Ele deu a volta e postou-se atrás de mim, mantendo os braços ao redor da minha cintura.

— Como está sua mão? — perguntou ele.

— Doendo um pouco, mas ainda não me disseram o que estavam fazendo... Glau?

— Primeiro vim porque Otávio me ligou dizendo que você tinha se machucado... Aliás, obrigada por me avisar viu?! — sua voz soou brava e indignada.

— Desculpe, Glau, é que ontem foi um dia confuso. Acabei me esquecendo de ligar pra você...

— Percebi... — ela ainda estava brava. E muito brava!

Otávio apertou-me um pouco mais contra seu corpo, mas não era um movimento de carinho. Parecia que ele estava tentando me manter de pé.

— O que faz em meu computador, Glaucia?

Ela me encarou com os olhos vivos e zangados, deixando-me preocupada.

— Estava lendo os e-mails da sua irmã.

Meus joelhos bambearam e um leve tremor percorreu meu corpo da sola dos pés até a raiz dos cabelos. Os braços de Otávio se apertaram um pouco mais ao meu redor.

— Com que direito você... — não terminei de falar. Ela se levantou num átimo e começou a gritar para mim com o dedo em riste.

— Com o direito de ser sua amiga e querer o seu bem! Você sabe que sua irmã está MORRENDO e não vai fazer nada?

— Eu não acredito nisso! — respondi tentando imitar seu tom de voz, mas não saiu como eu gostaria.

— Claro que não! Se tivesse lido os e-mails de sua irmã saberia. Já viu quantas mensagens ela te mandou durante todos esses anos?

Apenas balancei a cabeça para cima e para baixo. Minhas pernas agora sacudiam como se estivessem sendo eletrocutadas.

— E você ainda continua com essa teimosia descabida de não querer saber o que está acontecendo?

— Eu não me importo...

— Mentira sua! Se não se importasse em nada, não teria ficado tão descontrolada a ponto de se machucar!

Meu rosto começou a queimar. Meus olhos ficaram embaçados deixando algumas lágrimas escaparem por eles. Glaucia abaixou um pouco a voz quando percebeu a umidade em meu rosto.

— Olívia, eu sei o quanto você sofreu e ainda sofre por tudo o que aconteceu. Acredite eu sei! Vi em seus olhos, e ainda vejo a tortura que é pra você relembrar do passado. Mas não consigo imaginar a pessoa boa, carinhosa, guerreira que é você não se importar com algo tão sério.

Fechei os olhos e deixei meu corpo se apoiar no peito de Otávio, que ficou em silêncio enquanto me segurava.

— Não li todas as mensagens de Elisa. Mas as poucas que eu abri, não falam de outra coisa a não ser o arrependimento que sente por ter lhe feito sofrer. Ela fez um diário em cada mensagem Olívia, contando-lhe de sua mãe, de Lívia, dela mesma e de Pedro.

Meu corpo de contraiu um pouco quando ouvi o nome de Pedro.

— Não posso, Glau...

— Não pode? NÃO PODE?! — sua voz voltou a ficar estridente. — Você não pode é continuar sendo egoísta e não se importar com o que se passa com a SUA família! É isso que você não pode, Olívia! Não somos religiosas, mas uma coisa que aprendi e tento fazer uso o máximo que posso é do perdão!

— Ah Claro! Como se você fosse a rainha da benevolência! Quer que eu dê a outra face? Eu não sou Jesus Cristo! Você sabe o que aconteceu! Duvido que fosse capaz de perdoar se você estivesse no meu lugar! — encarei-a com o rosto em chamas.

— Talvez não. Mas pelo menos eu teria coragem de saber o que é verdade e o que é mentira. Agora você se esconde atrás desse rancor, dessa amargura falando o quanto ela te fez sofrer apenas como uma desculpa. Na verdade você é uma covarde! Tem medo de descobrir que ainda existem pessoas que se importam com você!

— Glaucia, por favor... Não precisa falar assim... — pediu Otávio com ternura tentando abrandar as palavras dela.

— Ah! Otávio. Preciso sim! Não vou deixar que ela se esconda de novo com a fantasia do passado dolorido, se o que está pra acontecer pode afetá-la ainda mais.

Glaucia caminhou até mais perto de mim e pegou minha mão boa que se agarrava ao braço de Otávio. Seu toque era firme, suas mãos estavam frias e ela tremia também. Tentei recuar, mas ela não deixou, apertou um pouco mais meus dedos.

— Olívia, me escute... — desviei meu olhar do dela, mas ela pegou meu rosto com a mão livre e me forçou a encará-la.

Seus olhos também estavam úmidos e pela sua face também escorriam lágrimas.

— Considero você minha irmã. É a pessoa mais amiga e companheira que conheço. Você é justa, Olívia. Sempre dando voz a razão e sempre me trazendo até a realidade quando eu divago nas minhas viagens alucinadas. E eu sei que antes de acontecer o infortúnio entre você, sua irmã e sobre o rapaz que você amava, era a ela que você devotava seu amor, sua confiança e seu respeito.

Ela parou um pouco, esperando que eu compreendesse suas palavras.

— E você mesma me disse que sentia a mesma coisa vinda dela não foi? — ela parou e esperou.

— Sim... — respondi num sussurro oco.

— Então me escute. Elisa tem um tumor na cabeça. Não tem muito tempo de vida. E seu único desejo é ver você uma última vez antes de morrer. Ela quer pedir o seu perdão, e mesmo que não o consiga ainda deseja vê-la antes de...

Ela parou e esperou. Meus olhos se abriram frente ao choque daquela nova informação.

— Você, Olívia, seria capaz de negar essa chance a uma pessoa que um dia amou? A pessoa que cresceu com você, tão perto e unida de forma mágica como é a gemelaridade, e que amarga também uma imensa dor por ter feito você sofrer. E que sabe de suas dores tanto quanto eu e Otávio sabemos?

Não...

Mesmo com o constante sofrimento causado pelas lembranças, que eu me obrigava a não esquecer. Mesmo sentindo o gosto amargo da traição, não podia negar um último desejo a Elisa. Não, em algum lugar em mim ainda existia um sentimento esquecido, um amor de irmãos que nunca se apagou, apenas adormeceu.

— Não.

— Muito bem.

Ela veio em minha direção e abraçou-me. Depois me fez sentar a mesa enquanto ia buscar um lenço em meu banheiro. Otávio passou-me uma caneca de café e colocou um pedaço de pão com manteiga na minha frente. Quando tentei recusar ele insistiu alegando que eu deveria comer alguma coisa antes de tomar os remédios.

Glaucia voltou e sentou-se na minha frente.

— Como soube?

— Otávio me ligou logo pela manhã...

— Vocês estão me saindo dois fofoqueiros sabiam? — acusei-os em meio a um sorriso fraco.

— Só queremos o seu bem minha amiga... — ela tocou em meu joelho. — Vou fazer as suas malas, deve partir o quanto antes.

Suspirei derrotada. Eles estavam certos. Tinha que resolver aquilo logo.

— Tem razão, Glaucia — olhei para o braço debilitado e soltei um novo suspiro. — Isso aqui vai me dar trabalho... Terei que ir de avião e depois de ônibus ou taxi, não faça uma mala grande Glau, talvez seja difícil carregá-la.

Ela concordou com a cabeça.

— Não se preocupe, Olívia. Eu vou com você. Iremos de carro. — Otávio sorriu para mim.

— Não, você tem seu trabalho e está se ausentando muito por minha causa. Não quero atrapalhá-lo.

— E você acha mesmo que eu deixaria você ir sozinha? Nem adianta argumentar. Já está decidido.

— Vou começar a fazer suas malas... — Glaucia se levantou e foi em direção ao meu quarto.

Otávio assumiu o lugar dela.

— Quem é que vai lhe dar banho se eu não estiver com você?... — seu sorriso malicioso espantou o peso que carregava em meus ombros.

Sorri de volta e agradeci com um longo beijo.

Não havia outra escolha. Tudo estava acertado. Otávio ligou para a sua empresa avisando de sua ausência. Falei com Melissa sobre a viagem e que ela retransmitisse a informação ao meu chefe. Eu tinha muitos dias de folga para tirar, além de mais de duas férias vencidas.

Glaucia ia de um lado ao outro procurando em meu guarda roupa as peças que eu ia gritando para ela, tentando me lembrar das mais fáceis de vestir sem forçar a mão machucada. No final da manhã tudo estava resolvido.

Agora não havia mais volta. Teria que enfrentar o que me esperava.

Minhas malas estavam na sala.

Eu estava indo de encontro com o passado...

Capítulo 25.

No final da tarde já estávamos bem próximos do nosso destino. A viagem decorria tranquila, e Otávio respeitou meu silêncio enquanto prestava atenção á estrada. Paramos algumas vezes apenas para comermos alguma coisa, mesmo que minha fome estivesse esquecida, ele me obrigou a engolir algo sólido, justificando a necessidade de ter algo no estômago por conta do remédio que precisava tomar.

Estava anoitecendo quando lhe instruí que parasse em uma cidade próxima do nosso destino para dormirmos.

Outra vez minha noite foi agitada. Ainda não conseguia encontrar uma posição confortável, e o pensamento do que, e de quem iria encontrar na manhã seguinte ajudou a espantar o sono. Pelo menos os braços de Otávio ao meu redor me davam a segurança e o conforto que precisava.

Depois de nos arrumarmos fomos ao restaurante do hotel tomar o café da manhã. Obriguei-me a comer, tendo os olhos astutos de Otávio me vigiando.

— Parece cansada, Olívia, não conseguiu dormir direito? — sua mão se estendeu sobre a mesa e tocou a minha.

— Não... Ainda não me acostumei com essa tala e... — parei de falar.

— Tudo bem... — ele entendeu minha economia em palavras. — Está pronta?

— Não... Mas não posso adiar mais...

— Verdade... Temos que ir.

Levantei-me e apoiei meus temores na mão quente que Otávio me estendeu. Saímos pouco depois e não tardou a chegarmos à entrada da pequena cidade interiorana.

Passamos pela avenida que ligava a rodovia ao centro da cidade. Estava mudada, onde antes havia apenas o chão batido e seco agora era margeado de arbustos verdes com pequenas flores coloridas. Muitas casas e alguns galpões cobriam os antigos terrenos baldios. Espantei-me um pouco com a mudança do cenário que eu tinha em mente, mas depois aceitei que doze anos longe dali deveria ter mesmo transformado o lugar.

Ainda em linha reta passamos em frente à quadra coberta municipal. Um arrepio gelado me percorreu a espinha quando avistei o largo portão de entrada do recinto. Segurei no braço de Otávio, buscando-o, como se pudesse cair ainda que estivesse sentada no banco do carro.

— Quer parar?

— Não...

— Tudo bem... Para onde devo ir agora, Olívia?

Esqueci-me de que ele não conhecia a cidade.

— Não sei onde Elisa mora... Só sei onde era a casa da minha mãe, mas ela não vive mais lá.

— Perguntaremos então, em uma cidade pequena todos devem se conhecer não é mesmo?

— Você não faz ideia! Ali na frente tem uma padaria, vamos até lá.

Otávio parou o carro em frente ao estabelecimento. Fiz menção de descer, mas ele me impediu. Então sugeri que ele perguntasse por Elisa, esposa de Pedro Lima.

Quando esteve de volta ao meu lado, apenas acenou com a cabeça. Minhas mãos começaram a transpirar e tremer, e me sentia nadar numa poça de medo do que encontraria.

Otávio seguiu mais dois ou três quarteirões a frente, depois virou para a esquerda e continuou seguindo. Abaixei meu rosto para a mão machucada, e tentei controlar minha respiração.

Não percebi quando ele parou o carro.

— Chegamos, Olívia — o toque de sua mão em minha perna me tirou do transe.

Encarei-o com os olhos desesperados, implorando que ele me tirasse dali. Otávio fez caso omisso do meu olhar suplicante, desceu do carro e abriu a porta ao meu lado. Pegou minha mão boa e me ajudou a sair. Minhas pernas pareciam duas barras de concreto suspensas, impossíveis de se moverem. Ele tomou meu rosto entre as mãos e esperou até que encontrasse seus olhos.

— Estou aqui com você. Vamos enfrentar isso juntos, está bem?

Não consegui responder. Confirmei com um movimento de cabeça, e ele me beijou. Sua boca na minha fez um leve calor percorrer meu corpo, degelando algumas partes endurecidas pela ansiedade. Ele me abraçou contra seu peito e confiei naquele abraço todos os meus temores, tirando de seu toque a coragem que me faltava para seguir em frente.

Otávio pegou a mão boa e me conduziu até a frente de uma casa. Era um sobrado antigo e bem conservado. O portão baixo deixava aparecer um jardim bem cuidado, cheio de rosas e outros tipos de flores de várias cores. Um sorriso sincero me brotou nos lábios, quando reconheci nelas o cuidado de minha mãe. Ela adorava as plantas, principalmente as que davam flores.

Ele se inclinou e abriu o portão. Um pequeno caminho se estendeu a nossa frente e seguimos por ele até chegar à varanda da casa. Alguns vasos estavam espalhados pelo piso de cerâmica branca, e outros pendurados nos pilares com longos ramos verdes que serpenteavam até quase tocarem o chão.

Paramos em frente à porta. Otávio se colocou atrás de mim e apoio as mãos sobre meus ombros. Era a hora. Estiquei a mão trêmula para o botão da campainha, respirei fundo, hesitei mais um momento e apertei.

O ressoar das antigas campainhas de sino chegou até nossos ouvidos, Otávio apertou um pouco mais os dedos sobre meus ombros e aguardamos. Estava a ponto de desistir e ir embora certa de que não haveria ninguém em casa, e até senti um pouco de alívio por isso. De repente o som de passos me fez endurecer como uma estátua. Quase saí correndo, e acho que só fiquei ali por que Otávio tinha me ancorado ao chão.

Que não seja Elisa! Que não seja Pedro! Que não seja Elisa! Que não seja Pedro!

Entoei essas palavras em minha mente como um mantra, uma oração. E quando a porta se abriu, parei de respirar.

Uma senhora baixa e com a cintura bem delgada enxugava as mãos num avental xadrez amarrado ao seu corpo. O rosto redondo e marcado pelo tempo era emoldurado por alguns fios de cabelos brancos, misturados a outros ainda negros, que escapavam dos grampos dispostos nas laterais de sua cabeça. Sua boca estava cercada por pequenas rugas, e duas manchas um pouco arroxeadas marcavam embaixo de seus olhos, castanhos claros, idênticos aos meus. Esses olhos me encaravam com se eu fosse uma assombração...

Ela não falou nada. Apenas olhava-me enquanto eu retribuía seu olhar, incerta do que fazer. Meu peito se apertou ao perceber a saudade rasgando algumas cicatrizes mal curadas. Eu não me lembrava, ou fingia esquecer o quanto aquelas mãos que se retorciam sobre o pano, me fizeram falta. Um leve fechar de dedos sobre meus ombros me trouxe a realidade.

— Oi, mãe...

— Jesus, Maria e José! Olívia?! Filha minha! Filha minha!

Ela cambaleou em minha direção. Abrindo os braços e me fazendo tremer enquanto um bolo de saudade se desfazia em minha garganta. Otávio foi rápido e soltou o fecho que segurava minha tipoia no lugar, perto do meu pescoço. Meu braço se soltou e abraçou o corpo macio e quente daquela mulher que me deu a vida. Enterrei meu rosto em seu pescoço e senti o delicioso cheiro de bolo que ela exalava. Minha mãe sempre tinha cheiro de alguma comida boa. Arroz doce, pão de queijo, bolo.

Choramos juntas grudadas uma a outra. E por vezes pensei que seria incapaz de soltá-la. Depois de algum tempo conseguimos controlar a explosão de choro e ela me soltou. Passou as mãos cheias pelo meu rosto, enxugando minhas lágrimas e delineando minhas bochechas. Como se pudesse me enxergar também pelas pontas dos dedos. Pegou minha mão livre e olhou assustada a outra que se escondia atrás da tala.

— O que aconteceu? Filha... — estiquei a tala para ela tocar.

— Um pequeno acidente mãe, não foi nada... Vai melhorar logo — ela assentiu e não fez maiores perguntas.

— Ah! Meu pai do céu! Onde está minha educação! Entre por favor, entre!

E somente então ela percebeu a presença de Otávio. Ele tinha se afastado um pouco de nós duas enquanto estávamos abraçadas. Dando-nos aquele momento só para nós.

— E quem é esse belo rapaz? — ela me olhou como se eu fosse a jovem garota, que lhe havia apresentado o primeiro namorado há muitos anos atrás. O rosto sério e sisudo, tentando descobrir através de um olhar assassino suas reais intenções. Forçando a sua autoridade maternal.

— Mãe, esse é Otávio, meu namorado.

— É um prazer, Senhora...?

— Linda, meu nome é Deolinda, mas ninguém me chama assim, todos me tratam por Linda.

— É um prazer conhecê-la, Sra. Linda.

— O prazer é meu. Vamos.

Quando passamos pela soleira da porta, minha mãe indicou o sofá grande para que nos sentássemos. Antes de me encaminhar para lá, Otávio me chamou a atenção.

— Olívia... — estendeu a tipoia em minha direção, e deixei que ele a prendesse no lugar.

— Obrigada — respondi com um sorriso sincero e ele retribuiu.

Sentamo-nos no sofá de frente a minha mãe. Otávio segurava minha mão boa com as duas mãos. Fui direto ao ponto, já tinha quebrado uma barreira agora faltavam algumas outras.

— Mãe, como ela está?

— Ah! Filha... Nada bem... — seus olhos baixaram para o chão e quando voltou a me olhar estavam marejados.

— Ela está na Santa Casa daqui da cidade?

— Sim, faz alguns dias que ela voltou pra lá. Quando as dores de cabeça pioram ela precisa tomar uma medicação mais forte. E só as tem com prescrição médica, caso contrário duvido que ficasse internada.

— É tão sério assim mãe? — perguntei enquanto apertava um pouco mais os dedos de Otávio em minhas mãos.

— Temo que sim Liv... — minha mãe deu um longo suspiro de pesar.

Abaixei os olhos e vi meus dedos enrolados nos de Otávio. Ele apertou minha mão como se estivesse dizendo "sinto muito". Ergui meu rosto para ele e vi seus olhos entristecidos encontrarem os meus. Eu não sabia o que sentir. Mesmo que conseguisse perceber o leve temor bem no fundo do peito, havia outros sentimentos presentes.

Pena? De quem? De minha mãe ou de Elisa?

Desconfiança? Será que minha mãe seria capaz de mentir também? Seria possível?

Compaixão? Pela dor de quem? A de minha mãe? A de Elisa? A minha?

Enquanto me questionava vi minha mãe levantar o tecido xadrez do avental e enxugar os olhos. Desviei o rosto quando uma voz aguda soou alto, vinda da cozinha.

— Vóóóó...

Então passos pesados e apressados se fizeram ouvir pelo assoalho. Alguém vinha correndo em nossa direção. Passou pela cozinha e entrou pela sala. Parou de repente quando percebeu que a avó não estava sozinha.

— Ah! Desculpe! Não sabia que tínhamos visita...

Ela se aproximou devagar, seus pés não faziam mais o mesmo barulho. Deu a volta às minhas costas e de Otávio e parou perto da minha mãe. Ergui meu rosto para encará-la e assustei-me com o que vi.

A menina parada a minha frente era a própria Elisa. Não a Elisa de hoje, mas a minha irmã quando tinha dez anos. Os olhos castanhos escuros, o cabelo liso e comprido da mesma cor estava amarrado num rabo de cavalo no alto da cabeça. Vestia uma blusa rosa de flores azuis e uma bermuda jeans já bem gasta. Notei dois arranhões que pareciam recentes em seus joelhos pintados de roxo escuro, o mesmo remédio que minha mãe sempre usava em mim e em Elisa quando aparecíamos com alguma parte do corpo ralada.

Sua boca, seu nariz, seu queixo, suas mãos... Tudo era igual à Elisa!

Fiquei encarando a garota por algum tempo. Examinando aquela semelhança assustadora. Antes ela tivesse sido a gêmea de Elisa, e eu a filha de qualquer uma delas. Olhei para minha mãe que entendeu o que eu estava vendo. Meneou a cabeça confirmando.

— Lívia, minha neta, este é Otávio e essa linda moça é...

— Tia Liv... — ela não deixou que minha mãe terminasse.

Pisquei algumas vezes, obrigando meu cérebro a aceitar que aquela criança em minha frente não era Elisa e sim filha dela.

— Oi Lívia... — tentei manter minha voz segura, mas ainda sim percebi que algumas notas saíram tremidas no final.

— Você veio... Minha mãe ficará feliz — ela me olhou com desconfiança. — Espero que não tenha vindo apenas pra brigar com ela.

Seu rosto que antes parecia à imagem da doçura estava assustado e preocupado. Ela me encarava com receio e até um pouco de culpa. Talvez pensando se teria agido errado em me avisar sobre o estado de sua mãe.

— Não, Lívia. Não vim brigar com sua mãe. Vim para vê-la e entender o que está acontecendo... — minha voz falhou um pouco no final.

— Não tem muito "o que" entender Tia Liv. Minha mãe está morrendo e isso é tudo. Espero que sua presença não piore a situação dela.

Seu olhar era de raiva. Minha mãe fez menção de tocá-la proferindo o seu nome de forma repreensiva e condescendente, "Lívia...", mas ela se afastou rápido. Fugiu do toque e foi em direção ás escadas que levavam ao andar superior. Ela parou no topo e olhou para trás. Viu que todos os presentes estavam voltados para ela e encarou-me sem demonstrar qualquer reação. Depois sumiu de nossa vista, e só ouvimos a batida de uma porta.

Percebi a tristeza naqueles olhos escuros e meu peito se encheu de compaixão. Suas palavras, mesmo que duras aos nossos ouvidos, condiziam com a dor e a ansiedade cruel que se abatiam sobre a realidade dela. Ia perder a mãe e senti que ela me culpava um pouco por isso.

— Perdoe-a, Olívia... Essa criança está carregando um fardo pesado demais. Mesmo que eu e o pai dela nos esforcemos para mantê-la calma, ela acredita que tem uma parcela de culpa pelo estado de Elisa... — justificou minha mãe.

— Não se preocupe, mãe... Não me ofendi. Mas agora quero ir até Elisa.

— Você sabe chegar até lá?

— Sim, mãe. Ainda me lembro de onde fica a Santa Casa, passei por ela algumas vezes... — sorri lembrando-me das contusões provocadas pelo treino excessivo do basquete.

Minha mãe sorriu junto ao lembrar-se também. Quase pude vê-la entrando correndo desesperada pelos corredores do hospital a minha procura, enquanto um médico ou outro me enfaixava o tornozelo em uma ocasião, o cotovelo em outra, a mão na seguinte...

Otávio que estava silencioso ao nosso lado olhou-nos de uma para outra, procurando entender o motivo do nosso riso.

— Eu era sócia do hospital quando morava aqui Otávio... — esclareci entre um sorriso e outro. — Conhecia cada enfermeira ou médico pelo nome.

— Entendi — ele respondeu sorrindo agora. — Então essa tala não é estranha pra você?

— Não, ao contrário, é velha companheira de batalha.

Permitimo-nos um pouco de alegria naquele momento. Levantei-me e puxei-o pela mão. Minha mãe queria que deixássemos nossas malas na casa, mas não insistiu quando falei que não me sentiria a vontade ali. Antes de sair voltei a ela e perguntei o nome do médico que cuidava de Elisa.

— Augusto, Dr. Augusto. Ele é neurocirurgião e clínico geral.

— Obrigada mãe. Nos vemos mais tarde.

Otávio se despediu dela de maneira mais informal, abaixando e dando um leve beijo em sua face e agradecendo pela acolhida. Abracei minha mãe com um dos braços apenas, o outro deixei na tipoia, e escondi meu rosto em seu pescoço sorvendo o seu cheiro de bolo.

— Estou feliz por ter vindo filha.

— Eu também mãe... — *E espero que tenha feito a coisa certa...*

Otávio me acompanhou até o carro, e lhe passei as informações de como chegar á Santa Casa. Poucos minutos depois, ele parou a meia quadra do nosso destino. Caminhamos de mãos dadas até a frente do prédio branco e antes de entrarmos ele parou em minha frente. Olhou-me com o rosto sério enquanto alisava minha bochecha com as costas da mão.

— Você está bem, Olívia?

— Acho que sim... Preocupada, mas estou bem — respondi, tentando esconder dele o alvoroço que se estabelecia em meu estômago.

— Então vamos...

Passamos pela porta de entrada e paramos em frente à recepção. Uma senhora de pouco mais de quarenta anos nos olhou por cima dos óculos de aro azul, e em tom doce e gentil nos recebeu.

— Pois não? Em que posso ajudá-los?

Tentei falar, mas minha voz ficou presa, olhei para Otávio que me socorreu, mais uma vez.

— Sim, por favor, gostaríamos de falar com o Dr. Augusto — ele me olhou esperando que eu confirmasse. Assenti com um leve movimento de cabeça.

— É alguma consulta? — perguntou a senhora que olhava de mim para Otávio.

— Na verdade não, gostaríamos de falar-lhe sobre uma paciente dele.

— Por favor, o nome da paciente?

Aquela demora estava começando a me irritar. Tomei a frente antes que tivesse que detalhar os motivos pelos quais estava ali. Sendo uma cidade pequena e sabendo que todos conhecem todos, deixei os rodeios de lado e expliquei o básico da situação.

— Elisa Ribeiro, esposa de Pedro Lima. Sou a irmã dela, Olívia. O médico se encontra ou não?

Meu tom de voz duro e brusco, tirou o ar curioso que estampava no rosto daquela senhora. Otávio apertou meus dedos mais uma vez, como se pudesse me acalmar, ou talvez pedindo que eu me acalmasse.

— Só um momento, por favor.

Ela pegou o telefone, resmungou alguma coisa que não entendi, mas também não me importei. Depois que desligou sua voz não estava tão doce como quando nos recebeu.

— Aguardem na sala de espera que fica no final do corredor á esquerda. Ele irá recebê-los em breve.

— Obrigado — murmurou Otávio, mas eu não respondi.

Dei as costas a ela já ciente de seu pensamento julgador me chamando de grossa e mal educada. Caminhamos até a sala de espera, sentamos em um sofá grande ignorando as cadeiras individuais que se espalhavam ao redor de uma mesa baixa, cheia de revistas velhas. Aconcheguei-me ao peito dele enquanto seu braço me enlaçava pela cintura e esperei.

Capítulo 26.

Minha mente vagava em busca de alguma coisa que eu não sabia o que era. O rosto sofrido de minha mãe, o olhar triste e depois enraivecido de Lívia se misturava com a ansiedade que brotava do fundo das minhas entranhas. Mesmo vendo a dor de ambas, ainda existia uma parte em meu cérebro, que gritava alto de que toda aquela situação era um joguete bem arquitetado para me trazer de volta àquele lugar. Só para terem mais uma chance em me machucar.

Seria egoísmo de minha parte pensar apenas no meu bem estar naquele momento? Talvez se tivesse me preparado um pouco mais antes de vir, se conseguisse me sentir segura quanto ao que ouviria ou presenciaria quando chegasse o momento de revê-la. O medo não me dominaria. E ainda havia Pedro... Que por alguma benção do céu não estava na casa quando toquei a campainha. Será que conseguiria encará-lo depois de tanto tempo?

Senti minhas mãos transpirarem e meu coração acelerar. Um leve tremor percorreu meu corpo e Otávio me apertou mais contra seu peito. Encolhi-me sobre aquela muralha protetora, e voltei meu rosto para seu pescoço, exalando o seu cheiro. Sabia que Otávio não deixaria que me machucassem mais, e que se fosse necessário, me arrancaria daquele lugar no instante que lhe pedisse. Agradeci em pensamento a força divina que o colocou em minha vida.

Depois de alguns instantes a porta do consultório se abriu e um casal saiu de dentro da sala. Sentei-me de forma ereta e aguardei olhando ansiosa para a porta aberta. Um senhor de barba rala apareceu sorrindo na porta e nos convidou a entrar.

Otávio foi à frente, me rebocando enquanto eu ainda me questionava se deveria ou não estar ali. Em minha cabeça havia uma batalha sendo travada entre a razão e a emoção. Meu corpo agia de forma mecânica enquanto me acomodava na cadeira em frente à mesa do médico.

— Estou vendo que o tempo não a impediu de manter os velhos hábitos não é mesmo, Liv?

O apelido que me identificava naquela cidade soou aos meus ouvidos, afirmando que aquele homem conhecia-me, mas eu não conseguia me lembrar dele.

— Ahn?

Olhei para Otávio que me encarava de forma questionadora, incapaz de dar-me alguma explicação pelo comentário. Voltei o rosto para o homem sentado a minha frente e comecei a prestar atenção em suas feições.

Ele parecia ter algo de familiar, e vasculhei a mente em busca de alguma lembrança. O rosto já marcado pelo tempo tinha algumas rugas no canto dos olhos que eram de um negro profundo. Sua pele tinha certa luminosidade ofuscada pelos cabelos ralos e quase que totalmente brancos. Por um momento pensei conhecê-lo, mas a longa cicatriz que começava no olho direito e descia até quase a metade da bochecha me era estranha. Não conseguia me lembrar de tal marca. Revirei a memória em busca daquele detalhe, mas foi em vão.

— Pelo visto não se lembra de mim...

— Desculpe-me, mas não.

— Talvez eu esteja mesmo diferente. Afora os fios brancos que assumi contra minha vontade, se bem me lembro de quando nos vimos pela última vez eu ainda não tinha essa cicatriz. Eu a consegui em um acidente de moto há alguns anos atrás, e você não estava mais aqui quando aconteceu.

Ele começou a tamborilar com a caneta sobre o bloco de papel que tinha sobre a mesa. Virava-a entre os dedos e tocava uma vez com a ponta e outra com a tampa. Esse movimento me chamou a atenção e destrancou alguma arca de memórias em minha mente. Vi-me deitada sobre uma maca vestindo um uniforme amarelo e azul de short e camiseta. Um pé calçado estava com tênis e meia grossa e o outro com uma pesada bota branca de gesso. E em cima dela um homem mais novo, com poucos e quase imperceptíveis cabelos brancos, fazia esse mesmo movimento com uma caneta, enquanto me passava algumas recomendações de que deveria usar aquele ornamento indesejado por mais de trinta dias.

Reconheci de imediato o gentil e atencioso médico que cuidava de minhas contusões por causa do basquete. Lembrei-me de seu sorriso largo a cada vez que o encontrava naquele mesmo hospital, e que vinha sempre ao meu encontro com a mesma pergunta acusadora e solidária que proferia sempre que me recebia ali.

"O que minha atleta favorita tem pra mim hoje?"

— Tio Guto? — perguntei assustada com a lembrança e ainda descrente de que o homem a minha frente era o mesmo que cuidava de mim.

— Nossa! Há muito tempo ninguém me chama assim! Como está minha pequena?

Levantei-me e caminhei em sua direção. Ele se pôs de pé e abriu os braços para me receber. Abraçou-me suavemente, tendo o cuidado de não apertar-me demais no braço imobilizado.

— Ah, minha querida! Há quanto tempo não a vejo! O que houve com sua mão? — ele tocou o cotovelo dentro da tipoia.

— Não foi nada, bati com a mão e trinquei um osso. Não é nada de sério.

— Estava jogando basquete? — seu olhar doce brilhava com um pouco de esperança.

— Não, Tio Guto, quer dizer Dr. Augusto, não jogo mais... — respondi escondendo o rosto.

— Entendo, é uma pena... Você era nossa melhor jogadora. Depois que você se foi, o time da cidade não teve mais as grandes conquistas. Vez ou outra acontece alguma vitória, mas não tem mais o mesmo brilho do passado.

Senti os olhos de Otávio em minha direção, voltei meu rosto para ele e sua face estampava surpresa e admiração.

— Mas eu não era o time sozinha...

— É verdade, mas você era uma boa parte da alma da equipe. Quando você foi embora a parte restante ficou meio apagada. Mas tenho certeza que você não veio até aqui para me falar sobre o passado não é mesmo?

— Não, Dr. Augusto. Por favor, deixe-me apresentá-lo, esse é Otávio, meu namorado — ambos estenderam as mãos e se cumprimentaram enquanto eu continuava a dizer. — Otávio, esse é o Dr. Augusto, um grande amigo e meu salvador em vários momentos.

— Não é bem assim, ela é que fazia questão de aparecer quando descobria os dias do meu plantão.

Rimos juntos de sua justificativa. E a cada nova palavra dita ia me sentindo mais à vontade. Aquele homem cuidou de todos os meus arranhões e contusões. Era clínico geral e especialista em neurologia, mas acabava por cuidar de todos os cidadãos daquele lugar, o que fazia muitos afirmar seu respeito e consideração pelo profissional. Não fazia distinção quanto à pessoa que chegava procurando seus cuidados, apenas dispunha-se a cuidá-los da melhor maneira possível e nada mais. Por vezes acabava gerando um pequeno mal estar entre as classes mais abastadas da cidade, pois eram obrigadas a esperarem sua vez no atendimento independente de sua posição social ou financeira.

— Bons tempos aqueles... — o Dr. Augusto comentou com olhar saudoso.

— É verdade... — respondi. — Mas agora preciso que o Senhor me ajude a entender o que está acontecendo com Elisa.

Ele respirou fundo, e deixou as mãos pousarem em seu colo enquanto se inclinava e apoiava as costas na cadeira. Vi seus ombros caírem como se estivesse carregando um fardo pesado sobre eles. O sorriso sumiu de sua face e meu rosto espelhou sua expressão, pressentindo que minha única esperança de que toda aquela situação pudesse ser alguma história inventada, esvaia-se junto com o sorriso que antes ele me dera. O Dr. Augusto ergueu os olhos para mim e eles estavam tristes.

Era sério o problema de Elisa. Muito mais do que eu imaginava.

Observei por um tempo seu silêncio. Ele parecia buscar em algum lugar dentro de si as palavras certas para me dizer. Estiquei minha mão sadia para Otávio, que a segurou de imediato entrelaçando nossos dedos.

— É tão sério assim, Tio Guto, quero dizer, Dr. Augusto? — tentei soar tranquila, mas Otávio percebeu minha ansiedade.

— Pode me chamar do que quiser, Liv, não precisa de formalidades comigo. E sim, o problema de Elisa é muito sério.

— Mas temos muitos tratamentos diferentes em outras capitais. Há grandes hospitais com equipamentos modernos, novas técnicas, e se...

— Não, Liv. Não iria adiantar toda essa modernidade. Sua irmã já passou pelas mãos de grandes especialistas, muitos dos quais eu mesmo fiz questão de procurar. Até mandei cópias dos exames dela para um centro especializado nos Estados Unidos, mas todos eles foram da mesma opinião.

— E qual é essa opinião?

— Elisa está perdendo essa briga.

Capítulo 27.

Por mais que eu quisesse desacreditar das palavras do Dr. Augusto, sabia que não poderia mais me esconder atrás da fachada de que essa situação fosse apenas uma artimanha ou um golpe contra mim. Fui obrigada a por meu egoísmo de lado e tratar daquele assunto com mais seriedade, sem deixar que minha opinião formada com base no passado influenciasse em minha postura frente aquela revelação. Existia uma verdade pura e autêntica nas palavras de minha mãe, nas de Lívia e também nas daquele médico experiente que eu conhecia de longa data.

Pedi que me explicasse qual era o problema de Elisa. Ele pegou uma pasta com o prontuário dela e começou a discorrer sobre o assunto, apontando nas várias imagens de tomografias computadorizadas e ressonâncias magnéticas, onde estava o problema.

Elisa tinha um tumor cerebral inoperável. Ela havia passado por uma cirurgia que conseguiu apenas retirar uma amostra para ser enviada para análise. O resultado da biopsia era de um tumor maligno pouco comum, chamado Astrocitoma Anaplásico. Um nome esquisito que ele precisou repetir mais de três vezes até que eu conseguisse pronunciá-lo sozinha. Dentro de uma escala médica que determinava a gravidade e a velocidade de desenvolvimento, ele ocupava o terceiro lugar.

A escala alcança quatro posições.

O Dr. Augusto ainda me explicou que Elisa havia feito o tratamento de quimioterapia e radioterapia combinadas, e o efeito esperado durou muito pouco. As células cancerígenas pararam de se alastrar por um tempo, mas não houve diminuição da massa do tumor.

Após o período de um ano, as dores de cabeça constantes que a levaram a descobrir essa enfermidade, retornaram acompanhadas de náuseas, enjoos e de sonolência excessiva. Após nova bateria de exames, constatou-se que a lesão estava mais uma vez em processo de crescimento. O Dr. Augusto me informou que ela se negou a refazer o tratamento, mesmo indo contra a vontade de todos os membros da família e a dele também.

— E o Senhor tem como prever quanto tempo ainda lhe resta? — perguntei enquanto assimilava todas aquelas informações.

— Infelizmente não, minha querida. Não temos como medir o desenvolvimento do tumor. Ele pode acelerar como também pode continuar aumentando aos poucos. Esse desenvolvimento depende do organismo dela. Só o que sabemos é que esse tipo de tumor aumenta seu tamanho mais rápido do que os outros mais comuns.

— Há quanto tempo Elisa descobriu que tinha esse problema? — perguntou Otávio de repente.

— Há seis anos...

— Podemos vê-la? — Otávio agora fazia as perguntas enquanto minha voz se escondia no fundo da garganta.

— Sim. Mas preciso prepará-la antes para receber você, Liv. Ninguém acreditava que você viria.

"Nem eu mesma acreditava!". Por alguns instantes imaginei que poderia estar sozinha, longe de todos e presa somente a mim mesma. Não sabia o que sentir. O medo se fora assim que descobri quem era o médico de Elisa, eu o conhecia. Não sentia pena, compaixão, desespero, ansiedade... Nada! Era como se meu corpo fosse uma boneca de plástico sem reação, sempre com aquele sorriso pintado e os olhos vidrados no vazio. Cheguei a pensar que essa situação poderia ser até uma forma de punição para ela, mas bani essa reflexão mórbida depressa. Esse tipo de castigo não deveria ser imposto a ninguém.

Algo tentava me içar, mas meu corpo parecia feito de chumbo, não se movia. Olhava para a mesa e para a grande quantidade de imagens de uma cabeça vista através de lâminas de plástico azul de um aparelho de raios-X. O deslizar de pontas de dedos sobre minha pele me puxava aos poucos do vazio silencioso que me encontrava.

Virei o rosto em direção à mão que me tocava e percebi os olhos azul-oceano-profundo de Otávio me esperando.

— Olívia? Está bem, amor? — a voz dele estava errada, parecia preocupada.

— Sim, sim... Acho que sim...

— Beba isso.

Um copo veio até minhas mãos, levei-o até a boca e deixei que o líquido refrescante levasse para dentro o restante da minha dormência involuntária.

Otávio me ajudou a ficar de pé. Os meus joelhos tremeram um pouco, mas consegui evitar que tanto ele, quanto o médico percebessem.

— Liv, talvez fosse melhor você deixar para ver Elisa outro dia... — sugeriu o médico, preocupado.

— Não... Não... Já estou aqui, já sei de tudo, e não vou mais adiar essa situação. Se ela quiser me ver, não saio daqui até que isso aconteça.

Assumi a postura de líder que aprendi a usar tão bem no trabalho. Não poderia mais adiar o inevitável. Isso teria que ser resolvido logo e se eu tivesse alguma parcela a assumir em toda essa lúgubre história, então que essa parcela me fosse apresentada o quanto antes.

Otávio olhou para o Dr. Augusto e depois para mim.

— Tem certeza, Olívia? — seu rosto tenso estava marcado pela linha reta que seus lábios formavam.

— Sim. O quanto antes.

— Dr. Augusto, por favor, nos leve ao quarto de Elisa.

A voz de Otávio estava firme, com uma nota de ansiedade, que ele não conseguiu disfarçar muito bem. Ele já me conhecia o suficiente, para saber que nada me demoveria da ideia de ver Elisa. O médico seguiu a nossa frente depois de me examinar a distância.

Caminhamos pelos corredores, brancos demais e frios demais, do hospital. O Dr. Augusto ia à frente e Otávio segurava em minha mão enquanto o seguíamos de perto. Parou em frente a um quarto e anunciou, segurando a maçaneta com uma das mãos, mas sem girá-la.

— Liv, vou entrar primeiro e falar com ela.

— Tudo bem, eu aguardo.

Ele entrou e fechou a porta deixando-me do lado de fora com Otávio. Assim que me vi sozinha com ele, soltei uma lufada de ar dos pulmões que pareciam saturados frente o esforço que eu fazia para que eles se mantivessem presos. Respirei profundo algumas vezes, e senti que as mãos de Otávio vieram até meus ombros, posicionando-me frente a ele. Esperou com paciência enquanto eu tentava controlar minha respiração.

— Tem certeza que consegue fazer isso? — sua voz rouca me confortou.

— Não... — sorri sem alegria alguma. — Mas estou sem opções no momento, então que seja feito o quanto antes.

— Eu entro com você.

— Obrigada, Otávio. Mas isso eu tenho que encarar sozinha.

— Tudo bem. Grite se precisar de mim. Vou estar aqui quando sair.

Ele me puxou para seu peito e deixei minha cabeça descansar embaixo de seu queixo. Ficamos abraçados enquanto ele alisava meus cabelos com a ponta dos dedos. A mesma onda de conforto e segurança de antes, se espalhou sobre mim. Nos braços de Otávio, não havia tempestade ou perigo capaz de me impedir de enfrentar o que viesse pela frente. Sua dedicação, companheirismo e atenção me davam energia e a certeza de que poderia voltar aos seus braços, se algo de ruim me acontecesse.

— Obrigada Otávio. Não sei o que faria se você não estivesse aqui comigo...

— Não me agradeça, eu amo você, não se esqueça disso. Vou estar sempre por perto quando precisar de mim.

— Eu também amo você...

Apertei-me um pouco mais contra seu peito, sentindo um nó comprimindo a garganta, e me perguntei se era merecedora dessa devoção. Ficamos abraçados ainda por um tempo. Na verdade eu estava me escorando em Otávio enquanto a expectativa crescia dentro de mim. Quando a porta se abriu, meu coração repicou dentro do peito e começou a trotar como um alazão solto no pasto. O Dr. Augusto saiu e tinha um brilho diferente nos olhos.

— Ela está bem agora. A medicação está fazendo o efeito desejado e ela não sente as dores de cabeça mais com tanta frequência.

— O Senhor falou para ela que eu estou aqui? — perguntei não podendo mais conter minha agitação.

— Sim, Liv, precisava saber qual seria a reação dela. Se acontecesse de ela se agitar muito eu não poderia deixar que você a visse...

— E? —minha vontade era a de torcer o médico enquanto ele dava pausas demoradas na conversa.

— Ela está estável. Disse que está esperando você.

Meu corpo começou a tremer. Primeiro as pernas, depois o tronco e por último os braços. A tipoia chacoalhava sobre meu peito como se tivesse vida própria. Minha respiração ficou irregular com curtas entradas de ar, que eram insuficientes para suprir as necessidades dos meus pulmões.

Otávio voltou a me virar para ele, já que eu tinha me afastado de seu abraço assim que ouvi a porta se abrir. Colocou as mãos sobre meus ombros e esperou até que eu o olhasse.

— Quer continuar?

— Eu preciso... — respondi já sentindo algo me estrangular.

— Não, não precisa! Você não é responsável por nada do que está acontecendo com ela entendeu? — ele olhou para o médico que confirmou com um movimento de cabeça sua declaração.

— Eu sei. Mas eu vim aqui para fazer isso e vou fazer.

Minha emoção foi posta em segundo plano. A tremedeira cessou quase que por completo, ficando evidente apenas na mão saudável. Beijei Otávio mais uma vez, buscando um incentivo para continuar. Olhei para o médico que tinha a face preocupada a me vigiar, e esforcei-me para que ele me desse seu aval de liberação. O Dr. Augusto inclinou a cabeça para frente, num sinal de concordância e abriu a porta para que eu entrasse.

Hesitei um momento frente à pequena fresta aberta, e logo em seguida toquei a porta estendendo sua abertura um pouco mais para que eu pudesse passar.

A primeira imagem que me atingiu a visão foi a de uma cama de metal com a parte da frente um pouco erguida, com um corpo miúdo aninhado entre lençóis brancos desarrumados. Alguns fios estavam ligados a dois vidros de soro diferentes, pendurados no alto de um suporte branco e descascado.

Dei dois passos em direção à cama, e ouvi a porta fechar-se atrás de mim. Prestei atenção no corpo miúdo que me encarava com olhos brilhantes. Olhos castanhos escuros quase negros. Essa cor se refletia nas extensas olheiras que marcavam o rosto pálido e ressequido. Aquela figura não se parecia em nada com a imagem de Elisa que eu trazia na memória. Minha Elisa tinha o rosto anguloso, com bochechas salientes e rosadas. Os lábios eram vermelhos, volumosos e saudáveis. E o nariz fino e simétrico completava o conjunto como um detalhe a mais na beleza já marcante.

Os cabelos de Elisa eram longos, grossos e pesados e formavam leves ondas até a altura das costas. Bem diferente dos fios minguados e mais curtos que os meus, que mais pareciam com um corte masculino feito as pressas. Fazia as comparações entre a imagem antiga de Elisa e a atual e me perguntava como era possível uma pessoa mudar tanto. Elisa tinha o corpo volumoso, cheio de curvas perfeitas. Não era gorda, mas também não lembrava em nada a magreza quase esquelética que jazia sobre a cama.

Mas os olhos...

Os olhos eram os mesmos. O mesmo brilho, a mesma intensidade. Como se fossem capazes de ver muito além da imagem física.

Fiquei parada fitando-a. Tentando encaixar sua figura atual sobre a imagem antiga, buscando explicações para a diferença gritante que confundia minha mente.

— Estava esperando por você, Liv...

Sua voz soou rouca aos meus ouvidos. Tão diferente! Tão errada! Uma onda de tristeza tomou conta de mim. Independente do que havia acontecido, era aterrador ver uma pessoa, uma irmã estar tão mudada para pior, por causa de uma doença. Ainda existia em mim uma parte que era dela. Uma parte que ainda a amava.

— Desculpe a demora... — falei sem jeito olhando para o chão, me desprendendo de sua figura e desejando que quando voltasse a encará-la ela voltasse a ser a imagem de minhas lembranças.

— Não tem problema, ao menos você está aqui, isso me basta.

Elisa estendeu os braços, ignorando as agulhas enfiadas em sua pele, num convite simples de que me queria mais perto. Seu rosto inclinou-se para um dos lados e seus lábios finos e ressecados se abriram num sorriso dolorido.

Meu rosto começou a queimar. Meus olhos embarcaram na ardência e lacrimejaram desobedientes enquanto eu tentava, em vão, obrigá-los a se manterem secos. Vendo os braços de Elisa a minha espera não pensei se ela iria me machucar, ou até zombar de minha falsa coragem em renegá-los. Deixei os conceitos pré-estabelecidos de lado, escondi a sensação de rancor bem no fundo do peito e tranquei as memórias doloridas que tentavam escapar pela fresta aberta. Decidi que se fosse para me rasgar ao meio de novo, ao menos teria a chance de tocá-la uma última vez.

O cheiro de bolo de minha mãe ainda estava vivo em minha memória e precisava sentir também o cheiro de Elisa. O misto de flores do campo com terra molhada que nunca mais senti em ninguém.

Minhas pernas conseguiram destravar e fui em direção a ela. Não perguntei o que deveria ou poderia fazer. Retirei o braço imobilizado da tipoia, jogando-a sobre uma cadeira vazia que estava ao lado da cama. Empurrei o lençol que a cobria e deitei-me ao seu lado apoiando a cabeça em seu ombro, enquanto pousava a mão machucada sobre a barriga dela e sentia seus braços frágeis me envolverem.

Elisa beijou minha testa e me apertou junto a ela. Minhas lágrimas escorriam mudas e pingavam sobre a camisola branca que ela vestia. Senti que gotas quentes também pingavam em minha testa e caminhavam para dentro do meu cabelo.

Não sei quanto tempo ficamos ali deitadas agarradas, apenas sentindo a presença uma da outra. Tantas foram as noites que passei grudada a ela, e ela a mim quando éramos mais jovens. Noites de tempestades, quando minha mãe estava fora trabalhando de cuidadora de idosos, e muitas outras porque sentíamo-nos confortáveis e seguras daquela forma.

Como consegui aguentar até hoje sem esse abraço? Perguntei a mim mesma, enquanto sorvia um resquício do cheiro de flores e de terra molhada, que se misturavam ao ardido da assepsia causado pelo éter.

— Como você machucou a mão? — perguntou Elisa depois de algum tempo.

— Soquei a mesa na empresa que trabalho.

O riso baixo dela fez seu corpo se mexer de leve embaixo do meu rosto.

— Não me surpreendo... Como você está, Liv?

— Eu estou bem, Elisa, não tem que se preocupar comigo...

— Eu sei... Você sempre foi dura na queda... Liv, você tem que me perdoar... Não aguento mais carregar a culpa de tê-la machucado. Você precisa entender que...

— Shhh... Agora não. Não vamos falar sobre coisas tristes. Hoje eu sou sua irmã apenas, uma irmã com saudades e preocupada com o seu bem estar. Apenas isso. E para de falar que você está se mexendo muito. Eu estava quase cochilando já. — falei com um sorriso na voz.

— Oh! Desculpe-me não quis incomodar seu descanso — ela sorria também. — Mas você vai embora logo, preciso explicar muitas coisas a você...

— Não vou embora. Talvez Otávio precise ir, mas eu vou ficar algum tempo... Se você quiser que eu fique...

— Claro que sim! Por favor, fique. E quem é Otávio?

— Meu namorado...

— É mesmo? E como ele é?

— Será que vou precisar chamar o Tio Guto aqui para lhe passar um sedativo? — virei meu rosto e procurei os olhos dela.

— Não, não, não... Já me calei.

O sorriso doce de Elisa me fez sorrir junto com ela.

— Liv, só mais uma pergunta... Você falou com o Dr. Augusto?

— Sim. Já sei de tudo Elisa. Agora, fica quieta.

Ela confirmou com a cabeça e beijou mais uma vez minha testa, enquanto segurava em minha nuca com uma das mãos, apertando-me ainda mais de encontro a ela. O sorriso desaparecera e ficamos mergulhadas no silêncio de cada uma, sem pressa, sem explicações, sem desculpas.

Capítulo 28.

Ainda passamos um bom tempo juntas na cama. Elisa virou seu corpo de lado e ficamos analisando uma a outra. Muitas lembranças passaram em minha mente sobre quando não precisávamos falar nada, e sabíamos o que uma queria dizer a outra só pelo brilho do olhar. Talvez fosse um benefício da gemelaridade, ou uma conexão intuitiva que existia entre nós. E ali de frente para ela percebi que essa conexão estava intacta. Sua dor, seus temores, seus anseios me eram traduzidos a cada nova piscada.

Toquei sua mão com a tala que escondia meus dedos, e vi mais algumas lágrimas brotarem de seus olhos.

— Não se preocupe Elisa. Vai dar tudo certo — disse isso para confortá-la, mas não acreditava naquela afirmação.

— Eu sei que vai. Você está aqui agora, e tudo vai se encaixar.

Pensei em suas palavras, mas antes de perguntar o que ela queria dizer com aquela sugestão, a porta do quarto se abriu abruptamente nos assustando, enquanto voltávamos à realidade e nos desprendíamos uma da outra.

Um homem assustado ficou parado na entrada com a boca um pouco aberta, sua respiração estava ofegante e ele segurava com força a maçaneta da porta como se precisasse dela como apoio.

Os cabelos um pouco compridos e displicentes iam até a altura do colarinho da camisa, onde se voltava para fora formando pequenas ondas. Eram de um castanho escuro que quase parecia preto, estava repartido ao meio e caia sobre seu rosto numa franja longa, que ele jogou para trás com a mão livre.

Sua altura se assemelhava a de Otávio, mas eu tinha uma leve suspeita que pudesse ser um pouco mais alto do que ele. E os olhos... Estavam da cor da floresta densa vista de cima. Um verde tão escuro que por vezes pareciam ser mais marrons do que verdes. Vestia uma camisa branca, com alguns detalhes que pareciam ser o uniforme de uma empresa, combinada com uma calça social preta.

Por tanto tempo me obriguei a esquecer daquele rosto. Quase acreditei que havia conseguido. Mas agora, olhando seu semblante, percebi que nunca deixei de lembrar cada traço daquela face. Os lábios cheios, o nariz aquilino, o queixo, o rosto oval sempre estiveram presentes em minha mente. Mesmo na inconsciência da minha ignorância, ele estava ali me vigiando. Sempre.

A barba por fazer e os olhos cansados, também marcados por manchas roxas abaixo deles, o cabelo um pouco desgrenhado e as pequenas rugas que se formavam no canto dos olhos não me impediram de reconhecê-lo. Talvez nada fosse capaz de me impedir, até mesmo se ele estivesse pintado de azul e vestindo com uma fantasia de Drag Queen eu saberia quem ele era.

Pedro.

Seus olhos corriam de Elisa para mim e de volta a ela. Não se moveu. Não falou nada, apenas nos olhava. Atrás dele surgiram o Dr. Augusto e Otávio, com as expressões um pouco alteradas como se tivessem acabado de participar de uma corrida de maratona.

Pedro veio até a cama e parou. Ainda indeciso se olhava para mim ou para Elisa. Comecei a me levantar e ela tombou de lado ficando de frente para ele. Joguei uma perna para fora da cama e me coloquei de pé ajeitando minha roupa um pouco amarrotada. Olhei para Elisa que me encarava sorrindo, depois voltei meu rosto para Pedro.

— Olá, Pedro...

— Olívia... — sua voz saiu num sussurro rouco.

Ele deu a volta na cama e me pegou num abraço apertado. Não disse uma única palavra. Apenas ouvi sua respiração alterada e um gemido suave de alívio que escapou de sua garganta. Seu rosto se encaixou em meu pescoço e senti-o aspirar a minha pele com força, e depois soltar o ar num suspiro mudo, fazendo minha pele esquentar um pouco. Meu corpo reagiu ao seu contato se retraindo um pouco, e depois uma tremedeira interna tomou posse do controle do meu sangue, que corria mais veloz dentro das minhas veias. O cheiro de Pedro, seu rosto tão perto do meu destravou mais uma vez as lembranças, do tempo em que eu acreditava ser naqueles braços o meu último refúgio.

Ele me soltou de súbito, voltando á realidade e em seguida percebendo os olhares das outras pessoas que estavam presentes. Otávio tinha o rosto sério, e assim que Pedro se afastou, estiquei a mão para ele, que veio em minha direção e parou atrás de mim, enlaçando-me pela cintura, uma demonstração clara de posse.

Pedro deu a volta na cama e parou do outro lado de Elisa. Pegou sua mão e levou até os lábios dando um beijo na palma. Elisa sorria, mas não era um sorriso triste. Ao contrário, ela parecia irradiar alegria como se tivesse acabado de ganhar na loteria.

O clima no quarto ficou estranho. Afora a felicidade de Elisa, Pedro, Otávio e eu estávamos tensos naquele encontro. O Dr. Augusto se aproximou interrompeu nossos olhares mudos e pesados.

— Como esta se sentindo, Elisa?

— Ótima, Dr. Augusto. Há tempos não me sentia assim...

— Que bom. Preciso atender mais alguns pacientes, mas volto no final da tarde para vê-la de novo.

Elisa concordou com a cabeça, ainda sorrindo. O médico veio em minha direção e se inclinou para me abraçar mais uma vez. Otávio não me soltou, ainda manteve as mãos em minha cintura enquanto eu retribuía o abraço. Depois esticou a mão e com um aperto firme se despediu do Dr. Augusto. Antes que ele pudesse passar pela porta, Pedro o interrompeu.

— Doutor, quando Elisa poderá voltar para casa?

— Se ela não tiver mais dores, e os resultados dos últimos exames que chegam amanhã estiverem em ordem, não vejo motivos para mantê-la aqui.

— Obrigado — respondeu Pedro um pouco aliviado.

— Não por isso. Agora se me dão licença. — respondeu o médico e saiu fechando a porta atrás de si.

Talvez Pedro, Elisa e Otávio não tivessem percebido, mas quando o médico me olhou nos olhos pude ver toda a dor e ansiedade que ele escondia. De alguma forma compreendi que ele não tinha muitas esperanças de que Elisa pudesse sair de lá tão cedo. Decidi por mim mesma que já estava na minha hora de sair também. Precisava de um pouco de espaço para por os pensamentos em ordem, e não conseguiria fazer isso na presença de Elisa. Muito menos na de Pedro, que me olhava de maneira discreta, mas insistente pelo canto do olho.

— Elisa, preciso ir — falei me aproximando um pouco da cama dela e pegando em sua mão.

— Mas já, Liv? Vai voltar? — sua voz ficou ansiosa e o rosto sério.

— Vou. Só preciso encontrar um lugar pra ficar alguns dias. Assim que resolver isso, volto pra cá.

— Mas você pode ficar em casa. Tem um quarto de hóspedes pronto no andar superior. Você e Otávio são bem-vindos. Dona Linda ia gostar de ter você por perto...

Olhei para Pedro e seu rosto duro se contraiu um pouco com a sugestão dela. Por um segundo senti a mão de Otávio flexionar em minha cintura. Eu sabia que não conseguiria fingir um ar de despreocupação, sabendo que estaria sobre o mesmo teto que aqueles dois homens estavam. Pedro foi o meu primeiro amor, e ainda existiam mágoas muito intensas sobre o desfecho de nossa história. Otávio era meu eleito e eu não tinha o direito de submetê-lo a essa situação depois que ele soube da minha história.

— Prefiro não incomodar, Elisa...

— Mas você não vai incomodar, Liv...

— Não, Elisa. Otávio e eu ficaremos em um hotel — disse com um pouco mais de autoridade e pondo fim aquela discussão. — Volto pra cá assim que estivermos estabelecidos.

— Tudo bem... — ela concordou com ar derrotado.

Aproximei-me mais da cama dela e me inclinei dando-lhe um beijo na testa. Olhei em seus olhos fundos e sorri enquanto alisava seu rosto com a mão.

— Volto logo.

— Obrigada por vir, Liv. Não sabe o quanto estou contente por você estar aqui.

Sorri e concordei com a cabeça. Virei meu rosto para Pedro e senti um leve tremor interno.

— Até mais, Pedro — desviei o rosto, e dei as costas a ele me dirigindo para Otávio — Vamos?

Ele concordou com a cabeça e também se aproximou da cama de Elisa. Tocou em sua mão murcha, e sorriu.

— Até breve, Elisa. Foi um prazer conhecê-la.

— O prazer foi meu, Otávio. E obrigada por trazer minha irmã até mim.

— Não precisa agradecer — Otávio ergueu a mão de Elisa e beijou os nós dos dedos dela, depois se voltou para Pedro — Pedro — e meneou a cabeça cumprimentando.

Saí do quarto com Otávio segurando em um dos meus ombros. Poucos passos depois a porta do quarto de Elisa se abriu e ouvi Pedro me chamar. Estaquei no mesmo instante que a rouquidão de sua voz me acertou, e junto de Otávio me virei para vê-lo se aproximar com a minha tipoia nas mãos. Ele estendeu o acessório em minha direção, mas foi Otávio quem a pegou e já foi encaixando meu braço sobre ela e prendendo em meu pescoço.

— Obrigada — disse a Pedro sem olhá-lo.

— O que aconteceu com sua mão? — ele perguntou se aproximando um pouco mais.

Antes que pudesse responder, Otávio se adiantou e passou o braço em minha cintura, mantendo-me presa a ele como se eu pudesse sair correndo e me jogar nos braços de Pedro. Já tinha percebido uma leve demonstração de posse exalando de Otávio, enquanto ele me segurava junto ao corpo dele no quarto, mas não conseguia entender aquela reação. Ele estava preocupado com Pedro? Que era o marido da minha irmã?

— Ela sofreu um pequeno acidente, mas está se recuperando bem, não se preocupe — disse Otávio — temos que ir, se nos der licença...

Otávio não esperou que eu dissesse nada e nem que Pedro pudesse estender a conversa. Saiu me rebocando e acredito que seria capaz de me arrastar a força, se ao menos eu fizesse menção de resistir. Ele estava tenso, e não disse uma palavra até entrarmos no pequeno quarto do hotel simples e antigo que decidimos nos hospedar. Na pequena cidade não havia muitos estabelecimentos como esse, apenas três grandes casas foram transformadas em hotéis que abrigavam os viajantes de passagem.

Por um tempo gostei daquele silêncio, deu-me a chance de pensar em Elisa e no que faria a seguir. Mas a sua essência pesada e o rosto carrancudo de Otávio começou a me irritar.

— O que está acontecendo, Otávio? — perguntei quando não pude mais suportar seu mal humor.

— Nada. — respondeu ele de forma seca.

— Então por que você está com essa cara de quem comeu e não gostou, posso saber? — parei apoiando a mão saudável na cintura enquanto o encarava.

— Não gostei do jeito que o tal do "Pedro" ficou babando em cima de você. E menos ainda do olhar complacente de sua irmã, que não se importou nem um pouco com aquela afronta! Pronto falei! Satisfeita agora?

— Ahn?... — exclamei incrédula do que acabara de ouvir.

— É isso mesmo! Ele chegou como se fosse um furacão, gritando com o Dr. Augusto e culpando-o por ele ter deixado que você entrasse para falar com Elisa sem ele estar por perto. Pensei até que ele fosse socar a cara do médico de tanta raiva. Depois correu para o quarto e assim que viu você toda aquela fúria ensandecida se foi, como mágica.

— Não, Otávio... — respondi com calma. — Era apenas preocupação, ele se assustou com o fato de Elisa e eu estarmos juntas. Ele deve ter ficado com medo, da mesma forma que o Dr. Augusto preferiu avisar Elisa antes de me deixar falar com ela...

— Ah... Minha pequena... — ele se aproximou e segurou meu rosto entre as mãos. — Acredita mesmo que o desespero dele era apenas por Elisa?

— Claro que sim! Por que mais seria?

Ele ficou me olhando. Talvez buscando alguma contradição na minha afirmação. Deve ter se convencido de que eu dizia a verdade. E de fato, a meu ver, era a verdade. Pedro se assustou, por que imaginou que minha presença pudesse vir a causar mal a Elisa. Nada mais justificava o comportamento de Pedro. Quando abriu a porta do quarto do hospital e estacou perplexo com a imagem de nós duas deitadas na cama, ele deve ter entendido que eu não estava fazendo nenhum dano para ela. É fato que o abraço que ele me deu não fora algo de saudade apenas, mas não poderia imaginar, e nem queria, que houvesse uma segunda intenção sobre a ação impulsiva dele.

— Por nada, meu amor, por nada... — Otávio se resignou um pouco e vi seus olhos se entristecerem.

— Otávio, o que aconteceu entre mim e Pedro ficou no passado, e não vai voltar de lá. Ele é marido da minha irmã, e eu tenho você. Só estou aqui por causa de Elisa, e não por Pedro. Se pudesse até o mandaria embora e ficaria somente com ela, mas não posso. Terei que aturar a presença dele e vou lhe ser muito clara agora: não tenho nenhum interesse em reviver o passado que tive com aquela criatura — respirei fundo e terminei. — Em meu presente e no meu futuro só existe espaço para uma pessoa, e você já esta ocupando esse espaço.

Abracei-o e colei meus lábios nos dele reafirmando minha declaração.

Capítulo 29.

No final da tarde, voltamos para o hospital. Não precisei mais de identificação para entrar pela portaria e Otávio me acompanhou até lá, mas ficou do lado de fora enquanto eu seguia. Afirmou que precisava resolver alguns assuntos por telefone e que entraria assim que terminasse.

No quarto de Elisa encontrei minha mãe e a pequena Lívia, que me pegou de surpresa ao correr ao meu encontro e abraçar minha cintura, enquanto eu erguia a mão machuca para o alto e a envolvia apenas com um dos braços.

— Obrigada tia, Liv... — disse ela ainda apertando o rosto contra meu ventre.

— Por nada Lívia, mas... Por que está me agradecendo?

— Ué! Olha a cara da minha mãe! Ela está muito melhor agora, com você aqui...

Ela se afastou de mim e foi deitar-se ao lado de Elisa, que sorria enquanto arrumava um espaço para a filha se aconchegar. Minha mãe veio ao meu encontro e também me abraçou. Seu rosto parecia mais leve e quando me soltou pegou minha mão e me levou para perto da cama de Elisa, onde sentamo-nos em duas cadeiras ladeadas.

Era estranha e incômoda a sensação de família feliz que predominava no ambiente. Elisa, Lívia, minha mãe, todas elas estavam sorridentes e pareciam ter esquecido o motivo real daquela reunião. Depois de ficar algum tempo naquele ambiente feliz, o mal estar aumentou e não consegui mais participar com minha condescendência silenciosa. Levantei-me e comecei a caminhar em direção a porta.

— Já vai Liv? — perguntou minha mãe.

— Otávio está lá fora sozinho, vou ficar um pouco com ele, Elisa está bem acompanhada...

Olhei para Elisa que estava séria. Minha mãe também percebeu. Por ordem divina da sabedoria maternal, especializada em ler as expressões em nossas faces, tratou de tomar uma atitude e nos deixar sozinhas.

— Vamos, Lívia, está na hora de irmos embora.

— Mas já, vó? Ainda temos mais alguns minutos antes de... — tentou rebater a garota, mas D. Linda a impediu.

— Temos que ir, Lívia. Vou deixá-la no treino e depois preciso fazer algumas coisas em casa.

— Ah vó! Só mais um pouquinho... — insistiu Lívia fazendo bico.

— Lívia!

Quase me intrometi na contenda a favor da pequena Lívia. Mas eu sabia o que minha mãe estava fazendo. De um jeito delicado estava me dando um tempo com Elisa. A contra gosto, Lívia deu um beijo em Elisa, me abraçou e foi em direção à porta. Minha mãe fez a mesma coisa, mas antes de ela se afastar olhou-me com seriedade e pude ler o recado em seus olhos: "Vá com calma...". Dona Linda empurrou a neta para fora fechando a porta ao sair.

Voltei a minha cadeira, e por instinto ou apenas o velho hábito que estava voltando, peguei a mão de Elisa que estava sobre o lençol.

— Como você está?

— Agora estou bem, Liv... — ela fechou os dedos ao redor da minha mão e ficou passeando com um deles sobre minha pele.

— Por que diz isso, Elisa? "Agora estou bem"... — respondi um pouco irritada. — Pelo que sei não houve nenhum melhora significativa no seu estado, mas ainda sim você fica afirmando que está bem? A quem você está querendo enganar?

— Não quero enganar ninguém. Ao contrário. Todos conhecem a gravidade da minha situação, inclusive a minha filha. Mas, eu posso sim afirmar que agora estou bem, por que você está aqui — sua fala sincera me acertou como se eu tivesse levado uma bolada na cara.

— E o que a minha presença tem a ver com isso? Eu não sou nenhum tipo de remédio contra a dor, e não posso fazer nada por você... — respirei fundo engolindo a vontade de gritar.

— Pode sim, Olívia. Você pode fazer algo por mim que nenhuma outra pessoa seria capaz... Você pode me ouvir e depois de tudo que eu lhe disser, e, se você acreditar em mim, pode me perdoar.

Olhei para ela, que me encarava de volta com os olhos brilhantes. Olhos tão sedutores, que me impediam de soltar qualquer comentário que lhe causasse contrariedade. O que eu poderia fazer? Eu não queria ouvir, sabia de todo o acontecido. Relembrar me causava dor. Mas e se não a ouvisse? Conseguiria carregar a culpa de não ter dado a chance de minha irmã, minha gêmea, que definhava pouco a pouco, de falar-me o que bem desejasse? E se eu estivesse em seu lugar? Não gostaria de ter a chance de tentar me explicar?

Essas perguntas me acertavam em espasmos frenéticos e intensos de sensações contraditórias. A confusão se apoderou da minha cabeça, embaralhando meus pensamentos, enquanto tentava ponderar entre o que deveria fazer ou não. Por fim decidi que era mais forte que ela, pelo menos naquele momento. Elisa estava fraca, e se ela quisesse tentar aliviar o peso de seu coração, e se, eu fosse o objeto que lhe daria essa chance, então, que ela o fizesse da maneira que bem entendesse. Logo ela partiria. Talvez não tão logo assim, mas eu tinha uma leve impressão que não tardaria a acontecer. Comigo ficaria apenas mais uma cicatriz que ela poderia deixar no meu sistema emocional, mas ainda sim estaria aqui, nesse mundo. Elisa não.

— Tudo bem, Elisa... — falei resignada. — Vamos combinar assim, você fala e eu escuto, apenas isso. Não prometo um relatório final de volta está bem?

— Combinado. Mas antes de começar, preciso lhe perguntar uma coisa... Você leu os e-mails que lhe mandei?

— Na verdade, tenho todos eles, mas li apenas o primeiro e o último... — respondi um pouco envergonhada.

— Não tem problema. Agora não faz mais diferença... — ela suspirou e começou a falar.

Elisa contou-me tudo o que se passou depois que eu fui embora, a tormenta de ter me afastado de Pedro, a dor por ter me feito partir sem ao menos ter tido a chance de se despedir e se explicar, e a raiva que sentiu quando nem Pedro, nem minha mãe, a deixaram ir atrás de mim. Contou a sua versão dos fatos que me incitaram a tomar tal decisão. Me corroía por dentro ouvi-la, e ainda ter que me manter sentada e muda, como havia prometido que o faria. Por vezes, durante o seu relato, quase me levantei e a deixei falando sozinha. Suas lamúrias eram surreais, e as coisas que ela me dizia, me forçavam a crer que minha vida fazia parte de uma noveleta de quinta categoria, escrita por um autor fajuto e que nunca atingiria uma média considerável nos medidores de audiência.

Enquanto ela divagava sobre suas dores emocionais, me peguei pensando nas minhas próprias. O período que passei desde que saí da vida dela, até conseguir me libertar da tristeza que me assolava pela traição sofrida e pelo infortúnio com minha gestação. Não foi um tempo curto e nem de longe poderia ser comparado em intensidade com as dores dela. As de Elisa poderiam ser duras, difíceis, mas ela não tinha a mínima noção do que eu precisei que enfrentar.

— Foi duro, Liv, carregar o fardo da culpa. Ainda mais, por que sabia que você estava neutra nessa história, não tive tempo de lhe contar antes de Pedro me pegar chorando na porta de entrada do estádio...

— Tudo bem, Elisa, já passou... — eu queria acabar logo com aquela ladainha de dores, e culpas, e isso e aquilo...

— Não, Liv! Ainda não. Enquanto você não souber de tudo não vou ter paz!

— Mas por que você quer tanto remoer essa história que só nos fez mal? Já não basta todo o tempo que passamos separadas? — respirei fundo. — O que passou não pode voltar.

— Tem razão, Liv, não pode voltar, mas a verdade nunca perde a validade. Ela não tem tempo ou lugar para ser dita, e isso eu devo fazer antes de partir... Lívia não é filha de Pedro.

— Ahn? — engasguei com suas palavras. — Como não Elisa? Você é esposa dele.

Ela conseguiu chamar à atenção.

Esperei que ela parasse de tremer um pouco. Minha mão suava sobre a dela e quando fiz menção de tirá-la de lá, ela se retraiu e apertou meus dedos, ainda sem me olhar. Deixei que me mantivesse presa, independente da minha vontade louca de sair correndo antes que ouvisse outros fatos constrangedores.

— Quando me casei com Pedro... Eu já estava grávida... Aliás, foi por isso que nos casamos.

— Mas como? Se você estava grávida quando se casou com ele, e, Pedro não é o pai de sua filha, quem é Elisa?

— Antes preciso lhe dizer, que quando Pedro a procurou no estádio, após o time vencer os Jogos Abertos daquele ano, ele havia me encontrado chorando na praça. Eu tinha acabado de descobrir que estava grávida e não sabia o que fazer. Primeiro porque seria um grande transtorno para nossa família, segundo por que se eu revelasse quem era o pai da criança poderia causar sérios problemas para a família de Pedro.

— Eu não estou entendendo...

— Olívia, não há um jeito certo de falar isso, então vai ser na raça mesmo... — ela parou, respirou e olhou-me resoluta. — Lívia é filha do pai de Pedro, na verdade, ela é irmã dele.

O susto foi tão grande que me fez esquecer que ainda tinha uma tala dura num dos braços, que me causou uma dor intensa no nariz quando o acertei com ela. Vi estrelas circulando ao redor dos meus olhos. A dor subiu pelas minhas bochechas, passou pela minha testa e foi reconhecida pelo meu cérebro.

Um grito estrangulado saiu de minha garganta. Elisa saiu da cama e veio para ao meu lado, me entregando uma toalha branca e me pedindo para segurar em cima do rosto, antes de sair para buscar ajuda. Achei estranha essa atitude dela, mas depois que retirei a toalha do rosto e vi a mancha vermelha e viscosa no tecido, entendi o que ela quis dizer. Tombei a cabeça para traz e pressionei o pano contra o nariz, enquanto me condenava por ter sido tão estupida! Minha intenção era reprimir o choque com a revelação dela, e não quebrar a minha cara.

Uma enfermeira rechonchuda e afobada entrou pela porta do quarto. Ela me levou para outra sala e me fez deitar em uma maca. Com cuidado, limpou o sangue do meu rosto e depois deu alguns apertos e mexidas no meu nariz, que me fizeram ver as estrelas. Tive vontade de dar um soco nela.

A enfermeira torturadora constatou que não havia nenhum osso quebrado. Mesmo assim me fez ficar deitada por um tempo, com uma bolsa de gelo sobre a região socada.

Fechei os olhos e pensei no que tinha ouvido de Elisa. Um leve tremor me percorreu o corpo, e antes que pudesse me controlar, a curiosidade me acertou. Decidi que queria saber o resto da novela.

Senti o toque de uma mão quente em minha testa e abri os olhos. Otávio me fitava de cima e tinha um sorriso matreiro no rosto.

— Não posso te deixar por um instante que você sai se quebrando toda, minha princesa?

Sorri sobre a bolsa de gelo, e senti minha pele formigar um pouco.

— Dessa vez não quebrou.

— Sei que essa pergunta está se tonando repetitiva, mas, você está bem, Olívia?

— Ahã... Foi apenas um susto, me ajude a levantar.

Otávio me colocou de pé e me amparou com o braço em volta da minha cintura. Devagar fomos até o quarto de Elisa. Ela se assustou um pouco quando me viu, e depois de lhe afirmar que estava bem, aquiesceu, mas manteve o semblante preocupado.

Minha roupa estava manchada de sangue, me causando náuseas. Havia passado por emoções suficientes naquela tarde. Com um beijo na testa, despedi-me dela prometendo voltar na manhã seguinte, Elisa me sorriu e disse que me esperaria.

Eu me apoiava na cintura de Otávio e evitava olhar para baixo, com medo que meu estômago me traísse e piorasse meu quadro vergonhoso já pintado de muitas cores. Por sorte não encontramos nenhum conhecido e seguimos direto para o hotel. Deitei-me na cama de costas e minha cabeça parecia girar enquanto eu tentava compreender, o que Elisa me dissera.

Resolvi deixar de lado aquela frustração. Otávio ajudou-me a esquecer do que atormentava as minhas ideias, enquanto se dedicava a tarefa de "auxiliar de banho". E ali nos braços dele, aboli qualquer lembrança da revelação que Elisa tinha feito.

Não quis descer para jantar, me sentia exausta e queria apenas ficar deitada. Quando retornou ao quarto depois da refeição, trouxe um copo de leite e algumas torradas. Vestindo sua melhor pose de capataz de escravos, me obrigou a engoli-las mantendo uma vigilância cerrada em cima de mim.

Perceptível à nuvem de preocupação que me rodeava, Otávio se manteve em silêncio, apenas me aninhando em seus braços e me apertando junto a seu peito.

— Algo a preocupa, Olívia... Posso ajudar? — sua voz rouca ecoou acima da minha cabeça.

— Não paro de me surpreender desde que cheguei aqui Otávio... — respondi. — Mas acho que de agora em diante vou ter que mergulhar na vida da minha irmã de cabeça. Não posso mais ficar apenas olhando da beirada, esperando que as coisas se desenvolvam naturalmente, e com medo de que alguma parte ruim do desfecho venha a respingar em mim...

— Você fala do que virá a seguir... Quero dizer, sobre a mor... — ele parou de falar. Decidi não compartilhar com ele a revelação de Elisa. Era um segredo dela e de Pedro, não meu.

— Sim, da morte de Elisa — completei sua frase e senti uma pontada de dor ao ouvi-la através de minha própria voz. — Amanhã saem os resultados dos últimos exames. Não sei o que vai acontecer depois disso...

— Não tem como saber, minha linda... — ele beijou o topo da minha cabeça e me apertou um pouco mais. — Mudando de assunto, a Glaucia ligou no meu celular hoje, enquanto você convalescia depois de vir a nocaute...

Um riso baixo escapou dos lábios dele fazendo seu peito se mexer sob minha bochecha.

— Nossa... Esqueci dela esses dias... Mas por que ela ligou pra você? Ela tem o meu número...

— Acho que seu telefone está descarregado. Ela disse que tentou falar com você, mas sempre caía na caixa postal.

— É verdade... Desde que cheguei não o usei nenhuma vez...

— Ela queria saber como você estava, expliquei que até o momento estava tudo em ordem, não quis ficar entrando em detalhes. Isso é você quem tem que fazer...

— Obrigada. Vou ligar pra ela amanhã.

Fechei os olhos e me aconcheguei no peito de Otávio, já sentindo o sono enevoar minha mente. Meu corpo estava dolorido, mas eram os meus pensamentos que pesavam e exigiam o descanso.

— Já dormiu?

— Quase... — respondi num sussurro.

— Falei hoje com o gerente da empresa e com meu irmão. Terei que voltar pra São Paulo amanhã, aconteceram alguns problemas que exigem minha presença.

A ansiedade me acertou levando o sono embora. Como eu conseguiria enfrentar aquela situação sem o conforto dele por perto? Tentei manter minha postura indiferente, mesmo sentindo o meu sangue congelar por dentro. Aquele drama não pertencia a ele, e mesmo assim, Otávio esteve ao meu lado quando o grande confronto aconteceu. Somente por isso eu já lhe seria grata. Eu sabia das obrigações dele, e só por egoísmo não queria que ele fosse embora.

— Eu vou ter que ficar por mais um tempo, Otávio. Você deve voltar.

— Não quero deixá-la aqui sozinha, com todos esses problemas em cima de você...

— Eu sei, meu querido... Mas você já fez mais do que poderia fazer. Agora é comigo e com o resto da minha família...

— E quanto a Pedro?

Sua pergunta me pegou desprevenida. Eu não pensava em Pedro. Apenas registrei sua presença no dia que me encontrei com Elisa. Vê-lo e senti-lo no abraço efusivo que me deu, trouxe à memória sensações antes adormecidas. Mas, sabendo um pouco da história o sentimento de compaixão se juntou a sua lembrança. Seu rosto um pouco castigado pelo tempo expressava uma tristeza permanente. A ponto de querer ampará-lo no colo. Contudo, não havia mais uma relação entre nós. Elisa era sua protagonista.

— O que tem ele?

— Eu vi o jeito que ele olha pra você, Olívia... — ele me empurrou suavemente de seu peito, me forçando a olhá-lo de frente.

— E que jeito é esse que *eu* não vi?

— O jeito de um homem apaixonado, que não conseguiu fazer com que o tempo apagasse um amor antigo — seu rosto sério me dizia que não havia nenhuma ponta de diversão em seu discurso.

Será possível? Não, não pode ser. Apenas a cota de ciúmes bobo de Otávio...

— Você só pode estar de brincadeira! Está com ciúmes do meu passado? "*Se*" ele fosse apaixonado por mim como acreditei que era naquela época, não teria me abandonado — declarei com firmeza. — Ele teve sua chance de provar que me amava e escolheu ficar com Elisa... Talvez seja apenas uma reação a minha presença.

— Talvez... — ele respondeu pensativo. — Mas não confio nele. Nem gostei da maneira que ele olha pra você...

— Mas você confia em mim, não é mesmo? — ele concordou com a cabeça enquanto estreitava os olhos. — Então não se preocupe, por que pra mim ele é apenas o marido de Elisa, meu cunhado. Agora vamos deixar de conversa fiada e vem cá me dar um beijo de despedida. Você partirá amanhã e preciso de um beijo bem caprichado para aguentar o tempo que vou ficar sem você...

— Só um beijo? — sorrindo, ele entendeu minha insinuação enquanto me contorcia para encostar mais partes do meu corpo no dele.

— Bom, quem sabe um pouco a mais... — sorri com malícia, enquanto beijava o canto de sua boca, passava pelo queixo de linhas retas e fazia uma trilha de pequenos toques até o lóbulo de sua orelha.

— Hum... Vamos ver o que posso oferecer de brinde de despedida...

Com um leve gemido escapando de meus lábios, entreguei minha boca a ele, que a recebeu sem mesuras. Todo o seu corpo também decidiu participar da despedida, e nos encaixamos como as peças de um quebra-cabeça.

Capítulo 30.

Ao encarar-me no espelho na manhã seguinte, achei que meu rosto tivesse sido alvo de uma dessas lutas de vale tudo que passam no canal fechado da televisão. Meus olhos estavam circundados de manchas roxas, quase negras, com algumas pitadas de vermelho e amarelo.

Otávio se preocupou, mas garanti que não sentia nada, o que de fato era verdade. Já havia levado algumas pancadas da bola de basquete no nariz, e o resultado sempre seria o mesmo. Acalmei-o dizendo que era normal, e que em breve as manchas desapareceriam.

Enquanto eu me arrumava ele fez a mala e levou para o carro, me deixaria no hospital antes fazer a viagem de volta. Coloquei os óculos escuros que ajudaram a esconder um pouco o rosto massacrado pela minha idiotice. Ainda bem que a moda dos óculos estilo corujão estava em alta.

Otávio parou o carro em frente à entrada principal do hospital e me beijou com ímpeto. Mais uma vez me lembrou da promessa que havia feito a ele na noite passada, antes de cair em sono profundo sobre seu peito desnudo.

— Vai me ligar se precisar de alguma coisa? — ele apoiou uma das mãos em minha nuca e com a outra retirou meus óculos.

— Prometo — tentei baixar a armação de volta para me esconder.

— Não... — ele freou minha mão. Deixei que ele colocasse o acessório no topo da minha cabeça.

—Otávio... Meu rosto tá horrível. Não sei como você ainda não saiu correndo e gritando de medo... — baixei os olhos inchados para o meu colo.

— Você não é apenas uma mancha roxa embaixo dos olhos, Olívia... — ele pegou meu queixo e ergueu. — Eu não vejo nada, além da mulher linda por quem me apaixonei, e estou preocupado em deixar você aqui... Tem certeza que vai ficar bem?

Naqueles olhos eu me perdia e me achava ao mesmo tempo. Existia alguma coisa neles que me amarravam de tal forma, que às vezes me sentia refém involuntária daquele homem.

— Eu espero que sim, Otávio — meu peito se apertou um pouco com a ideia do que viria a acontecer.

— A qualquer hora, se você precisar me ligue. Vou tentar resolver o mais breve possível os problemas da empresa, e volto assim que puder tá bem?

Concordei com a cabeça e me inclinei em sua direção tocando os meus lábios nos dele uma última vez. Otávio me abraçou forte. Depois saiu do carro e me acompanhou até a entrada do hospital. Dei-lhe um sorriso e um aceno com a mão boa e fiquei olhando ele partir. Um pensamento me correu na mente assim que ele virou a esquina: *Como é que vou me virar com esse troço aqui no braço?*

Deixei pra resolver essa pequena questão quando chegasse o momento. Marchei para dentro do hospital, e fui direto ao quarto de Elisa.

Bati com a mão na porta em seguida girei a maçaneta para abri-la. Lá dentro encontrei minha mãe sentada ao lado de Lívia. Pedro e Elisa estavam em pé, frente à janela semiaberta.

Pedro mantinha Elisa a sua frente e apoiava uma das mãos em sua cintura, enquanto ambos encaravam o vazio. Todos me olharam assim que entrei, e mais uma vez fui surpreendida pelo abraço espontâneo e ligeiro da pequena Lívia. Ela me encarou um pouco séria, entortando a cabeça para o lado.

— Tia Liv... — abaixei a mão boa e alisei seu cabelo, enquanto mantinha a tipoia elevada. — Aqui dentro não tá sol! Pode tirar os óculos agora...

Suspirei profundo, e sem mais adiar o inevitável levantei os óculos e o prendi no topo da cabeça.

— Credo! — ela se assustou e ergueu uma mão para tocar na lateral da minha face. — O que aconteceu com seus olhos?

Minha mãe se pôs de pé e deu um passo rápido em minha direção. Elisa fez uma expressão de "sinto muito" e Pedro tinha o rosto espantado e a boca aberta, ele se afastou um pouco de Elisa como se fosse vir até onde eu estava também, mas se conteve. Resolvi explicar a situação para Lívia. Os outros ouviriam.

— Eu sofri um pequeno acidente ontem... Bati essa tala dura em cheio no nariz... — Lívia soltou um suspiro e roçou os dedos na minha bochecha. — Foi como se eu tivesse levado uma bolada na cara. Não quebrou nenhum osso, mas machucou um pouquinho...

Olhei para minha mãe e sorri, tentando acalmá-la. Vi Pedro trocar um olhar cúmplice com Elisa. *Será que ela falou pra ele?*

— Eu não levei nenhuma bolada na cara ainda... — respondeu Lívia — Mas já levei na barriga, e a gente perde o ar... É ruim pra caramba!

Sorri de sua comparação, voltando a colocar os óculos.

— E você jogava o que com uma bola quando isso aconteceu? — perguntei indo em direção a minha mãe e abraçando-a.

— Jogava não. Ainda jogo todos os dias. Eu faço basquete.

Uma sensação de frio percorreu minha coluna, fazendo os pelos dos meus braços se eriçarem. Ergui meu rosto enquanto me desvencilhava dos braços de Dona Linda, e Elisa olhava em minha direção com um sorriso culpado. Desviei-me de seu olhar e evitei o rosto de Pedro.

— Minha camisa é a oito. Era essa que você usava não é mesmo tia Liv? — ela continuou a falar quebrando o silêncio pesado que se instalou no quarto. — A mamãe disse que era. Que você era armadora do time daqui, e que era a melhor das melhores! Que você passava a Magic Paula numa batida de bola...

Enquanto Lívia ia tagarelando sem parar, como se estivesse sozinha na frente de um espelho. Veio em minha direção e me arrastou para um sofá gasto que ficava ao lado oposto da janela, onde Pedro continuava parado olhando o vazio, apenas com uma mão no ombro de Elisa. Deixei que a pequena me conduzisse e sentamos lado a lado, enquanto eu pensava no que diria a ela caso um interrogatório começasse a aflorar sobre aquele assunto.

Por muito tempo achei que o basquete seria minha vida. Não existia nada no mundo que eu amasse mais do que a quadra, a bola e a tabela. Tudo se resumia ao desejo de seguir carreira naquele esporte, e por esse motivo, minha dedicação muitas vezes ultrapassava os limites do bom senso. Amava os calos formados na palma da mão, pelo contato excessivo com a bola. Só havia uma coisa que conseguia me demover da minha dependência pelo arremessar e correr de encontro à bola, ou melhor, uma pessoa... E essa pessoa estava parada ao lado da minha irmã.

Senti como se tivesse caído num buraco escuro, e me esforcei para voltar à realidade tentando concentrar minha atenção nos lábios da menina ao meu lado. Por obra do ser divino que estava me vigiando, fomos interrompidos com uma leve batida na porta. Era o médico de Elisa, que trazia nas mãos um grande envelope amarelo. Ele entrou em silêncio e nos cumprimentou de maneira profissional. Todos que estavam naquele ambiente se moveram. Os que estavam sentados se levantaram, e junto com os que estavam de pé, Elisa e Pedro, nos aproximamos um pouco do homem de jaleco branco.

O Dr. Augusto estava tenso, e mantinha o corpo um pouco flexionado para frente... Parecia que carregava um fardo pesado sobre os ombros. Olhei em volta e todos esperavam que ele se pronunciasse. Talvez não tenham percebido o que aquele corpo cansado parecia dizer. Ao buscar seus olhos vi o brilho triste de alguém que acabara de perder uma batalha. Conhecia esse olhar. Eu mesma já o havia carregado. Seu rosto sombrio poderia até ser comparado ao meu, tamanha eram as marcas negras em baixo dos olhos. Consegui imaginá-lo sobre pilhas de livros, textos e pesquisas na internet, na esperança de encontrar alguma solução para o caso de Elisa.

E por mais que eu mentisse para mim mesma que estava confortável com aquela situação, que era capaz de lidar com aquilo, desejei com fervor encontrar uma ponta de esperança em seus olhos. Mas não havia nada neles. O Dr. Augusto era a imagem cruel da derrota.

Elisa se adiantou.

— Dr. Augusto? — perguntou com firmeza, destoando da nossa covardia muda.

— Elisa... Eu sinto muito, mas não houve nenhum retrocesso no seu caso. O processo de evolução do tumor continua no mesmo ritmo, mas não apresenta indícios de que deixará de evoluir...

A pequena Lívia pegou minha mão e apertou entre seus dedos. Elisa se voltou para Pedro e sorriu triste, ele a olhava como se estivesse pronto para iniciar um ataque de fúria. Minha mãe deixou-se cair sentada sobre o sofá e soltou um suspiro baixo ao unir as mãos sobre o colo, inclinando a cabeça para frente e escondendo seu rosto.

Mantive a postura rígida, e deixei que Lívia me enlaçasse pela cintura depois de um momento. Pousei o braço bom sobre seus ombros e apertei-a contra mim. Por algum motivo estranho, o que me tocou profundamente, não foi a resposta do médico sobre o diagnóstico de Elisa. Foi em Lívia que pensei quando entendi que a menina perderia a mãe.

— Bom, se esse é o quadro final... — Elisa tornou a falar. — Então está na hora de eu voltar para casa.

— Mas Elisa... — eu e o Dr. Augusto falamos juntos.

— Sem "mas"... Já fiquei aqui tempo suficiente esperando por um milagre que não virá. Quero voltar pra casa. E ficar por lá. Pedro você pode ajudar minha mãe a recolher as minhas coisas?

— Tudo bem... — respondeu ele caminhando em direção ao armário.

— Como é que é? Pedro! Você vai mesmo deixar que ela saia daqui? Ela precisa da medicação contra as dores, e outros exames, e... — falei com aspereza e um pouco de desespero. Antes que pudesse falar besteira mordi a língua com força, fazendo a dor me calar.

Ele se virou para mim com um ar de impotência estampado em suas feições, depois voltou seu corpo para Elisa, como se pedisse sua ajuda.

— Posso tomar os remédios em casa, Olívia. E já está decidido, não vou passar o tempo que ainda me resta aqui nesse hospital. Quero ir pra casa.

Olhei para os rostos de minha mãe, de Lívia, Pedro e do médico procurando em algum deles um incentivo para continuar a discutir com ela. Ninguém disse uma única palavra. Todos ficaram mudos e aceitaram sem questionar. Pareciam ter assinado um contrato de fidelidade que os incapacitava de irem contra aquela deliberação final. Nem o Dr. Augusto discutiu a decisão dela. Apenas consentiu e saiu do quarto avisando que iria assinar a liberação e preparar a receita com os remédios.

Em pouco tempo todos já se preparavam para sair, e uma sensação de fraqueza me fez sucumbir também à vontade de Elisa. Na verdade compreendi e aceitei a sua atitude.

Eu faria a mesma coisa...

Lívia desprendeu-se de mim ao ver Elisa pronta para sair do quarto, e foi se achegar ao abraço dela. Em uma procissão lenta seguimos em direção á saída.

— Eu vou para o hotel, e depois irei lá pra casa de vocês — falei para minha mãe, Elisa e Lívia que esperavam por Pedro que fora buscar o carro.

— Onde está Otávio? — perguntou Elisa.

— Ele precisou voltar. Mas deixou um beijo pra vocês...

— Então você não precisa mais ficar no hotel. Venha conosco, tem um quarto vago ao lado do de Lívia, sabe que será muito bem vinda não sabe?

— Obrigada, Elisa, mas acho melhor ficar no hotel mesmo...

— Ah! Por favor, tia Liv! Por favor! Por favor! Por favor! Vem ficar com a gente lá em casa? — aquela criatura me deixou sem graça. De alguma maneira não queria decepcioná-la, ciente do que ela precisaria enfrentar em breve. Peguei-me pensando muito mais no bem estar de Lívia, do que no destino traçado de Elisa.

— Está bem. Vou buscar minha bagagem e encontro vocês na sua casa, ok? — olhei para elas e todas tinha um sorriso vencedor estampado em suas faces.

— Pedro pode passar e te ajudar com as suas malas... — começou Elisa a dizer.

— Não! — falei mais alto do que gostaria, respirei fundo e tentei baixar um pouco a voz — Obrigada Elisa. Vou pedir um taxi, e assim que puder estarei em sua casa.

Meu olhar sério não deixou margens para discussão. Elisa não tentou me dissuadir. Elas foram embora, e antes de ir para o hotel, resolvi conversar outra vez com o Dr. Augusto.

Encontrei-o em sua sala, com a porta entreaberta. Estava sentado atrás da mesa e segurava a cabeça com ambas às mãos deixando os cotovelos apoiados sobre uma pilha bagunçada de envelopes. Ele não me viu chegando, então resolvi bater para que percebesse minha presença.

— Dr. Augusto? Tem um minuto pra conversar comigo? — esperei na porta do consultório.

Ele se sobressaltou quando me viu.

— Claro Liv! Entre e sente-se aqui — me apontou a cadeira em frente a sua mesa.

— Obrigada por me receber. Eu gostaria de lhe fazer algumas perguntas a respeito de Elisa... — ele respirou fundo e seus olhos ficaram nebulosos.

— O que quer saber, Olívia?

— Talvez se tentássemos buscar novas informações, não sei, no exterior. Deve haver alguma coisa que ainda não conhecemos...

Tentava buscar no homem cansado a minha frente uma ponta de esperança. Algo em que pudesse me agarrar. Mesmo com as marcas do passado vincadas na pele, não iria ficar assistindo Elisa definhar sem tentar até o último recurso. Se eles estivessem com problemas de dinheiro, eu tinha uma boa quantia guardada e poderia usá-la se fosse preciso.

— Sinto muito, Olívia... Não há mais nada a fazer... Disse-lhe que tentamos de tudo, mas no quadro em que ela se encontra, seria impossível realizar qualquer tipo de procedimento, sem comprometer sua vida.

Aquele homem a minha frente não tinha mais forças para buscar uma esperança. Ele não tinha mais nada por que lutar. Sua derrota frente à doença de Elisa seria mais um tormento em sua vida. Ele havia desistido, por que não havia mais nada a fazer.

— Tio Guto... Quanto tempo?

Não sei como a pergunta saiu da minha boca. Acho que uma força superior a forçou para fora contra a minha vontade. Em algum lugar no meu inconsciente eu precisava dessa estimativa, mas também só de imaginar qual seria o veredito, meu sangue congelava nas veias.

— É difícil responder, Liv, talvez um mês ou dois... Sabendo o que sei hoje, não apostaria minhas fichas em mais tempo do que isso...

Um mês?

Ou dois?... Tão pouco...

A realidade me estapeou na face. Quase senti as manchas roxas do meu rosto se alastrando. Dois meses... Ou um!... Ou talvez menos ainda... Não havia tempo algum. Como considerar a vida de uma pessoa, que esteve tão longe de sua realidade e ao mesmo tempo sempre perto, em uma medida de dias?

Minhas escolhas agora não me pertenciam mais. Toda a minha resistência em aceitar a reconciliação com Elisa, caiu por terra, dando lugar apenas a um único desejo: estar com ela até o final.

Não precisava dizer mais nada ao médico que ainda amargava sua fraqueza na minha frente. Sentia queimar em mim um pouco daquela angústia. Despedi-me dele sem falar nada, apenas me levantei e acenei com a mão endurecida. Muito baixo o ouvi dizer para procurá-lo em alguns dias para que ele pudesse examinar o meu punho.

Em estado mecânico caminhei para fora do hospital e mantive a mesma marcha até chegar ao hotel. Em minha mente imagens do passado iam e vinham se misturando com a realidade do presente.

Entrei no quarto, e comecei a juntar minhas coisas com uma mão só. Depois chamei o rapaz que cuidava da recepção, para me ajudar a carregar a bagagem. Eu poderia somente sair dali e pegar um ônibus de volta para a capital, de volta ao meu emprego, ao meu apartamento e aos braços de Otávio. Meu peito apertou de saudades de seus braços protetores. Queria-os ao meu redor!

E por mais que pudesse me confortar a ideia de fugir de toda aquela situação, um pequeno detalhe me impedia de escapar. Um detalhe que me assustou, me deixou confusa e preocupada. Eu poderia fugir de Elisa e de tudo que ela havia me causado no passado. Ela iria agonizar em sua própria culpa e não seria problema meu. Poderia fugir de minha mãe, que sempre optou por ficar com Elisa, nunca me agradando nem com uma breve visita sequer. E poderia (e desejava!) fugir de Pedro. As suspeitas de Otávio me incomodavam, mesmo não tendo percebido nenhuma intenção em seus olhos, mas somente a sua presença me deixava nervosa.

Por todos eles, ou por cada um deles eu poderia fugir. Tinha esse direito. Poderia ficar imune e afastada do sofrimento que ainda estava por vir.

Mas...

Eu só não poderia fugir de todo aquele terremoto, por Lívia. Era por ela que eu tinha que ficar.
O porquê eu não sabia.

Capítulo 31.

O táxi parou em frente à casa de Elisa. Antes que o motorista pudesse retirar as malas de dentro do veículo, Pedro e Lívia vieram ao meu encontro e carregaram minhas malas para dentro. Fui instalada no quarto superior ao lado de Lívia, e Dona Linda deixou o ambiente confortável com o cheiro de lençóis e toalhas recém passadas dispostas sobre a cama. Avisou-me que o almoço se daria em breve, e que mandaria Lívia me chamar quando estivesse pronto.

Agradeci colando o rosto ao lado do dela, e dando-lhe um beijo na face. Depois que ela saiu e me deixou sozinha, não sabia o que fazer.

Olhei em volta do aposento, e reconheci a antiga cômoda de madeira vermelha que dividia com Elisa quando éramos crianças. Fui até ela e toquei sobre o tampão, agora um pouco desbotado pelo tempo. Um tempo que havia passado.

Um tempo que não tinha volta...

E um tempo que Elisa não tinha mais...

A confirmação de que sua partida era certa, e breve, me assustou. E me obrigou a enxergar o lado prático daquela situação. Se Elisa morresse, o que aconteceria com minha mãe? Ficaria ainda na casa morando com Pedro? E ele? Conseguiria manter o segredo de que sua filha, na verdade era sua irmã? Iria ficar com as duas a tiracolo? E o resto de sua vida? E a pequena Lívia... A mãe estava morrendo, a avó não viveria para sempre também, e o pai... Não era pai de verdade!

Minha mente martelava num frenesi tentando encaixar esses três num contexto que não se abria ao meu entendimento. O que seria deles depois da morte de Elisa? E por que eu estava me importando com isso?

O som abafado de uma música conhecida me tirou dos devaneios. Busquei na bolsa jogada sobre a cama o aparelho de telefone que gritava insistente. Encontrei-o e o nome de Otávio piscava no visor.

— Alô?

— Olívia, tudo bem? — a voz dele me trouxe ondas de alívio e saudades em uma mistura homogênea.

— Oi, estou bem sim e você? Fez boa viagem de volta?

— Sim, a viagem foi tranquila, mas terei que embarcar para o Cairo amanhã à noite. Meu irmão precisa de mim lá o quanto antes.

— Tudo bem... — falei decepcionada. Não poderia ir com ele e muito menos obrigá-lo a voltar para mim, Otávio tinha seus compromissos profissionais, e eu tinha uma irmã à beira da morte... Que intrigante disparidade!

— Gostaria que pudesse ir comigo nessa viagem... Há alguma chance de isso acontecer?

— Infelizmente não, meu amor... Não posso sair daqui... Não temos muito tempo, entende?

— Os exames de Elisa... — ele começou a dizer e antes que terminasse completei.

— Não apresentaram melhora. Ao contrário...

Ficamos em silêncio por alguns segundos. Otávio absorvendo minha informação, e eu rezando para que ele desistisse da viagem e viesse ao meu encontro.

— Farei o possível para não me demorar nessa viagem, Olívia. Volto assim que puder... Eu... Sinto muito...

— Eu sei, Otávio... Não se preocupe, vou ficar por aqui.

— Se precisar de algo me avise está bem?

— Claro, claro... — *Como se você pudesse me socorrer estando do outro lado do mundo...*, pensei com sarcasmo.

— Até mais, meu amor, volto assim que for possível.

— Não se preocupe, Otávio. Vai dar tudo certo.

— Eu não acredito em você, Olívia...

— Nem eu...

Desliguei o telefone e antes de guardá-lo, digitei uma mensagem para Glaucia, avisando que não tinha data definida para o meu regresso, e aproveitando a oportunidade, ofereci o meu apartamento como moradia provisória para ela por um tempo. Sabia que Glaucia estava à procura de um novo lugar para morar, e que o antigo dono do apartamento que ela vivia, estava pedindo o imóvel de volta.

Ela me ligou logo em seguida agradecendo, e afirmando que lhe salvei a vida. Já havia retirado os poucos móveis que tinha do apartamento e mandado para um depósito alugado e estava morando em uma pensão. Depois me perguntou sobre Elisa, e enquanto eu descrevia os últimos acontecimentos, ela ia concordando e afirmando estar a par de partes da história por intermédio de Otávio. Lembrei-me de que ele havia comentado que falara com ela no dia anterior, mas Otávio havia me dito que não contara muita coisa a ela. Estranho. Resolvi ignorar, tinha coisas demais na mente, para me ater a pequenos detalhes.

Antes que encerrasse nossa conversa um toque na porta me fez virar o corpo. Vi o rosto curioso de Lívia se enfiar para dentro e estacar enquanto eu respondia a uma última pergunta de Glaucia. Levantei o dedo indicador, sinalizando que precisava de um minuto apenas, e ela esperou sem se mover.

Quando terminei fechei o aparelho e mantive na palma da mão, ergui o rosto para a garota imóvel e sorri, incentivando para que ela falasse.

— Tia Liv, a vovó mandou avisar que o almoço tá pronto.

— Obrigada, Lívia, vou descer daqui a alguns minutos.

Ela hesitou embaixo do beiral da porta.

— O que foi, Lívia? — perguntei pressentindo que a garota queria algo mais do que somente repassar o recado de minha mãe.

— Tia, posso pedir um favor?

— Se estiver ao meu alcance... — respondi com cautela.

— Poderia me ver dar alguns arremessos com a bola de basquete? É que a mamãe sempre disse que você foi a melhor jogadora que essa cidade já teve, e que poderia até jogar na seleção se tivesse continuado... Eu queria que você me passasse algumas dicas...

Mais um choque se apoderou de meu corpo. A sensação de sempre estar sendo surpreendida com memórias envelhecidas, já deveria ter acabado. Eu estava enganada. Senti o ar me faltar nos pulmões e o sangue fugir do meu corpo, indo se esconder em algum lugar que eu desconhecia. Lembrei-me da última vez que estive com uma bola de basquete na mão, e por pouco não perdi a consciência naquele instante... Por muito pouco.

Olhei para baixo buscando controlar as funções do meu cérebro e me obrigando a assimilar que a garota queria apenas algumas dicas. Antes que pudesse conseguir chegar ao controle, a visão do meu último jogo oficial me veio a memória. A quadra coberta lotada, o barulho dos torcedores ecoando ao redor e o rosto de Pedro me abandonando...

— Na quadra coberta?... — perguntei quase sem voz. Não seria capaz de entrar lá. Ainda não. E talvez nunca mais nessa vida.

— Não tia... Aqui em casa mesmo. O papai fez uma quadra nos fundos. A tabela já está um pouco gasta, mas ainda aguenta uns bons trancos...

Com alívio me obriguei a respirar. Talvez fosse difícil encarar uma quadra ao ar livre, como a que Otávio possuía em sua casa, mas sabia que seria capaz. Julgava por mim mesma, que se soubesse o que aconteceria antes de ser surpreendida, seria mais fácil controlar a sensação ruim que aquele lugar me fazia sentir.

— Ufa! — respirei aliviada — Isso eu posso fazer.

— Desculpa tia, Liv, deveria ter avisado que seria aqui antes... Você não gosta da quadra coberta, não é mesmo?

— É que eu tenho algumas recordações bem ruins de lá Lívia... — falei enquanto movia minhas pernas adormecidas em direção à garota. — E não sei se consigo lidar com elas ainda.

— É, eu sei... A mamãe me falou... — ela baixou os olhos para o chão, e me peguei em questionamento a fim de saber o quanto Elisa revelou a ela. — Mas vamos almoçar agora, a vovó está esperando.

Concordei com a cabeça, feliz por ter encerrado aquele assunto, e a segui até a cozinha.

A mesa estava posta e Elisa, minha mãe e Pedro já ocupavam seus lugares. Lívia me indicou a cadeira que ficava de frente a Pedro, e sentou-

-se ao meu lado saltitando. Anunciou a todos que eu a veria fazer alguns arremessos e que lhe daria algumas dicas.

Todos olharam em minha direção e sorriram em concordância. Após esse momento de descontração, ficamos em silêncio. Uma ausência total de sons se apoderou do ambiente, que só era quebrada quando os talheres se chocavam uns com os outros, ou com a lateral da porcelana onde repousavam.

Minha mãe estava ao meu lado e viu minha dificuldade em partir os alimentos espalhados no meu prato. Ela veio em meu socorro e partiu-os em pedaços menores. Mantive os olhos colados no brócolis e no filé de frango, enquanto mordiscava um pedaço de cada vez. Minha coragem ficou escondida em uma das malas no quarto.

Parei de comer quando o desconforto de estar naquele lugar, com aquelas pessoas, se tornou insuportável. Busquei o rosto de minha mãe, me desculpando pela minha falta de apetite.

— Não está com fome, filha?

— Não, mãe, e se me der licença, não estou me sentindo bem...

Nesse momento todos os rostos se voltaram em minha direção. Comecei a me levantar e Elisa fez o mesmo movimento, seguida de Pedro.

— Por favor, terminem o almoço, é só uma indisposição, um mal estar. Tenho um antiácido no quarto e vou me deitar um pouco. — Eles pararam, mas se mantiveram em pé.

— Tem certeza, Liv? Não quer ir para o hospital? — Elisa tinha os olhos arregalados de espanto.

— Não, Elisa. Só preciso de um pouco de repouso. Logo esse enjoo vai passar...

Virei meu rosto em direção à porta, mas antes de conseguir sair, ouvi um sussurro de espanto que me fez voltar. Elisa e minha mãe me encaravam com um sorriso estranho. Pedro estava sério, com o rosto endurecido e os lábios marcados numa linha reta e quase aparentando raiva. E Lívia... Bom, Lívia olhava de um para o outro sem entender nada.

— O que? — perguntei confusa com aquelas expressões.

— Você disse que está enjoada... — disse Elisa

— E com um mal estar... — completou minha mãe.

— Sim, é só isso, por quê? — *aonde elas queriam chegar?*

— Você namora o Otávio há quanto tempo? — perguntou Elisa

— Bom, acho que a uns cinco ou seis meses, por quê? — eu não estava entendendo nada. Elisa e minha mãe trocavam olhares conspiradores e sorrisos estranhos e Pedro parecia estar ficando um pouco vermelho...

Dona Linda veio em minha direção com o rosto radiante. Pegou minha mão sadia e levou junto ao peito.

— Filha, não há a... possibilidade... de você estar grávida?

Outro choque.

Ah! Como eu gostaria que as suspeitas de minha mãe e irmã pudessem estar corretas! Olhei para Lívia e me imaginei mãe de uma garota tão linda quanto ela, e aquela imagem se desfez tão rápido quanto se formou. Retirei a mão do peito de minha mãe, afastando-me.

— Sinto muito, mãe, mas essa é uma alegria que nunca poderei lhe dar — respirei fundo. — Eu não posso ter filhos, e nunca poderei, terá que se contentar com a pequena Lívia apenas.

Sorri para a garota, que retribuiu timidamente. Voltei o rosto para Elisa que tinha espanto e piedade misturados em seus olhos. Pedro perdera o vermelho que queimava suas bochechas e agora estava branco como algodão, e minha mãe não sabia o que expressar, e nem o que dizer.

— Ah!... Olívia eu... — gaguejou Dona Linda.

— Tudo bem, mãe. Já superei isso.

Toquei seu rosto, e me inclinei para dar-lhe um beijo na testa. Ouvi quando Elisa murmurou em direção a Pedro que talvez existisse uma maneira, ou um tratamento a ser pesquisado, algum procedimento...

— Elisa, — encarei-a com seriedade — não tem solução para o meu caso, eu não tenho mais o útero, precisei retirá-lo há muito tempo em uma cirurgia de emergência. Não há uma saída.

— Mas por quê? O que aconteceu? — o desespero estampava a voz dela. E o pavor crescia em meu estômago, piorando o mal estar.

— Um... acidente. — *"Culpa sua!"* — Por favor, eu não gostaria de tocar nesse assunto mais. Se me derem licença...

Senti meus olhos arderem quando o motivo do meu estado infértil me veio à mente. Meu olhar cruzou com o de Pedro e vi seu rosto se retorcer em aflição por um leve instante. Ele não sabia que eu partira grávida de um filho dele, e nunca saberia! Ninguém saberia.

Parti em direção ao quarto. Fechei a porta e me joguei sobre a cama agarrando o travesseiro. Segurei a ardência dos olhos o mais que pude, mas fui vencida pela dor daquela lembrança e uma mancha de água salgada se formou no tecido alvo da fronha.

Capítulo 32.

Acordei algum tempo depois, com o peito leve pelas lágrimas escorridas no anonimato do quarto. Sentia na pele que todo o esforço que fiz durante os anos distante da minha família era um ato voluntário de auto preservação.

Elisa tinha seu próprio drama pessoal. Sua vida estava se esvaindo pelos dedos e ela não tinha controle sobre isso. A filha e o marido ficariam abandonados de sua proteção. Sua mãe também ficaria sem ela, mas com a Dona Linda não era preciso preocupação, sempre fora independente e conseguiu manter a família unida. Bem, a maioria dela.

E quanto a mim, ninguém teria motivos para se preocupar. Consegui me sustentar e crescer profissional e pessoalmente, superando os dramas que carreguei comigo desde a adolescência, sem recorrer a ninguém. Queria que minha vida continuasse assim, sem interferências de outras partes familiares. Eu não queria mais fazer parte daquela família, e mesmo assim fui obrigada a retornar àquele meio.

Poderia estar nesse momento fazendo as malas para embarcar com Otávio em direção ao Cairo. Ele iria a trabalho, mas teríamos alguns momentos de lazer. Como dois namorados apaixonados em uma viagem antecedente de uma lua de mel.

Mas não. Estava em um quarto, na casa da minha irmã gêmea, que me tomou o primeiro grande amor que tive, e deu-lhe uma filha. Que bem soube há pouco tempo não lhe era filha e sim irmã. Minha irmã estava morrendo aos poucos e causando uma avalanche de sentimentos ruins e doloridos em mim. Sem contar na parte física que estava marcada pela tala e a tipoia acrescido das cores escuras que vibravam em meu rosto.

Que maravilha de recepção na volta ao seio familiar!

Deixei esses pensamentos de lado, quando meu estômago começou a reclamar de minha inadimplência em mantê-lo satisfeito. O mal estar que sentira estava ligado às pessoas que me esperavam na mesa do almoço, Pedro e Elisa. Mas agora a fome me atormentava e a linda família feliz não deveria estar reunida em volta da mesa mais.

Passei pelo corredor e a porta do quarto de Elisa estava um pouco aberta. Parei e vi o formato de um corpo escondido pelo lençol na cama. Puxei a porta quase a fechando e continuei em direção a cozinha.

O silêncio imperava sobre o ambiente. Não havia ninguém na sala e parecia que todos os outros cômodos da casa estavam vazios também. Passei pela porta da copa e contornei o balcão que escondia a pia e o fogão. Ao lado deste estava a geladeira, meu objetivo. Abri a porta e encontrei uma tigela com bolo gelado. Trouxe-o para fora e voltei para a grande garrafa de iogurte.

Peguei o primeiro pedaço de bolo e coloquei-o todo dentro da boca. Fechei os olhos e um suspiro de felicidade me escapou dos lábios quando o sabor doce e delicado do creme foi reconhecido pelo meu cérebro. Enfiei outro pedaço na boca e enquanto mastigava, voltei-me para a garrafa de iogurte.

Com a mão boa tentei soltar a tampa, mas não deu muito certo. Levantei-a então e a apoiei embaixo do cotovelo imobilizado e forcei mais um pouco... E nada aconteceu. Tentei mais algumas vezes, e mesmo com a maior força que consegui empregar a tampa se recusava a soltar.

— Que droga! — falei para a garrafa. — Custa ajudar?

— Deixa que eu abra pra você...

Virei-me e vi Pedro que caminhava em minha direção. Pega de surpresa a garrafa escapou do cotovelo e caiu fazendo um baque surdo ao tocar o chão. Abaixamos juntos para pegá-la, mas ele chegou primeiro. Achei que ia dar uma topada de frente com Pedro, e forcei meu corpo para trás.

Com um movimento rápido soltou a tampa e encheu um copo que estava sobre a pia, estendendo-o em minha direção. Uma espécie de eletricidade emanava do corpo dele e me acertava quando estávamos presentes no mesmo ambiente. E era assustador! Meu primeiro impulso era o de me afastar, o quanto antes. Sem coragem para encará-lo agradeci olhando para o chão. Com o copo na mão segui para a porta dos fundos que dava no quintal.

Ainda não tinha estado naquela área da casa e a beleza era como um dublê da parte da frente. Árvores grandes margeavam as laterais e se estendiam até circundar todo o terreno, que abrigava uma quadra de basquete ao ar livre. Não percebi mais nenhum objeto, ou planta, ou qualquer outra coisa que pudesse estar ali. A quadra tomou minha visão.

Deixei o copo sobre uma mesa na varanda, e retirei também a tipoia. Um calafrio percorreu minha pele como um alerta, pedindo para que me afastasse. Mas como se a quadra fosse um ímã potente, senti meu corpo sendo atraído para ela. Suas cores estavam gastas, corroídas pelo tempo, e no aro da tabela agarrava-se uma redinha rasgada. Parei na lateral olhando-a.

Uma sensação estranha me confundiu. Era um misto de medo e ansiedade. Avistei um cesto de metal vazado, com algumas bolas soltas dentro dele. Bolas de Basquete...

Por um momento achei que iria cair. Desmoronar em direção ao chão. Achei que as imagens ruins fossem retornar a memória, então esperei pelo golpe.

Mas não aconteceu. Fechei os olhos e o que senti de mais pungente, foi o cheiro da bola, despertando um desejo avassalador de tocar o objeto redondo. Tirei as sandálias que protegiam meus pés e com uma sensação de euforia crescendo em meu peito, dei a volta até o portão de entrada e fui em direção ao cesto.

Meus pés tocaram o piso aquecido pelo sol, me fazendo recuar por um instante. Mas a rede no aro da tabela balançou me desafiando a continuar. Ignorei a sensação de ardência na sola dos pés e segui até o cesto. Abaixei-me e com uma mão peguei a primeira bola. Fiquei olhando para ela como se tivesse acabado de reencontrar uma grande amiga. Girei-a na mão uma vez e depois a levantei até o rosto. O cheiro do couro e da borracha eram os mesmos. Os mesmos de qualquer outra bola, mas para mim era o cheiro do prazer. Um aroma que me embriagava de sensações boas.

Soltei-a uma vez no chão e o barulho surdo do contato da esfera com o piso de concreto me fez sorrir. Joguei-a de novo, forçando-a de encontro ao solo e obrigando-a a voltar até minha mão.

Acelerei o movimento, e comecei a andar com ela, como se estivesse passeando com um animal de estimação. Tentei trocar de mão, mas a tala bateu na bola espantando-a para longe. Irritei-me com aquilo e fiquei olhando a bola rolar para longe do meu toque, e parar encostada na mureta que cercava a quadra. Sem pensar em nada, apenas deixando o momento me conduzir, arranquei a tala do braço, jogando-a longe e fui em direção da bola, girando o pulso endurecido. Doeu um pouco e quase voltei atrás na minha decisão. Quase.

Quando peguei a bola novamente, parecia que ela era a parte móvel que faltava no meu corpo. Duvidei que fosse capaz de refazer os movimentos de batida de bola, mas o controle foi fluindo em meu corpo. A coordenação um pouco enferrujada ia tomando forma e me coloquei em direção á tabela com tanta suavidade, como se nunca tivesse parado de fazer aquilo. Em cima da marca dos três pontos, uni os pés, relaxei os ombros, encarei a cesta, levantei os braços e a bola e arremessei.

Sem tocar na tabela, sem tocar no aro, a bola passou pela cesta fazendo um barulho de mergulho, o som conhecido como "chuá". Uma alegria tão grande tomou conta de mim que me esqueci de todo o resto.

Só havia no mundo, eu, a bola e a cesta.

E como foi bom fazer aqueles movimentos! Fintar um adversário invisível, arremessar do lance livre, usar a bandeja para o lance bem embaixo da tabela. Bater bola, muitas vezes, girá-la sobre a cintura e através das pernas, coordenando-a ao meu bel prazer.

Depois de saltitar várias vezes ao redor da tabela fazendo arremessos certeiros que julguei ser incapaz após tanto tempo, parei na boca do garrafão, em cima da marca do lance livre. Respirei fundo e deixei o ar sair depressa dos pulmões, relaxei os ombros, levantei a bola até a altura do nariz, aspirei o cheiro fechando os olhos e a lancei. A bola circulou algumas vezes no aro, decidindo se entrava ou não. Esperei com a respiração presa e não me contive quando a mesma passou por dentro da cesta, fazendo o trapo de rede balançar.

— Cesta!

Gritei, erguendo um dos punhos fechados.

O punho que deveria estar dentro de uma tala.

Gemi um pouco, sentindo a fisgada que o movimento causou. Uma dorzinha chata começou naquele lugar. Segurei o punho com a outra mão e quando me virei para procurar a tala. Assustei-me ao ver Pedro caminhando em minha direção com o objeto cheio de tiras em uma das mãos.

Droga!

— Não devia fazer esforço com a mão antes de se curar por completo — disse ele em tom de reprovação e parou a pouca distância.

Dei mais alguns passos em sua direção e estendi a mão boa, incitando para que ele me entregasse a tala.

— Eu coloco pra você...

— Não preciso de sua ajuda, sei me virar sozinha. — seu rosto endureceu, e percebi seus olhos se contraírem desapontados.

Ainda mantinha a mão esticada na direção de Pedro. Ele hesitou e então me entregou. Afastei-me um pouco e com cuidado fui colocando a tala no lugar. Não foi fácil posicionar todas as tiras, mas minha determinação era maior do que ter meu orgulho ferido.

— Eu só queria ajudar — sua voz estava ofendida.

— Agradeço, mas não é necessário.

— Me desculpe, Olívia... Eu...

— Pode parar Pedro! Essa história de "me desculpe" já está me deixando irritada! Não vim aqui para desculpar ninguém. Me perdoe, mas não posso fazer o papel de Jesus Cristo. Só vim pela doença de Elisa e mais nada. — Rebati e pude sentir o sangue pulsar em meu pescoço de raiva.

— Mas você não entende, foi preciso...

— Foi preciso o quê? Destruir a minha vida? Os meus sonhos? Parabéns! Vocês conseguiram! — respirei fundo e uma dor começou a martelar em minha cabeça, abaixei-a e apertei as têmporas com o dedo indicador e o polegar da mão boa.

— Não, Olívia! Me deixa explicar...

— Não quero a merda de explicação nenhuma! O tempo de explicações já passou. Não me interessa mais o que você fez, ou deixou de fazer.

— Mas eu preciso! Você tem que saber por que tomei aquela decisão. Eu te amava!

— Mentira! — gritei. — Se me amasse como dizia, como me fez acreditar, não teria me deixado. Você me trocou pela minha irmã, para assumir um erro que era dela e do seu PAI! — ele arregalou os olhos, surpreso e olhou para os lados, procurando talvez um espectador daquela cena — É, ela me contou do segredinho de vocês. Em nenhum momento você pensou em perguntar a minha opinião, tomou a decisão sozinho. Isso não é amor Pedro. Isso é vergonha. É covardia. Então não venha agora depois de tanto tempo querer se "explicar", porque eu não quero ouvir!

— Não fale assim comigo! — ele gritou em resposta. Seu rosto estava vermelho e vi a raiva dançar em seus olhos quando ele se aproximou um pouco mais deixando seu nariz a centímetros do meu, com o corpo encurvado em minha direção — Você não sabe de nada!

— Ótimo. Também não quero saber. — Ele era duas cabeças a mais da minha altura, e mesmo assim, mantive o rosto erguido, desafiando-o. — Acho que foi bom que isso tenha acontecido, mostrou-me onde eu estaria me enfiando se tivesse ficado com você. Eu seria o "homem" da casa não é Pedro? — instiguei com sarcasmo medido e ele me olhou mais enraivecido ainda. — Eu é que teria que tomar as rédeas da relação não é?

Ele mordeu os lábios com força tentando reprimir um palavrão ou mais um grito. Pedro bufava de raiva e mantinha os braços estendidos e colados ao corpo com os dois pulsos cerrados.

Agora é que ele quebra o meu nariz de vez!

— Não agora e nem hoje, Olívia. Mas um dia você vai ter que me ouvir... — seu rosto estava tão próximo do meu que seu hálito quente pinicou em minha pele arroxeada. — E nesse dia você vai se arrepender de me chamar de covarde!

Seus olhos prenderam os meus com raiva e frustração transbordando de dentro deles. Estávamos tão perto um do outro que eu conseguia sentir o calor que emanava de sua pele. Não desviei o olhar. A ameaça dele não me intimidava, eu não era mais a garota apaixonada que só conseguia enxergar o rosto dele em meus sonhos, e que fazia planos em tê-lo como companheiro, amigo e amante até o fim de nossas vidas.

Pedro ergueu uma mão em minha direção e meu corpo congelou. Eu ainda mantinha o olhar desafiador encarando-o de volta. Só percebi seu movimento quando estava próximo de meu rosto, e já era tarde para recuar. Se ele quisesse me bater, não tinha como fugir do ataque. Fechei os olhos apertados e esperei a pancada.

Fui surpreendida com a delicadeza do toque, quando ele passou as costas dos dedos pela minha face. Voltei a abrir meus olhos e uma descarga elétrica percorreu cada parte de pele que ele tocava. Seus olhos verde tempestade, antes cobertos por uma nuvem de fúria sangrenta, foram relaxando e mudou de enraivecidos para tristes e marejados.

Não me movi. Tentei manter a pose de durona. Sentia os pelos dos meus braços se arrepiarem e meus joelhos tornaram-se fracos.

Seus dedos em minha pele afastaram-se um pouco e em seguida a palma da sua mão abraçou minha face em formato de concha

— Você não tem noção do quanto foi difícil deixar você... — sua voz rouca sussurrava tão baixo que mal pude ouvir.

— Não acredito em você... — respondi surpresa por estar tão afetada pelo seu toque.

— Um dia você vai entender...

E antes que eu pudesse responder ele se afastou, deixando a marca ainda quente do seu toque em meu rosto. A antiga e inesquecível sensação de abandono me açoitou. Uma dor extrema tomou conta do meu corpo, como se minha carne estivesse sendo rasgada com uma tesoura cega. E me vi doze anos atrás, com aquela mesma dor dizendo adeus às costas dele...

Capítulo 33.

Enquanto Pedro contornava a quadra, a dor em minha cabeça, no pulso e em todas as partes do meu corpo aumentou. Dobrei o tronco para frente, e apertei forte a testa, tentando fazer a dor parar. Comecei a sentir ondas de calor e frio por toda a pele, minha boca ficou seca e o ar que entrava em meus pulmões queimava o caminho por onde passava.

Ergui um pouco a cabeça procurando um apoio, a mureta ao redor da quadra, uma arvore ali no meio, qualquer coisa em que pudesse me agarrar, só que não havia nada. Em busca de um suporte olhei para a casa, para o andar de cima, e vi Elisa agitada na janela. Ela gritava com alguém e apontava o dedo em minha direção, depois desapareceu.

Tentei mudar os passos, mas minhas pernas estavam duras, pareciam feitas de concreto. E não eram só elas. Todo o meu corpo estava pesado demais para conseguir me manter em pé. Cambaleei um pouco para frente até esbarrar em algo. Uma sombra escura se chocou comigo, me agarrou pelos ombros me fez levantar.

Meus olhos começaram a perder o foco, e meu peito fazia um movimento de vai e vem, procurando um pouco de ar que parecia ter acabado. Olhei para a sombra que me segurava e um par de olhos verdes escuros me encarava de volta, arregalados de espanto. Reconheci o rosto, o toque e a voz de Pedro que me amparava sem jeito.

— Liv? O que está acontecendo? — sua voz estava ansiosa.

— Não... sei... não tem... ar... — lembrei-me da mesma reação que tive na chácara de Otávio, quando me entregou uma bola de basquete — Crise...

Minha língua também não queria ajudar. Parecia inchada e pesada dentro da boca e a náusea borbulhava em meu estômago de forma ameaçadora.

Pedro num movimento preciso apoiou uma mão em minhas costas e a outra foi para trás de meus joelhos.

Ele me levantou com facilidade, e não recusei. Era o colo de Pedro ou mais uma marca roxa na cara. Caminhou depressa comigo em seus braços e deixei minha cabeça encostar em seu ombro. Elisa veio em nosso encontro, e tocou meu rosto com uma mão fria. Foi boa aquela sensação.

— Liv! — a voz de Elisa estava assustada. — Leve-a para o meu quarto, Pedro.

— Ok.

A voz preocupada dos dois me deixou constrangida. Elisa era a doente da casa e eu estava dando mais trabalho do que imaginei ser capaz.

Pedro subiu as escadas com facilidade, e devagar me deitou na cama de Elisa. Meus olhos semiabertos tentavam focar em alguma coisa, mas estavam encobertos por uma neblina. Senti o colchão ceder um pouco, virei o rosto em direção ao movimento e fechei os olhos. Elisa se empertigou ao meu lado e colocou uma toalha fria sobre minha testa.

Aos poucos meus sentidos foram retornando. A voz angustiada de Pedro ressoava pelas paredes do quarto.

— Elisa, vou ligar para o Dr. Augusto.

— Sim, sim... — ela virou a toalha ao contrário em minha testa. — O telefone dele está em cima da cômoda.

— Não precisa... — falei com o máximo de força que consegui, mas minha voz saiu fraca.

— Liv, você não está bem, vamos ligar pro médico e ele vem te ver.

— Não precisa, Elisa — insisti. — Foi uma crise de pânico, já estou melhor.

— Tem certeza, Liv? — Pedro arrulhou perto de meus ouvidos, e senti seus dedos ajeitarem uma mecha do meu cabelo.

— Tenho... Já passei por isso, só preciso dormir um pouco.

Um silêncio se instalou no quarto por alguns minutos. E antes de me entregar a sonolência que me cercava, ouvi Pedro e Elisa trocarem mais algumas palavras.

— Não sei não, Elisa. Não é melhor ligar pro Dr. Augusto?

— Acho que não, Pedro. Olha, ela está recuperando a cor, talvez só precise de descanso mesmo — ela parou um pouco, talvez estivesse me avaliando também. — Vou ficar aqui com ela até que acorde.

— Tudo bem. Tenho que voltar ao trabalho, se precisar de alguma coisa me ligue.

— Ligo — ela parou de falar e ouvi passos se afastando. — Pedro?

— Oi?

— O que vocês estavam conversando na quadra?

Meu corpo se retesou. E tentei ao máximo não me mover. Era a minha vez de agir com covardia. Não me envergonhei disso.

— Tentei explicar a ela o porquê de nossas decisões... — ouvi um suspiro pesado dele. — Mas ela não quis me ouvir...

— Eu sinto muito... — Elisa tinha a voz triste. — Dê um tempo a ela. Acabou de voltar e está confrontando o passado contra a própria vontade.

— Eu sei, Elisa... Só queria que ela me ouvisse...

— Eu sei, meu querido. Mas penso que você não é a melhor pessoa para contar a ela tudo o que aconteceu. Ela o amava e ainda está cultivando a dor que lhe causamos, principalmente a parte que inclui o seu abandono...

— Eu sei, Elisa, mas... — ele tentou dizer, mas Elisa interveio.

— Deixe que eu faça isso. Ao menos se ela quiser me matar depois, não estaremos perdendo muita coisa...

— Elisa! — Pedro a censurou, e eu quase fiz a mesma coisa.

— Desculpe a brincadeira mórbida. Mas eu faço isso tá bem?

Ouvi um "ahã", e depois a porta se fechou. Elisa se aconchegou ao meu lado, depois de virar a toalha mais uma vez em minha testa, Pegou minha mão boa e ficou segurando.

— Sinto muito, Olívia... — ela sussurrou perto do meu ouvido e depois adormeci.

Algum tempo depois voltei a acordar. Meu corpo estava dolorido, e minha cabeça ainda incomodava. Apoiando a mão boa sobre o colchão forcei-me a levantar e recostei-me na cabeceira da cama. Elisa estava sentada ao meu lado com um livro nas mãos, me olhando.

— Elisa, me desculpe, eu...

— Não tem do que se desculpar, Liv. Está melhor?

— Só um pouco dolorida, mas estou bem. — *Não tem nada bem...*

— Você tem sempre essas crises? — Elisa perguntou com os olhos colados em minha face esperando minha reação.

— Na verdade, essa foi a segunda vez...

— E a primeira?

Eu não queria falar. Mas o olhar de Elisa queimava em meu rosto, e ela saberia que eu estaria mentindo se não lhe contasse a verdade.

— A primeira foi há alguns meses, quando Otávio me colocou dentro de uma quadra de basquete com uma bola nas mãos. Desde que fui embora eu não entrei mais em nenhuma quadra.

— Sinto muito... E hoje foi porque você viu Pedro se afastando, abandonando-a mais uma vez?

Como é que ela percebeu isso se eu ainda estava em dúvidas?

Baixei os olhos para minhas mãos, a boa brincava com as tiras da estropiada, e não respondi.

— Olha Liv, você precisa saber de algumas coisas e não posso mais adiar vendo o quanto lhe custa ficar na minha presença e na de Pedro.

— Não vou mentir pra você, Elisa, — respirei fundo — é que... Ainda dói muito recordar o passado. Achei que tinha superado que tinha esquecido, mas não aconteceu. As marcas ainda estão vivas e cada vez que vejo vocês dois juntos, algo parece sangrar em meu peito. Como você se sentiria se soubesse que as duas pessoas que mais ama no mundo te traíram juntas?

— Mal, me sentiria muito mal...

Sua voz foi carregada de vergonha e tristeza.

— Mesmo que eu tenha dado o meu amor à outra pessoa, ainda sim, a minha fé no amor não é mais a mesma. Não consigo e não posso me entregar totalmente, por que tenho medo de ter que passar por essa dor de novo.

— Ainda é tão presente assim em você? — ela perguntou pegando em minha mão boa de cima do colo e sobrepondo seus dedos sobre os meus, apertando-os.

— É.

— Eu sinto muito, Liv. Nunca poderíamos imaginar que nossas ações pudessem lhe machucar tanto.

— Não mesmo, Elisa? — falei puxando minha mão da dela e jogando as pernas para fora da cama. — Você mais do que ninguém sabia o quanto eu amava o Pedro. Você sabia o quão grande era o meu sentimento por ele. Eu era louca por esse homem, e faria tudo e qualquer coisa que pudesse para ficar com ele. Você sabia disso muito bem, nunca escondi nada de você!

Não percebi que estava de pé, e que estava quase gritando. O rosto de Elisa era uma máscara de tranquilidade, e só me irritou ainda mais.

— Sim, Olívia. Eu sabia, e por isso não consigo me perdoar.

— Tá certo então! Você quer perdão? — soltei com a maior expressão de sarcasmo que consegui colocar no rosto. — Tudo bem eu perdoo você. Tá feliz assim? Agora você pode morrer e me deixar seguir com minha vida em paz!

Uma carga de raiva incontrolável subiu pelo meu corpo e tomou conta da minha razão. Eu não queria ter falado aquilo para ela, mas não pude evitar. E também não ia me desculpar. Uma coisa é você aceitar realizar o desejo de uma pessoa moribunda, outra é deixar que essa pessoa, aproveite a oportunidade e acabe por destruir o que sobrou de sua autoestima, depois de lhe ter atropelado com suas decisões maldosas.

Virei meu corpo em direção à saída. Aquela conversa já tinha passado dos limites, e eu não queria ser o dispositivo que levaria Elisa a ter sua vida ceifada antes da hora. Se ela não podia passar por emoções fortes, então não ficaríamos juntas no mesmo ambiente. Eu também não poderia.

Toquei a maçaneta da porta e girei, mas ela não se moveu. Forcei mais uma vez, mas nada aconteceu, a porta estava trancada e a chave não estava na fechadura.

— Você não vai sair daqui até terminarmos essa conversa.

Seu rosto era a essência da calmaria depois de uma tempestade de verão.

— Elisa abra a porta — falei tentando controlar minha raiva.

— Não. Enquanto você não me ouvir, não vai sair daqui.

— Elisa, por favor — supliquei ainda encarando a porta. — Estou cansada e com fome, preciso de um banho e estou fazendo um esforço hercúleo pra não te xingar de palavras que você nem ousaria imaginar...

— Se tem uma coisa que aprendi, é o fato de que palavras que são ditas pelas costas não podem me ferir.

— Elisa...

— Tem um lanche sobre a mesa se quiser comer, mas você só sai daqui depois de me ouvir.

Bufei. Alto. Mas não consegui convencê-la a me libertar. Resignada virei-me para ficar de frente a ela, que ainda se mantinha sentada na cama como uma manequim da casualidade. Deixei os ombros caírem em sinal de derrota, voltei ao lugar que estava, antes de descobrir que tinha sido feita prisioneira.

— Tudo bem, Elisa. Vamos acabar logo com isso. Você fala, eu escuto e não prometo relatório final tá certo?

— Tá. Você gosta dessa frase não é? "Não prometo relatório final", é a segunda vez que me diz isso.

Bufei.

De novo.

— Gosto. Então desembucha logo antes que me arrependa e pule da janela para escapar — respondi entre os dentes.

— Você lembra quando lhe disse no hospital que Lívia não era filha de Pedro? — sua voz saiu num tom mais baixo.

— E como poderia me esquecer? O espelho me faz lembrar a cada vez que me olho nele!

— Sinto muito por isso, mas não há uma maneira fácil de contar sobre isso. Enquanto você estava com Pedro naquela época, algumas vezes eu saia sozinha com outras amigas, e numa dessas saídas o pai dele, o Luiz, começou a me cercar. Ele estava separado da esposa, e você se lembra de que o Luiz era um homem de parar o trânsito, não se lembra?

— Ahã... — e de fato me lembrava, a genética tinha sido muito generosa com a ala masculina daquela família. — E me lembro também que você sempre teve uma queda por homens mais velhos...

— Então — ela baixou os olhos um pouco envergonhada. — Acabei me envolvendo com ele, e saímos algumas vezes meio escondidos. E em uma dessas ocasiões engravidei de Lívia. Quando soube que esperava um filho, fiquei apavorada, não sabia o que fazer, e decidi que falaria com Luiz, pois ele tinha tanta culpa quanto eu. Já tínhamos combinado um novo encontro, então esperei o momento certo de falar — Elisa respirou e olhou para as mãos que retorciam o pobre livro sobre o colo. — O que eu não sabia era que Luiz tinha marcado o encontro para uma despedida. Ele me disse que tinha se reconciliado com a esposa, e que ela precisava da ajuda dele. Ela estava com um problema de saúde muito sério, teria que passar por uma cirurgia e ele sentia a obrigação de estar ao lado dela.

— Você não contou pra ele?

— Não. Tentei perguntar o que seria de nós dois daquele momento em diante, e ele me disse que não havia "nós dois", que eu tinha sido apenas uma aventura e que não voltaria a acontecer.

— Ah... — exclamei sem ter o que dizer.

— Tentei pensar em alguma coisa, mas não encontrei uma solução. Alguns dias antes do jogo, foi quando cheguei ao auge do meu desespero. Eu tinha tomado uma decisão, queria morrer e acabar com aquilo tudo, e foi nesse mesmo dia que por acaso Pedro me encontrou. Eu estava indo para a Ponte Alta.

— Por Deus, Elisa! — coloquei a mão boa sobre o peito, sentindo um aperto forte ao imaginar se Elisa tivesse conseguido chegar à ponte.

A Ponte Alta era o estigma da cidade. Muitas pessoas usavam aquele lugar para dar fim a própria vida, jogando-se ao abismo de muitos metros de altura, com destino ao fundo do vale pedregoso.

— Pedro correu atrás de mim, e depois de me arrastar para o carro dele, conseguiu me acalmar um pouco. Ele suspeitou desde o início de minha relação com o pai dele, não sei como ele descobriu, mas ele soube. Quando me viu aos prantos, me pressionou até que lhe contei que estava grávida do pai dele. Pedro ficou tão infeliz naquele dia, não sei se comigo ou com o pai, mas disse-me que iria resolver tudo. Ele me levou de volta pra casa e disse pra esperá-lo até que ele me procurasse. Tranquei-me em nosso quarto e não saí de casa por dias, você se lembra?

— Sim, os jogos tinham começado e você nunca queria ir assistir. Fiquei chateada por isso, já que você sempre estava presente nos meus jogos — pensei por um momento, revivendo as súplicas que fazia a ela pra que fosse aos jogos torcer pelo time, ao que ela sempre me respondia que estava com dor nas costas, dor de cabeça, mil dores... — Mas, Elisa, isso não era motivo suficiente para ele ter me deixado. Ele sabia que eu te protegeria, por que me deixou pra ficar com você?

— Você tem razão, Liv, poderíamos muito bem ter continuado do jeito que estava. Eu pensava em tirar o bebê... — arregalei os olhos para ela. — Mas nunca teria coragem de fazê-lo, foi coisa do momento, do desespero. Sabia que nossa vida seria complicada, mas com você e mamãe ao meu lado poderíamos ter criado a Lívia sem um pai.

— É verdade. Nunca permitiríamos que você fizesse tamanha estupidez.

— Eu sei que não. Mas o que eu não sabia é que além de me usar como diversão, o Luiz pudesse ser capaz de ameaçar você e a mamãe...

— Como assim? — perguntei com uma ponta de desconfiança.

— Ele descobriu que Pedro namorava minha irmã, e ficou furioso. Teve medo que eu lhe contasse sobre nosso caso. Então exigiu que Pedro se separasse da "namoradinha", afirmando que ele não tinha idade para assumir uma relação séria, e queria mandá-lo para um colégio particular fora do país. Ele tinha condições financeiras para isso e o faria. Mas Pedro descobriu o meu envolvimento e a gravidez. Brigou com o pai e ameaçou contar para a mãe dele o que tinha acontecido. Sobre essa ameaça, o Luiz resolveu se vingar, e disse a Pedro que se isso acontecesse, você nunca iria para a faculdade e muito menos para o time do Lucano.

— Hã? O que eu tinha a ver com isso tudo?

— Nada. Mas o reitor da universidade em que você foi aprovada devia alguns favores ao pai de Pedro. Luiz ameaçou cobrá-los caso Pedro contasse para a mãe dele sobre o filho bastardo. E esse mesmo reitor era um dos diretores maioritários do Esporte Clube Lucano, aquele o qual você foi convidada a fazer parte, depois que o olheiro te viu jogar.

— Meu Deus, Elisa! Ele seria tão... baixo a esse ponto?

— Seria minha irmã. Além disso, a influência de Luiz aqui na cidade atingiria a mamãe também. Naquela época ela trabalhava de cuidadora do pai do prefeito, que também devia alguns favores a Luiz, e precisava do emprego para manter nossa casa. Nosso salário de vendedora junto com o dela quase não dava para nada você se lembra?

— Lembro, mas mesmo assim... — Elisa levantou uma mão impedindo que eu falasse.

— Ainda não terminei.

— E tem mais? — *Senhor! Onde aquilo ia parar?*

— Tem. O Luiz desejava ocupar um cargo na política. Mas ele queria alçar voos maiores do que a prefeitura da cidade. Se alguém descobrisse que ele tinha um filho fora do casamento, contradizendo todos os valores morais que ele pregava e dizia seguir em seus discursos, suas chances seriam reduzidas. E então ele veio me procurar de novo.

— E quando foi isso? — perguntei, quase já podendo pressentir a resposta.

— No dia do jogo final.

— Ah...

— Ele queria que eu fizesse um aborto de qualquer maneira, e tinha me dado um prazo até o final da semana seguinte para decidir se o faria ou se partiria da cidade, com o filho dele no ventre e uma generosa compensação financeira na maleta.

— Filho da puta!

Elisa riu de minha explosão. Olhou-me por alguns segundos e pressenti que estávamos chegando ao final daquela história.

— Também acho. Mas eu não sabia o que fazer. Pedro me encontrou chorando no banco daquela praça perto do ginásio de esportes. Até tentei inventar algumas desculpas, mas como ele já sabia o que estava acontecendo, não foi difícil pra ele deduzir o óbvio.

— É... Ele não estava na quadra quando o jogo começou... Estava trabalhando no laticínio do pai dele, e tinha me dito que iria assim que terminasse algumas tarefas na empresa... — lembrei-me do quanto o procurei por entre as muitas pessoas que lotavam o ginásio, chegando até ser repreendida pelo técnico por minha desatenção na partida.

— Ele estaria lá desde o começo se não tivesse me encontrado.

Elisa se levantou da cama e foi até uma mesa redonda que ficava ao lado da janela. Abriu uma garrafa alta e despejou água em um copo largo. Depois, pegou o primeiro dos frascos brancos, de uma fila de cinco e retirou uma drágea de lá de dentro, pousando-a sobre um pires. Fez o mesmo processo com o segundo frasco, e com todos os seguintes. Levantei-me da cama e caminhei em sua direção, observando seus movimentos.

Em seguida, ela levou o primeiro comprimido à boca e bebeu um grande gole de água. Refez o movimento com todos os outros. Voltou a encher o copo com água e bebeu o líquido de uma vez sem tirar o bocal dos lábios.

— Elisa? — chamei me aproximando. — Está com dor?

— Um pouco — ela apertou as têmporas entre o dedo indicador e polegar da mão direita, mantendo os olhos fechados — Logo vai passar...

— Acho melhor deixarmos essa conversa de lado por hoje... — aproximei-me dela e toquei em seu ombro. — Terminamos em outro momento.

— Não, Liv. Quero terminar essa história hoje — ela puxou uma das cadeiras da mesa e sentou-se, apontando a outra para mim.

Obedeci-a.

— Pedro me levou até a casa dele. Achei que ele iria contar para a mãe dele o que tinha acontecido. Por muito pouco não desmaiei, quando vi a Dona Alice surgindo de um dos cômodos da casa quando ele a chamou — prendi a respiração. — Assim que ela apareceu na sala de estar, Pedro pegou em minha mão e anunciou que ia se casar comigo.

— Ah... — exclamei com um bolo formando em minha garganta, estrangulando quaisquer outras palavras.

— Ele disse que eu esperava um filho dele e que estava assumindo as responsabilidades que lhe cabiam — Elisa suspirou e deixou os ombros caírem. — Dona Alice ficou assustada com a revelação, assim como eu, mas logo em seguida abraçou Pedro e a mim, como se tivesse recebido uma boa notícia.

— Mas e o pai dele? O que o Luiz disse?

— Ele chegou enquanto Dona Alice ainda me abraçava, e parou duro como uma estátua ao ver a cena. A mãe de Pedro disse-lhe o que estávamos fazendo ali, e achei que ele fosse fazer um escândalo.

— Ele consentiu? — perguntei ansiosa.

— E o que ele poderia fazer? Contar que a moça plantada na sala esperava um filho dele e não de Pedro? Claro que ele aceitou, eu pude ver seu rosto torcido de raiva, mas não contradisse Pedro em nenhum momento.

— Puta que pariu! Isso é melhor do que os dramas de novela das nove...

— Pedro exigiu do pai que ele entregasse o laticínio a seus cuidados, como garantia de patrimônio para o futuro de Lívia. Ainda sugeriu a mudança dele e da mãe para um centro maior, onde pudesse cuidar da saúde de Dona Alice, e afastá-lo de nosso convívio, que seria inevitável. Luiz aceitou sem discussão, depois de conversar a portas fechadas enquanto eu me distraia com as muitas ideias da futura vovó.

— Ela conheceu Lívia? — minha pergunta saiu carregada de espanto, seria muito mórbida essa atitude de Pedro e de Elisa, deixar que a mãe dele pensasse que a neta era... Neta. Que a menina fosse mesmo filha de Pedro.

— Não, Dona Alice, veio a falecer dois meses antes de Lívia nascer. Ainda não sei se fico feliz ou triste com isso. Ela seria uma daquelas avós corujas que fazem de tudo pelos netos. Dona Alice fez questão de montar todo o enxoval de Lívia.

— E o Luiz? O que aconteceu com ele?

— Ele esta morando na capital desde então. É deputado estadual, casou-se com uma moça mais jovem e tem uma transportadora lá. É o que sabemos. Ele só aparece aqui na cidade em vésperas de eleição, mas Pedro não fala com ele há muito tempo.

— Então foi por isso que Pedro chegou na quadra aquele dia e me disse que iria se casar com você... — pensei relembrando o olhar triste dele e o meu desespero com aquela revelação.

— Foi. Ele me deixou em casa, e pediu que não contasse nada a mamãe até falar com você. Não aguentei esperar você chegar e ter que encará-la, então saí de lá e fui até a casa da Julia, aquela nossa amiga desmiolada — Elisa riu um sorriso sem humor. — Fiquei lá matando o tempo até ele contar-lhe tudo. Em minha mente, Pedro lhe diria a verdade. Explicaria o que tinha acontecido. Minha intenção era a de seguir o plano dele até Lívia nascer, ou até que os pais dele fossem embora, mas eu queria que você soubesse tudo desde o início.

— Mas ele não fez isso...

— Não. Quando cheguei em casa no final da noite, mamãe estava sentada no sofá chorando, e Pedro estava ao lado dela, com os olhos inchados e vermelhos. E você tinha partido...

— Eu não podia ficar.

— Eu sei que não, mas você tinha que saber a verdade Olívia.

— Mas não me contaram a verdade Elisa. O homem que eu amava, disse-me apenas que iria casar-se com minha irmã gêmea... Essa era a única verdade que eu tinha. Depois de quase dois anos de namoro, de promessas e sonhos construídos, ele estava trocando de irmã...

— Olívia, eu sei que...

— Desculpa, Elisa, mas você não sabe de nada não... Acho que já é o bastante não acha?

Me coloquei de pé, e jurei a mim mesma que não diria mais nenhuma palavra, e que se Elisa ainda insistisse em manter aquela porta fechada eu pularia pela janela. O ar do quarto estava pesado, uma dor pungente se retorcia dentro de mim, e minha mente teimava em encaixar imagens do passado no presente, buscando uma relação entre elas. Tentando entender aquela história e aceitar. Mas eu não estava conseguindo. A traição ainda tinha suas garras afiadas cravadas em meu peito.

— Sim. Me perdoe Liv...

— Elisa... — respirei fundo e dei as costas pra ela. — Agora não é hora de falar sobre isso. Lembra? Sem relatórios. Eu quero ir pro meu quarto, se não se importa, ou posso pular a janela também, você escolhe.

Elisa se levantou e pegou a chave que estava em cima da cômoda dentro de uma caixa enfeitada. Destrancou a porta e esperou que eu me movesse. Minhas pernas estavam rígidas e achei que não conseguiria dar um passo a frente. Com o resto de força que ainda existia em mim, consegui obrigá-las a tirar-me daquele quarto.

Não falei nada quando passei por Elisa, nem olhei para ela. A verdade "dela" estava dita, como ela tanto queria. Por mais que eu tentasse encontrar um furo, uma mentira ou algum ato falho nesse dramalhão todo, não consegui achar uma ponta solta que fosse. E isso estava doendo mais do que saber tudo o que tinha acontecido.

Com passos cadenciados e pesados fui até o quarto em que minhas coisas eram mantidas. Antes de chegar à porta, minha mãe vinha subindo as escadas com um olhar de alegria que fez minha cabeça latejar de dor. *Quanto eu tinha perdido da vida de minha mãe, por decisões que foram tomadas, que me envolviam e que não pude opinar?*

— Olívia, filha, eu queria saber se... — ela parou e estudou minhas feições roxas e amarelas por um momento. — O que aconteceu, Liv?

— Elisa estava me contando uma história, mãe...

— Ela lhe contou a verdade?

Meu rosto endureceu ainda mais. A surpresa tomou sua parcela em minha expressão, além da dor e da raiva de ser a última, a saber.

— A Senhora sabia mãe? E nunca me disse nada... — minha boca se retorcia enquanto eu tentava manter os palavrões presos na língua. Elisa e Pedro mereciam as minhas ofensas, minha mãe não... *Ou será que não?*

— Sim, filha. Pedro me contou depois que você saiu de casa. E tentei lhe dizer muitas vezes, mas você nunca quis me ouvir... — ela tocou em meu braço de leve, sua mão quente espantou a minha raiva e aumentou a minha tristeza.

Ela tinha razão. Nunca a deixei falar sobre Elisa e Pedro quando nos falávamos por telefone.

— Mãe... — minha voz estava presa. — Preciso tomar um banho.

— Tudo bem, filha... — a pena estampada no rosto de Dona Linda, quase me fez ruir sobre seus pés.

Consegui me conter mais um pouco, abri a porta do quarto e entrei, batendo-a atrás de mim. Retirei a tala da mão as pressas, ignorando a pontada de dor e me joguei sob o chuveiro ainda vestida. Na minha pressa, queria que a dor escorresse com a água pelo ralo.

Enquanto a água morna tentava me fazer relaxar, entreguei-me ao pranto, ao desespero e a tristeza. Sentei no piso frio e enquanto as gotas batiam em minha cabeça, desejei estar vivendo um sonho ruim e que aquela vida e aquela história não fossem minhas.

Não estava claro para mim, mas a conversa de Elisa deixou-me com a sensação de que tudo o que acontecera e de todas as decisões tomadas, sempre havia alguma coisa que me incluía no meio. Quase que me forçando a entender que o que fizeram era por mim. Não! Eu não pedi nada disso.

Que futuro teria com Pedro, com minha mãe, com Elisa e com Lívia, e talvez até com o filho legítimo de Pedro que eu havia perdido? Ardia na alma imaginar o que poderia ter sido se eu soubesse da verdade.

Capítulo 34.

Não sei quanto tempo fiquei embaixo do chuveiro, mas quando esgotei toda a minha raiva e frustração, os meus dedos das mãos e dos pés estavam enrugados e brancos. Retirei a roupa molhada e vesti um roupão felpudo que quase parecia um abraço quente, ainda que o tecido estivesse frio em minha pele. Tudo bem, um roupão não abraça ninguém com calor, mas a minha necessidade de um colo, a sensação de desamparo que atormentava minha razão estava me fazendo buscar conforto até em uma peça de tecido inanimada.

Sai do banheiro e sobre a cômoda havia uma bandeja com um lanche e um copo de leite com erva doce. Foi a maneira de Dona Linda de me dar um pouco de conforto. A tarde escorria pela vidraça, dando espaço para a noite que chegava. Meu corpo implorava o descanso e o desejo de não encontrar a minha "família", contribuiu para que me entregasse à cama larga.

O sol estava alto quando comecei a despertar. Mas não foi a luz que entrava pela vidraça da janela que me acordou. Foi a sensação de um braço ao redor da minha cintura.

Mas era um braço muito errado... Não era pesado, musculoso e quente como o de Otávio. Nem de longe.

Mais parecia um graveto mirrado, fino e comprido. Fiquei imóvel tentando, em vão, imaginar de quem seria aquele membro. Desisti de tentar descobrir e movi meu corpo aos poucos, tentando não acordar o dono do graveto inerte sobre mim.

Não tive muito sucesso.

Um suspiro baixo ao meu lado, e um resmungo de despertar saiu detrás das minhas costas. Virei meu corpo e encontrei o olhar sonolento de Lívia, acompanhado de um sorriso.

— Bom dia, tia Liv.

— Bom dia, o que faz aqui?

— Ah! Bem... A mamãe disse que vocês tiveram uma conversa séria ontem e que você estava triste — ela suspirou. — E de madrugada acordei com sede, e quando voltei escutei você chorando.

— Mas eu não acordei... — *Será que tinha chorado enquanto dormia?*

— Não. Você estava dormindo e chorando. Aí, resolvi deitar aqui, caso precisa-se de alguma coisa, e depois que te abracei você parou de chorar.

— Obrigada, Lívia, mas você deveria ter ido ficar com sua mãe, você sabe que... — engoli um seco quando ela tremeu com minhas palavras. — Me perdoe eu não quis dizer...

— Tudo bem, tia Liv. Eu sei que a mamãe vai partir em breve. Mas ontem ela estava bem, e você não. Ela disse no jantar que você podia estar magoada com algumas coisas, e a vovó e o papai pareciam preocupados.

— É verdade — passei a mão sobre o rosto dela, e prendi uma mecha do seu cabelo atrás da orelha.

— Não quer me contar? Talvez eu possa ajudar.

Sorri. Um sorriso sincero comovida com a delicadeza com que ela me falava.

— São assuntos que remetem a momentos muito... Complicados, que envolvem o passado de sua mãe, o meu e o de seu pai. Não acho certo atormentar você com eles.

— A mamãe sempre diz que vai me contar o porquê de você ficar longe todo esse tempo, mas ela nunca conta. Sempre fala que quando chegar a hora certa, ela vai falar — Lívia respirou profundo, fechou os olhos e quando tornou a abrir uma nuvem de medo encobria o tom castanho claro que permeavam seu olhar. — E se ela morrer antes e não me disser nada?

— Se isso acontecer, eu assumo esse compromisso. Vou lhe contar, mas quando eu decidir que é o momento certo está bem?

Eu estava assumindo uma promessa. Depois de falar preocupei-me, mas o sorriso confiante de Lívia desmanchou a sensação de medo que senti.

— Tia Liv, você pode me dar aquelas dicas de arremesso hoje?

— Se você me acompanhar ao hospital pra ver com o Dr. Augusto se já posso tirar a tala, faremos isso.

— Combinado.

Deixamos a cama e enquanto fui ao banheiro, Lívia saiu do quarto.

Enrolei alguns minutos para descer para o café da manhã. Sabia quem me esperava a mesa, e estava com receio de enfrentá-los.

Parada no topo da escada, minha coragem fraquejou e decidi voltar para o quarto. Ia ficar enfiada lá dentro até todos saírem, ou, que eles evaporassem em combustão instantânea, qualquer das opções estava bem para mim. Mas não cheguei até a porta do meu aposento. Lívia veio ao meu encontro, pegou em minha mão, sorriu e me puxou junto a ela.

Meu coração martelava dentro do peito quando entramos na cozinha. Pedro ergueu a cabeça e me encarou com olhos que pareciam cansados, de uma maneira preocupada. Elisa se levantou e ficou parada no lugar, com seus grandes olhos brilhantes e questionadores também colados em mim.

Dona Linda, que mexia com algumas coisas na pia, voltou seu corpo em minha direção enquanto secava as mãos num pano de prato. Sua expressão era um misto de compaixão e pesar.

Todos esperavam uma reação minha. Mais uma vez eu estava no centro das atenções, como se eu fosse uma celebridade internacional, ou melhor, uma atração ou uma aberração circense.

"Quer saber? Que se dane! Que se dane o passado, o presente, e toda a confusão, mágoa e decepção que sofri. Que sofremos".

Se em mim havia tristezas e desilusões, dentro daquelas outras pessoas que me encaravam de volta também moravam sentimentos difíceis, misturados a algo ainda pior do que tudo que eu sentia: a culpa.

Elisa, minha gêmea que sabia reconhecer e ler minhas reações até quando eu respirava de maneira diferente. Minha mãe que só conseguia me ver como representação do amor puro e Pedro... A quem amei com tanta intensidade, e por mais que pudesse me negar, ou pensar no sentimento que tinha por Otávio, nunca poderia deixar de amá-lo. Mesmo depois de tanto tempo, de tantas vezes gritar e forçar minha mente a esquecê-lo, era no olhar desesperado e ansioso que ele me dava agora, que entendi que nunca havia sido capaz de abandoná-lo. Eu não o deixei.

Soltei os ombros e respirei fundo. Ergui a mão que Lívia segurava e beijei seus dedos, depois murmurei "obrigada" a ela. Foi àquela mão pequena e confiante que me segurou em pé, me forçou a ver o presente e me fez aceitar a redenção de que não poderia fugir mais. E eu não queria mais fugir. Queria ficar e enfrentar o que ainda estava por vir, ao lado de todos que estavam ali. De todos que nunca deixei de amar, e que no fundo sabia que também me amavam. A minha família.

Soltei a mão de Lívia e fui até Elisa, me pondo entre ela e Pedro. Sem pensar, enlacei-a num abraço apertado. Um abraço de amiga, de irmã, de perdão e de saudade. Agarrei-me a ela como se não houvesse um minuto a mais de sua vida, ou da minha. Cheirei seu cabelo e beijei sua face com força, e muitas vezes. Só conseguia pensar em descontar os anos que passei sem fazer isso. Elisa retribuía aos meus gestos tão desesperada quanto eu. Juntas, choramos agarradas uma a outra, sem explicações, sem perguntas. Apenas o amor de irmãs nos dominava.

Quando conseguimos nos afastar, olhei em volta e Lívia estava agarrada a minha mãe e ambas choravam enquanto nos olhava em silêncio. Sorri para as duas e minha mãe tinha uma nova luz no olhar e o alívio explícito em seu sorriso amoroso. Lívia sorria apenas, e parecia que o sol tinha se convidado para participar daquele momento, através dos olhos dela.

Soltei-me um pouco de Elisa e fiquei de frente com Pedro. Ele se levantou e sua altura passou a minha tão fácil, que cheguei a pensar que ele havia crescido alguns centímetros a mais desde a última vez que o tive tão perto de mim. Sua energia era muito intensa naquela pouca distância, me deixando um pouco tensa e até nervosa por tê-lo tão perto. Seus olhos estavam vermelhos e lágrimas também escorriam pelo canto deles. Levei a mão até sua face e aninhei-a em sua bochecha, movendo o dedão e acariciando a pele salpicada pela barba por fazer.

— Sem falar do passado, sem lembranças ruins. Estamos juntos agora, e o que fizemos ou deixamos de fazer já cobrou o seu preço. E nós — mantive a mão no rosto dele e olhei para todos ao redor, e voltei a buscar os olhos de Pedro que ainda estavam grudados em meu rosto — nós todos já pagamos nossas dívidas.

Sorri para ele e retirei a mão. Fui surpreendida por seus braços pesados me envolvendo e me apertando junto a ele.

Ah... Aquele abraço...

Pedro enterrou seu rosto em meu pescoço e senti uma lágrima quente tocar minha orelha. Sua respiração sonora e rápida provocava arrepios em minha pele. O corpo dele convulsionava de tempos em tempos, enquanto ele tentava sufocar os soluços com seu rosto colado a minha pele. Consegui soltar um dos braços e envolvi seu pescoço, apertando-o ao meu encontro.

Um soluço escapou de minha garganta, e ele alisou as minhas costas com uma das mãos enquanto a outra se mantinha firme ao redor da minha cintura. Minha sanidade oscilou por um momento, trazendo a tona lembranças de que os abraços entre nós dois eram tão intensos, e envolviam mais do que a situação de "cunhados" que nos encontrávamos agora.

Empurrei-o com suavidade, e, ele me soltou. Uma pontinha de frustração me tocou, antes que a razão tomasse posse do meu pensamento. Pedro ainda mantinha um braço ao redor da minha cintura, e com a mão livre tentava enxugar as lágrimas que teimavam em correr pela face dele.

— Obrigado, Liv...

— Eu é que devo lhe agradecer, por cuidar da minha família quando eu não fiz isso... — respondi olhando em seus olhos, e recuperando a noção de que não estávamos sozinhos.

— Mas você não fez por...

— Shhh... — falei enquanto colocava o dedo indicador sobre seus lábios impedindo que ele continuasse. — Não vamos falar sobre isso. É passado. O que importa é o que vai acontecer a partir desse momento.

Ele concordou com a cabeça. Seus olhos ardiam nos meus e depois iam para minha boca. Peguei-me fazendo a mesma coisa, e um desejo insano de tocar aqueles lábios me açoitou com força. Envergonhada por permitir que aquele desejo tomasse parte em mim, afastei-me.

Virei-me para Elisa e seu rosto estava sereno e feliz. Seu sorriso largo fez-me sorrir em retribuição.

Acomodamo-nos todos na mesa e juntos, como uma família unida. Tomamos um animado café da manhã, enquanto a conversa saía do estágio de tímida e controlada, para afoita e barulhenta, com risos e planos sendo traçados para o dia, para a noite e para o próximo final de semana.

Capítulo 35.

Dias depois consegui retirar a tala da mão. O Dr. Augusto não ficou feliz quando estive em seu consultório a primeira vez. Ele pediu uma nova radiografia que mostrou, entregando meu crime, que eu havia forçado um pouco o pulso. Fui obrigada a confessar minha pequena traquinagem com a bola de basquete. Mas agora ele havia me libertado daquela prisão e me entregou de presente uma bola macia de borracha para que eu fizesse alguns exercícios e retomar a mobilidade.

Lívia também não tinha ficado feliz com nossa primeira visita, mas consegui entretê-la com dicas faladas. Quase toda a tarde estávamos juntas na quadra.

Não segui a risca as orientações do médico. No mesmo dia já estava arremessando as bolas com Lívia, e até fazendo algumas disputas de drible com ela. Claro que isso causou algumas dores, mas ignorei-as e tomei um pouco mais de cuidado.

— Ah! Tia Liv! Eu desisto! Não consigo roubar nenhuma bola sua... — a voz chorosa e o bico com os lábios me fez rir dela.

— E você quer que eu facilite pra você? Só pra você ficar feliz? Ou quer tentar melhorar a sua velocidade? — respondi com um sorriso vendo a frustração que eu tanto conhecia no rosto dela.

— Não. Eu tenho que aprender... — e correu em minha direção.

— É assim que se fa... — não terminei de falar, ela foi mais rápida e quebrou um drible meu, roubou a bola e fez uma linda tabela com a bola chorando no aro, antes de mergulhar para a rede.

— Cesta! — vibrou ela.

— Muito bom!

Ela correu em minha direção e abraçou-me pela cintura. Rimos juntas e continuamos mais algum tempo ali treinando.

Se á tarde meu tempo era de Lívia, à noite após o jantar, eu me enfiava no quarto de Elisa e ficávamos a até altas horas conversando. A primeira vez que a procurei era apenas para perguntar-lhe alguma coisa corriqueira a pedido de minha mãe. Mas depois estabelecemos uma rotina de toda noite eu me esgueirar até sua cama, antes de Lívia chegar e se aninhar nos braços da mãe.

Elisa fez questão de narrar todos os acontecimentos que perdi durante o tempo que estivemos separadas. O nascimento de Lívia, a reforma da casa a dificuldade em convencer a Dona Linda a se mudar para junto dela, e tantas outras pequenas e significativas coisas as quais eu não estava presente, como as festas de final de ano e os aniversários de Lívia.

Ela havia me dito que tudo estava nos e-mails, mas eu preferia ouvir sua voz enquanto falava, e ela sentia-se feliz narrando essas histórias.

Em certa noite, de tão habituada àquela rotina, entrei sem bater e quase tive uma síncope nervosa ao ver Pedro apenas vestindo um short, com o peito nu, conversando com Elisa.

— Ah! Me desculpem... Eu... Volto depois... — gaguejei enquanto procurava a maçaneta da porta, que tinha se escondido de minhas mãos.

A verdade é que não conseguia tirar meus olhos do peito largo, torneado e pelado dele! Minhas lembranças me deixaram constrangidas pelo fato de que há muito tempo atrás, minhas mãos já estiveram pousadas naquele peito. Que minha orelha já estivera ali e ouvira as batidas ritmadas do coração dele.

O sangue fugiu do meu rosto e se alojou no dedão do pé. Um calafrio me percorreu a espinha e me fez tremer, acordando-me do sonho antigo e impulsionando-me a tomar uma atitude atrapalhada. Desprendi meus olhos insistentes e voltei meu corpo para a porta.

— Tudo bem, Liv, eu já estava saindo — estaquei feito pedra e esperei.

Pedro pegou uma camiseta sobre a cômoda e jogou sobre o ombro, vindo em minha direção.

Minha direção não, em direção à porta!

Eu estava fazendo um esforço hercúleo para evitar ficar sozinha na presença de Pedro. Por todos aqueles dias eu me sentia como um gato em teto de zinco quente. Alguma coisa oscilava dentro de mim, quando ele estava por perto. Minha razão, minha sanidade, meu senso de orientação, ou tudo junto e de uma vez só. E não ajudava em nada quando ele me pegava olhando-o com cara de abobalhada. E menos ainda quando eu o surpreendia estudando-me com aqueles enormes olhos lindos, que mais pareciam duas esmeraldas lapidadas.

Ele passou ao meu lado e senti a energia quente que vinha de seu corpo. Deu-me um sorriso e acenou com a cabeça, depois saiu pela porta fechando-a atrás de si. Fiquei em estado letárgico por alguns segundos, até que consegui me lembrar do que estava fazendo ali.

Elisa fez um barulho, um raspar de garganta, me chamando a atenção. Ela me encarava com um sorriso conspirador.

— Ahn... Elisa... Eu... — *o que eu ia dizer mesmo?*

— Você ainda gosta dele — não era uma pergunta.

— Não! — respondi rápido demais.

— Gosta sim!

— Não Elisa, não é nada disso... É que fiquei sem graça em invadir a intimidade de vocês sem avisar, desculpa.

— E de que "intimidade" você tá falando?

— A do Tico e do Teco! — ri enquanto a olhava. — A sua e a de Pedro, de quem mais estaríamos falando agora?...

Aproximei-me da cama e sentei-me aos pés dela. Ergui minhas pernas e abracei os joelhos apoiando o queixo sobre eles. Elisa estava encostada em uma montanha de travesseiros com os lençóis cobrindo-a até a cintura.

— Não temos a intimidade que você pensa, Olívia...

— Tá, tá, tá. Não preciso saber dessas coisas... Está com dor? — as olheiras profundas de Elisa deixavam seu rosto cansado.

— Só um pouco. Ela nunca me abandona, agora está fraca, os remédios estão fazendo efeito — ela suspirou. — Mas você está querendo fugir do assunto.

— Que assunto, Elisa? — *Não fala dele, não fala dele!*

— Do Pedro!

— Não... é que... bem... eu fico meio sem jeito em falar sobre a intimidade da minha irmã, com um homem que eu já tive essa mesma intimidade, entende?

— Entendo. Mas o que estou tentando te dizer é que eu e Pedro "não temos" essa intimidade a qual você está se referindo.

Hein? O que ela estava querendo dizer?

— Ahn?

— Isso mesmo, o Pedro e eu não nos relacionamos como um casal normal faria. Acho que somos mais "irmãos" do que eu e você! — Elisa sorriu, mas não era um sorriso vivo, parecia como um pedido de desculpas.

— Elisa, aonde você quer chegar? Por que fazer crer que vocês não tem uma vida íntima?

— Não, Liv, não quero que você acredite em nada e nem estou tentando chegar a lugar algum. Não posso dizer que durante esse tempo que estive vivendo com Pedro, não tenha me apaixonado por ele. Nem posso negar que olhar pra ele todo santo dia não me deixou doida de vontade de arranhar a coceira fora. — ela respirou e continuou — Pelo amor de Deus! Ele é lindo! E tem um corpo tão, tão... É uma falta de educação todo ele.

— Elisa! — ela se abanava com as mãos e revirava os olhos, depois soltou uma risada sonora.

— E eu disse alguma mentira?

—... — não respondi, mas concordava com ela.

— Eu tentei seduzi-lo por um tempo... — cravei os meus dedos nas pernas. — Mas depois entendi que não era isso o que queríamos. O Pedro sempre me respeitou e nunca ultrapassou os limites, que confesso, ele mesmo criou. Ele nunca me desejou como mulher. E depois de um tempo percebi que toda vez que olhava pra ele, só conseguia enxergar uma mulher ao seu lado, e não era eu.

Meu peito se agitou, e uma onda de surpresa e alívio se apossou de mim, me deixando envergonhada por sentir aquilo. O "meu" Pedro nunca tinha sido de Elisa...

E o que eu faço com essa informação agora?

— Elisa, você não tem que me dizer essas coisas...

— Eu sei que não. Mas você sabe só a minha versão da história e a sua. A versão dele você não conhece.

— E nem vou perguntar. Essa história não tem que ficar voltando a toda hora pra nos atormentar — uma centelha de irritação começou a brotar.

— Hoje não, e talvez nem amanhã. Mas um dia você tem que ouvir a versão dele. Pode imaginar o quanto ele abriu mão pra ficar comigo? Ou o que ele sofreu por ter deixado você partir? — Elisa me falava com delicadeza e seriedade ao mesmo tempo. — Pode imaginar o que passou pela mente dele todos esses anos?

— Não... — respondi resignada baixando os olhos para os lençóis que a cobriam. — Não posso imaginar.

— Nem eu...

Elisa sorriu e começou a se ajeitar na cama. Movi meu corpo para fora da cama, e ajeitei os lençóis sobre ela. Dei-lhe um beijo na testa e antes de me afastar para sair do quarto ela pegou minha mão.

— Dorme aqui comigo hoje?

— Mas Elisa... Pedro vai dormir onde? — ela disse que eles não viviam como casal, mas não falou nada da cama.

— No lugar de sempre...

Ela apontou para a cama de solteiro, que ficava ao lado da parede oposta. Quando vi aquele móvel pela primeira vez achei que era a cama de Lívia.

— Tudo bem.

Dei a volta na cama, e me aninhei ao lado dela. Ficamos de mãos dadas, com os olhos abertos estudando uma a outra. Quase nos rendendo ao sono, Elisa suspirou e disse, enquanto cerrava os olhos e puxava minhas mãos para mais perto do peito dela.

— Eu acho, Liv, que no final das contas, quando tudo terminar, será você quem deverá salvar Pedro da escuridão. Ele fez tudo o que fez não por amor a mim, a nossa amizade, ou apenas para encobrir um ato errado do pai dele — ela respirou com pesar. — Ele fez por amor a você... Acho que ele sabia o quanto você sofreria se tivesse ficado aqui, e decidiu que você era mais forte para suportar melhor a situação se abrisse mão do seu amor. E ele fez isso ciente da dor que enfrentaria pelo resto de seus dias, por perder você...

Pensei em suas palavras por um tempo, e quando tentei responder, percebi que Elisa ressonava baixinho já entregue ao sono. Deixei nossas mãos unidas, mas virei meu corpo deixando minhas costas coladas ao colchão. O sono tinha me abandonado e a afirmação de Elisa bailava traiçoeira em minha frente. E a cada nova "coisa" que Elisa me dizia, mais difícil ficava olhar para Pedro.

Será que ele seria capaz mesmo, de fazer tudo aquilo, pensando em... MIM?

Fiquei um bom tempo olhando para o teto, sem encontrar respostas. Não percebi que ele havia entrado e que já repousava na cama pequena colada a parede. Soltei-me de Elisa com cuidado e me levantei.

Dei a volta na cama e puxei um pouco mais o lençol sobre ela. Com cuidado me aproximei de onde Pedro dormia. Era até cômico ver um homem daquele tamanho se equilibrando naquela cama pequena. Seu peito desnudo era um convite descarado ao toque e um formigamento começou na ponta dos meus dedos, loucos por aceitar aquele convite. Concentrei-me em puxar o lençol por sobre ele também. Endireitei meu corpo e fiquei olhando por um tempo seu rosto sereno de linhas duras e retas, o contorno do seu queixo ainda me intrigava pela simetria perfeita em ambos os lados, e sua pele tinha um leve brilho dourado, iluminado pela luz amarela do abajur. Antes de sair sussurrei, ainda que desejasse que ele pudesse me ouvir: "Eu não era tão forte assim...".

Saí do quarto sem fazer barulho, fui até a quadra de basquete e fiquei sentada em uma cadeira reclinável, olhando para o céu que parecia perceber minha aflição. E como presente acalentador, intensificou o brilho do extenso tapete de estrelas como uma maneira de acalmar-me. Mais uma vez sozinha, chorei quieta enquanto algumas cicatrizes se rasgavam em meu peito.

Capítulo 36.

Na manhã seguinte, não havia o brilho do sol dourado. Nuvens cinza passeavam pelo céu derramando um choro fraco em forma de garoa sobre a cidade. Sorri olhando para a janela, lembrando-me das muitas manhãs da grande metrópole, onde esse tipo de "bom dia" era mais corriqueiro.

Minha mãe levou Lívia para a escola, Pedro estava no trabalho e Elisa, havia retornado ao quarto após o café. Aproveitei para fazer algumas ligações e checar minha caixa de e-mails. Entrei no escritório da casa de Elisa, e enquanto ligava o computador, corri os olhos pelas prateleiras. Não havia muitos livros, apesar de os espaços vazios estarem dispostos e ansiosos por receber novas obras. Pensei no que eu faria com uma prateleira de livros daquelas. Meus pobres e indefesos livros adorariam ver aquele lugar e saírem das caixas escuras e amontoadas as quais eu os obrigava a viver.

Falei com Melissa na empresa e ela me informou que tudo estava em ordem, e que havia mandado alguns documentos no meu e-mail, que precisavam de autorização. Passei alguns minutos selecionando as mensagens até encontrar as que ela havia me mandado. Analisei o documento e depois de fazer pequenas alterações reenvie, autorizando.

Encontrei uma mensagem de Otávio. Entre votos de saudades, e desejos de melhora para mim e Elisa, avisou que precisaria ficar mais alguns dias no Cairo. O final da mensagem estava cheio de sugestões eróticas, bem como a ansiedade em me encontrar com o braço curado. Respondi no mesmo instante, contando grande parte dos acontecimentos dos últimos dias como acerto com Elisa e Pedro, e minha redescoberta da paixão pelo basquete.

Omiti a situação que envolvia a crise de pânico e Pedro na mesma sentença. E outras coisas também em relação a ele que não deveriam ser ditas ao seu namorado quando ele estava do outro lado do mundo. Acrescentei muitos beijos sinceros e saudades dele todo.

Estava dizendo a verdade, sentia muito a falta dele.

Deixei o computador de lado, e peguei o celular que tinha carregado comigo até lá e disquei o número de Glaucia. Ela atendeu logo no primeiro toque já enfiando os pés pelas mãos e querendo saber tudo o que estava acontecendo. Não sabia o quanto eu sentia falta daquele jeito apavorado dela. Contei-lhe o mesmo que havia mencionado na mensagem para Otávio e também escondi as sensações que envolviam Pedro. Conversamos sobre algumas amenidades e escutei as lamentações dela sobre o fora que tinha levado de Renato.

Logo ela mudou de assunto referindo-se ao cuidado especial que estava tendo com o meu apartamento-salvador-da-vida-dela. E após muitos "ahãs, uhns" e uma promessa de que ligaria em breve, consegui despedir-me.

Passei de um tempo olhando pela janela e perdida em muitos pensamentos. Lembrando o que era minha vida antes de ir embora da pequena cidade, minhas conquistas, o grande vazio da solidão que sentia vivendo na cidade grande, e enfim, meu inesperado e apressado retorno para minhas origens. Percebi que ninguém é capaz de traçar seus objetivos de vida e segui-los a risca. Sempre haveria uma curva inesperada na estrada, que fariam com que suas decisões iniciais fossem reformuladas. E não foi exatamente isso que me acontecia desde sempre?

De repente senti uma pontada de dor no peito, uma sensação ruim me apertando por dentro. Muito baixo ouvi meu nome sendo chamado. Olhei em volta, mas não havia ninguém por perto.

Ainda faltavam algumas horas para o almoço, então resolvi ir até o quarto de Elisa. Sabia que os períodos da manhã era os piores para ela. As dores eram mais intensas nesse horário, o que a obrigava a ficar na cama até mais tarde.

Entrei sem bater, com receio de acordá-la caso estivesse dormindo. Devagar me aproximei e deitei ao seu lado. Seus olhos estavam fechados e seu rosto sereno. Devagar ela abriu os olhos e me deu um sorriso fraco, misturado entre sono e... A dor. Sorri de volta e peguei sua mão, puxando-a para meu peito. Ela me impediu, e fez o movimento contrário com minha mão até encostar as dobras de meus dedos sobre os lábios um pouco pálidos, dando um beijo fatigado. Comecei a estudá-la e percebi que ela aparentava estar muito mais cansada do que o normal.

— Elisa... Tá com muita dor? — sussurrei para ela.

Ela meneou a cabeça devagar confirmando e fez uma careta.

— Quer que eu pegue os remédios pra você?

— Já tomei tudo o que podia, Liv. Acho que nenhum remédio vai me ajudar agora... Está acontecendo...

— Como assim está acontecendo? O que está acontecendo? — senti como se meu sangue tivesse sido drenado e minha preocupação começou a aparecer no tom da minha voz.

— Está chegando a hora...

— Elisa... Não é isso. Você está com dor e cansada. Assim que os remédios fizerem efeito você vai ficar bem...

— Meu tempo está acabando, Liv...

— Não, não, não... Vai passar, você vai ver... Você tomou os remédios, vai parar de doer já, já... É só ficar quietinha que vai passar... — falei baixinho, mas meu coração começou a martelar no peito. Passei os dedos por seus cabelos ralos e curtos, tentando em vão por uma mexa atrás da orelha.

— Liv... Estou sentindo ele crescer dentro da minha cabeça... — a voz dela estava fraca e arrastada. Seus olhos quase não ficavam abertos, pareciam pesados.

— Não, Elisa... Por favor... Ainda não... — meu coração acelerou e o medo começou a me dominar.

— Shhh... Vai ficar tudo bem, Liv, isso ia acontecer... mais cedo ou mais tarde...

— Não! É cedo... Você tem que ficar mais... Por favor, Elisa... Não vá... — o desespero tomava minha voz, eu queria sair correndo e ao mesmo tempo não queria soltá-la. — Eu vou ligar pro médico, ele vai vir te ver...

— Não... Liv... Não vai adiantar...

— Pedro! Vou ligar..., Cadê... Telefone? — encontrei-o ao lado do travesseiro dela, minhas palavras saiam aos trancos com o bolo dolorido formado em minha garganta e me impedindo de produzir uma frase inteira.

O desespero querendo aflorar e assumir o controle da situação, enquanto eu me obrigava a ser racional.

Ela não me contestou, ainda mantive minha mão presa a dela, enquanto procurava entre os números da agenda do telefone dela. A tremedeira me atrapalhou algumas vezes, apertando as funções erradas do aparelho, até que consegui encontrar o número de Pedro.

Elisa mantinha os olhos fechados, mas talvez para me acalmar movia o dedão sobre as costas da minha mão, na sua maneira de dizer que ainda estava ali... Ainda estava viva.

O telefone chamou três vezes antes de Pedro atender. Três longas e torturantes vezes, antes que eu pudesse ouvir sua voz.

— Elisa? — sua voz do outro lado estava surpresa, mas calma.

— Não, Pedro... — minha voz estava estrangulada.

— Olívia? O que foi? — ele percebeu a rouquidão em minha voz.

— Pedro... Elisa... Ela está partindo... — uma onda de tremor passou em meu corpo e um soluço rompeu de minha garganta impedindo-me de continuar.

— Não! — o grito desesperado dele doeu em mim, fechei os olhos e apertei o aparelho contra o ouvido até machucar, tentando poder desmentir o que acabara de dizer. — Olívia, não deixa ela ir... Estou indo pra casa...

Não sei se ele disse mais alguma coisa, mas me livrei do aparelho jogando-o em algum lugar e deixando minha mão livre. Toquei o rosto de Elisa que sorria ainda de olhos fechados. Mas era um sorriso forçado de dor, triste. Meu corpo começou a tremer contra minha vontade, meus olhos não tinham controle algum sobre a enxurrada de lágrimas que escapava por eles e turvavam minha visão.

— Por favor, Elisa... — doía a minha garganta falar, mas eram tantas as dores que eu estava sentindo que era impossível saber qual era a pior.

— Está tudo bem, Liv... Eu vou ficar bem... Estou pronta para ir... — ela deixou escapar algumas lágrimas e elas pareciam álcool em uma ferida aberta em minha carne.

— Mas eu não estou pronta pra te deixar ir...

Não consegui mais falar nada. Fiquei apenas segurando suas mãos e alisando seu rosto enquanto esperava...

Esperava que um milagre acontecesse e ela não morresse. Esperava que ela estivesse enganada e que não fosse a hora ainda. Mesmo sabendo que aquele momento chegaria, não tinha parado para pensar no que faria, ou, o que diria quando acontecesse. Ainda tínhamos muito que conversar. Desculpas a pedir, e ainda queria brigar muito com ela.

Mas não havia mais tempo...

— Elisa, me perdoe... Por deixá-la, por não cuidar de você... Por ser grossa e por brigar... Eu amo você... Não vai embora... Não me deixa... — as palavras saiam cortadas por soluços.

— Está tudo bem... Eu também amo você, Liv... Sempre... e para sempre... — ela fazia um esforço cansado a cada nova palavra dita.

Ouvi a pancada da porta se abrindo e batendo contra a parede, mas não me virei para ver quem era. Não podia perder nenhum segundo restante da vida de Elisa. O resmungo rouco do nome de Elisa estava perto de mim, misturados com a respiração ofegante e desesperada de Pedro. Ele se aproximou e sem falar nada se deitou ao meu lado, no único espaço vazio que tinha sobre a cama, já que mantinha meu corpo quase tocando o de Elisa, com minha testa a centímetros da dela. Encostou o peito em minhas costas e passou o braço por cima do meu, levando sua mão até onde a minha e a de Elisa se agarravam.

— Elisa... O Dr. Augusto está vindo, aguente só mais um pouco... — sua voz rouca e pesada mais uma vez provocou uma dor intensa em mim, contraí o corpo sem perceber. Ele sabia o que estava acontecendo, e parecia pronunciar o nome dela como uma despedida.

— Oi, meu querido...

— Não vá... Ainda precisamos de você... Lívia...

— Ela vai ficar bem, cuide dela, é sua filha e ama você como o verdadeiro pai dela... E cuide da minha Olívia, ela parece uma rocha, mas é apenas uma máscara, e é tão frágil quanto o cristal...

Meu corpo convulsionou em soluços, que eu tentava inutilmente ocultar. Pedro percebeu e se aproximou um pouco mais, encostando-se a mim como se pudesse me dar um pouco de conforto, ou até mesmo buscando o mesmo para si.

— Liv e Pedro... Eu amo vocês. Meu melhor amigo e minha irmã e alma gêmea... Cuidem um do outro...

— Não, Elisa... Por favor... — pedi em um sussurro, meus olhos ardiam e meu peito parecia estar sendo rasgado.

— Diz a mamãe e a Lívia... que eu as amo...

Depois dessas palavras Elisa não disse mais nada. Sua respiração tornou-se cadenciada, e ainda escapavam algumas lágrimas por seus olhos, enquanto as minhas desciam como corredeiras. Pude sentir as de Pedro encontrando o couro da minha cabeça, enquanto ele soluçava baixinho atrás de mim.

Eu soube o exato momento que Elisa partiu. Senti que um laço se rompia, uma energia havia cessado entre mim e ela. Uma força que nos unia e que eu não tinha percebido até aquele momento. Sua mão ficou flácida sobre a minha e o frio da morte começou a tomar seu corpo assim que as unhas de suas mãos deixaram de ter a cor rosada, passando para o pálido branco. Ainda tentei chamá-la, mas não havia mais o que fazer.

O desespero tomou posse dos meus sentidos e fui tomada por uma convulsão intensa. Meu corpo se agitava e eu mordia os lábios para não deixar o grito histérico que se formou em meu peito escapar. Tentei sacudi-la, chamá-la, trazê-la de volta, e depois de um tempo, a única coisa que conseguia fazer era olhar para o rosto inerte de Elisa. A negação saia da minha boca em ritmo de oração e a dor de vê-la partir cortava-me tão profundo, que não conseguia mais definir que parte se despedaçava dentro de mim. Pedro soltou a mão de Elisa e passou o braço ao redor da minha cintura, apertando-me contra seu corpo. Confortando-me e buscando conforto. Enterrou o rosto em meus cabelos e choramos juntos a nossa despedida de Elisa.

Capítulo 37.

Não vi o tempo passar. Apenas algumas imagens me vinham à cabeça em flashes rápidos, como lembranças.

Pedro me carregando para fora do quarto, depois que o Dr. Augusto aplicou alguma coisa em meu braço. Acho que era um calmante, pois, alguns minutos depois, minha tremedeira convulsiva diminuiu. Lívia se enroscando ao meu lado na cama, e soluçando baixinho em meu peito, quando a abracei, puxando-a para mais perto. Minha mãe com olhos inchados também se juntou a nós na cama por um tempo, e chorou agarrada a mim e a Lívia.

O enterro foi arranjado para o dia seguinte. Foi difícil entrar no prédio do velório municipal da pequena cidade e ver o corpo inerte de Elisa, rodeado por flores que exalavam um cheiro sufocante e enjoativo. Um cheiro que não era o dela.

Muitas pessoas estiveram presentes. Pessoas que eu não conhecia e algumas as quais eu tinha uma vaga lembrança. Todas elas mudadas pelo tempo, mas que de alguma forma ainda estavam em minha memória. Julia, a amiga espevitada de Elisa na mocidade e até os dias atuais, estava amparada pelo marido e pela filha mais velha. Abraçou-me com ternura e me lembrou do amor que Elisa tinha por mim.

De todas as pessoas, conhecidas e estranhas que me abraçavam desejando condolências uma se destacou. Duran. O técnico do time de basquete feminino da cidade.

O corpo dele agora estava encurvado e apoiado numa bengala lustrosa com uma mínima bola de basquete na ponta. Sua cabeça estava coroada por uma espessa cabeleira branca, e seu abraço fez as lágrimas voltarem aos meus olhos amortecidos.

— Minha Estrela... Eu sinto muito... — sua voz rouca e potente abraçou-me junto aos seus braços paternais. Meu corpo tremeu ao ouvi-lo me chamar pelo antigo apelido carinhoso.

— Duran... Obrigada... — era difícil enxergar naquela figura o homem rígido, e ao mesmo tempo gentil, que nos levava ao limite durante os treinos.

Duran era figura cativa e respeitada na cidade, desde sempre. Ninguém sabia o verdadeiro nome dele, pelo menos os que sabiam nunca falavam. Era apenas: Duran, e ponto final. Até mesmo os filhos e familiares o tratavam assim. Não me lembro de outra pessoa assumindo a quadra de basquete da cidade que não fosse ele ou seu filho mais velho, João, que cuidava dos times infantis. O senhor respeitado, e até temido algumas vezes, conseguira sua autoridade e prestígio no trato dos atletas, depois de integrar o time base da seleção brasileira de basquete na adolescência, e só não continuou na carreira, porque uma lesão no joelho o deixou incapacitado.

— A Lívia disse que você tinha voltado. Por que não foi visitar teu velho carrasco? — sorriu-me enquanto mantinha uma mão em meu braço.

— Desculpe Duran, não queria sair de perto de Elisa, e depois... Ainda estou sem coragem de encarar a quadra... — falei num sussurro choroso.

— Tudo bem, quando quiser você sabe onde me encontrar. Sinto sua falta no comando do time, capitã Estrela.

— Obrigada Duran, também sinto falta dos teus gritos. — Sorri, passando a mão sobre o rosto enrugado dele.

Ele me abraçou mais uma vez, e saiu. Duran tinha mais cheiro de basquete do que qualquer outra coisa. E tinha também tantas lembranças minhas que muitas até me eram esquecidas.

Recebi muitos abraços que fizeram meu corpo ficar dolorido, e agradeci quando Lívia veio se postar em meu colo, impedindo novas demonstrações de condolências. Ficamos grudadas uma a outra por longo tempo, ambas com os olhos secos, já esgotados de lágrimas. Pedro e minha mãe foram mais resistentes e se mantiveram firmes ao lado do caixão de Elisa o tempo todo. Eu não conseguia ficar muito tempo encarando o rosto daquele corpo que antes fora minha irmã, e vez ou outra saía para tomar um pouco de ar fresco. Dona Linda ainda conseguia encontrar forças para se preocupar com Lívia e comigo, querendo saber se havíamos comido alguma coisa, se estávamos, dentro do possível, bem.

Ao fim da tarde o corpo de Elisa foi colocado no jazigo, onde nosso pai estava sepultado. Lívia se recusou a ir até lá e minha mãe ficou com ela. Eu gostaria de ter feito a mesma coisa, mas frente à falta das duas, eu fui obrigada a ir e ficar ao lado de Pedro.

E por tudo que há de mais sagrado nesse mundo: Ninguém deveria ir.

O simbolismo por trás do ato de "sepultar" um ente querido é algo que marca nossa alma de maneira tão profunda e dolorosa que é impossível descrever. Ter a consciência de que nunca mais verá aquela pessoa que você está deixando ali, sobre camadas de pedra e terra, é uma definição aceitável de inferno pessoal. Tudo o que você viveu com aquela pessoa vem à mente com tanta força, com desespero que o mais forte dos heróis fraqueja frente aquela despedida eterna.

Eterna sim, pois independente da crença de que exista outro lugar, onde as almas possam se reencontrar um dia, é nesse momento que você se dá conta de que nunca mais vai ouvir a voz daquele ente amado. Não vai ver o brilho dos olhos e o rosado da pele, não vai sentir o cheiro da pessoa que você está deixando ali. E é nesse exato momento, que você acorda para a realidade e percebe, que enfim chegou o último adeus.

E isso dói. Muito.

Quando a última placa de concreto foi assentada, lacrando o corpo de Elisa para sempre ao lado dos restos mortais de meu pai, o pouco de forças que me restava ruiu. Não desmaiei, nem cai. Meus joelhos ganharam a consistência de gelatina e sem hesitar, apoiei-me em um senhor que estava ao meu lado, e que mais tarde fui saber era um tio de segundo grau, meu e de Elisa. Ele passou o braço por minha cintura e sustentou o meu peso sobre ele, enquanto eu tentava sem sucesso, obrigar as minhas pernas a recobrarem a solidez.

Não vi de onde Pedro saiu, mas não fiquei muito tempo a cargo do tio que me amparou. Pedro me puxou para os braços dele com delicadeza, e antes que a cena pudesse piorar me arrastou de lá com um braço ao redor da minha cintura. Eu me apoiei em seu ombro, e tentei disfarçar o andar molenga depois de recusar que ele me carregasse no colo.

Entrar na casa sem ter Elisa presente não foi uma tarefa fácil para nenhum de nós. Lívia estava exausta e dormiu em meu colo enquanto ainda seguíamos no carro. Pedro a carregou para dentro. Depois cada um de nós se manteve em um canto, tentando, eu acho, entender aquela dor e guardando-a aos poucos dentro do peito, até que a realidade de que não havia outra opção a seguir, nos encarou de frente. Algum tempo depois consegui recuperar o folego e decidi ligar para Glaucia e Otávio.

Minha amiga ouviu-me sem questionar, apenas repreendendo-me por não ter avisado antes e a tempo de ela ir até onde eu estava. Mas entendeu os motivos que me cercavam e a minha incapacidade em pensar em avisá-la, desejou-me condolências (nunca mais eu esqueceria essa palavra), e despediu-se com a voz triste, como exigia a ocasião.

Tentei falar com Otávio, mas ele ainda estava no Cairo. Minha ligação não completava, então enviei um e-mail explicando o acontecido, e acrescentando que gostaria que ele estivesse presente comigo naquele momento.

Os dias seguintes ao velório não foram melhores. Muitas pessoas ainda apareciam na casa de Elisa tentando de alguma forma ajudar a amenizar a dor da família. Mas o que elas faziam era apenas nos lembrar a todo instante da tragédia pessoal que nos açoitara. Surpreendi-me com a grande quantidade de parentes vindos de Deus sabe onde. Primos, tios, tias que nunca tinha ouvido falar apareciam aos montes.

— Mãe, se a senhora me apresentar mais uma tia que seja, vou precisar pegar um bloco de notas para marcar os nomes... — reclamei com ela em um momento livre, quando estávamos preparando mais uma rodada de café, aos que tinham acabado de chegar.

— Eu sei filha... — ela respondeu baixinho — foi sua irmã que entrou em contato com eles depois que soube da doença. Ela queria conhecer a história da família.

— É... E acabou complicando um pouco as coisas para nós. Como é que a gente vai fazer a Lívia esquecer um pouco de tudo isso, com tantas pessoas comentando de Elisa o tempo inteiro?

— Tem razão... Estava pensando em levá-la para passar uns dias na fazenda de uma parenta. Ela se dá muito bem com os primos de segundo grau. Talvez alguns dias longe daqui amenize sua dor um pouco.

— Talvez seja bom... — pensei em Lívia, que se arrastava quase todas as noites, chorando e soluçando, para minha cama de madrugada — Ela está precisando de novos ares e sair um pouco desse ambiente pesado pode ajudar.

— As aulas dela terminam daqui a alguns dias. Vou falar com Pedro e ver o que ele acha — minha mãe terminou de arrumar as xícaras em uma bandeja e ia saindo quando falei de volta.

— Tenho certeza que ele vai concordar. E nesse meio tempo vou voltar para São Paulo.

Minha mãe abaixou a bandeja devagar e me encarou preocupada. Dava para perceber em seus olhos que ela não queria isso.

— Mas já filha? — sua voz soou preocupada. — Se Lívia souber que você está indo embora...

— Não mãe. Não vou ficar fora muito tempo. Vamos coordenar a viagem de vocês duas com a minha, e quando a senhora retornar, eu também volto pra cá. Só preciso resolver alguns assuntos do trabalho. — Havia me decidido a ficar mais um tempo ali, até que tudo voltasse o mais próximo do normal que fosse possível.

Ouvi o suspiro aliviado de minha mãe. Ela concordou com a cabeça e sorriu, enquanto tornava a pegar a bandeja e seguia para a sala.

Capítulo 38.

Duas semanas depois, minha mãe e Lívia embarcaram em direção à fazenda que ficava a uns bons 600 km de distância. Precisei jurar (de pé junto) e até sugerir a assinatura de um contrato para Lívia seguir viagem com minha mãe. Ela ficou apavorada com a ideia de que eu escaparia para minha casa e não voltaria mais. Consegui convencê-la de que isso não aconteceria, mas não omiti o fato de que iria. Prometi-lhe que estaria de volta quando ela chegasse. Algo dentro de mim não permitiria que eu ficasse muito tempo longe dela. Aquela garota marrenta conseguiu entrar em meu coração, desde o dia que me ligou avisando do problema de Elisa. Só aceitei isso quando ela se arrastou até a minha cama, e me abraçou enquanto eu chorava dormindo.

Depois de deixá-las na rodoviária e comprar a minha própria passagem, retornei até a casa de Elisa. Assim que entrei, percebi que teria que passar duas noites em companhia de Pedro.

Um arrepio percorreu meu corpo, e obriguei minha mente a espantar qualquer ideia besta e descabida daquela situação. Ele estava de luto pela minha irmã, eu era a cunhada, com um namorado... Ponto.

Naquela hora do dia, após o almoço, ele estaria no trabalho e só voltaria no inicio da noite, poupando-me do constrangimento em encontrá-lo. Há dias ele evitava ficar em casa e na maioria das vezes não o víamos chegar do trabalho. Tentei ligar para Glaucia e avisar que chegaria em dois dias, mas seu telefone estava desligado.

Recebi um e-mail de Otávio uma semana após a morte de Elisa, se desculpando pela demora em me responder, e dizendo que ainda estava no Cairo. Estranhei a frieza de suas condolências e a demora dele em se manter lá. Tentei ligar em seu telefone várias vezes, mas depois do segundo toque a ligação se perdia na caixa postal.

A tarde corria nublada e a temperatura havia caído um pouco depois da grossa chuva de manhã. Ficar sozinha dentro da casa trouxe a sensação de solidão de volta. Mas dessa vez o sentimento não foi bem vindo. Era estranho e dolorido, tinha um gosto amargo de abandono que começou a me sufocar. Eu não queria pensar em Elisa, nem em Lívia ou na minha mãe. Menos ainda em Otávio que não respondia minhas ligações e meus e-mails, ou em Pedro, que ainda me olhava às escondidas.

Eu só queria que tudo aquilo passasse. A dor, a angústia, e o futuro incerto. Como eu poderia abandonar Lívia? Minha mãe? Elas quereriam ir morar comigo? Seria justo arrastá-las para lá? E Pedro?... O que seria dele?

A irritação cresceu dentro de mim, unindo-se ao silêncio soberano naquela casa. Fui até a cozinha e encontrei uma garrafa de vinho tinto dentro da geladeira. Há tanto tempo não bebia que vi na garrafa escura um alívio eminente. Revirei as gavetas e encontrei um saca-rolha. Minha bolsa estava sobre a mesa e revirei-a até encontrar a carteira de cigarros.

Fui para a varanda e sentei-me olhando para a quadra de basquete vazia. Comecei a beber o vinho no gargalo e acendi o primeiro cigarro depois de alguns goles. A fumaça queimou minha traqueia e tossi um pouco. Ajudei a empurrar a nicotina para dentro do meu organismo com mais alguns goles do vinho.

Fiquei sentada vendo a tarde findar, enquanto minha mente vagava por todos os acontecimentos dos últimos dias. Por mais que eu tentasse evitar, ali sozinha, sem ter com quem falar, não conseguia tirar a imagem de Elisa morrendo de minha mente. O remorso por ter sido tão teimosa e mesquinha, e não ter participado mais da vida da minha família, me rasgava de culpa e dor.

Eu cheguei até aquele lugar onde muitas pessoas me pediam perdão. Mas a verdade pura, de quem realmente precisava ser perdoada, era a estranha que havia abandonado a todos eles sem brigar, sem discutir, sem acusar e sem insistir. Eu precisava de perdão. Eu precisava ser perdoada. Eu era a covarde.

O choro escapou de minha garganta, alto e claro. Sem reservas, libertei toda a dor que me afligia. Tudo o que estava guardado em meu peito por anos, e todas as tragédias pessoais que eu tinha vivido cobraram seu preço e desciam por minha face em torrentes de lágrimas incontroláveis. Deixei que corressem. Deixei me esvaziar daqueles sentimentos ruins.

Virei a garrafa de vinho na boca, quando consegui me acalmar um pouco e parar de soluçar. Olhei para a quadra e depois para o cesto de bolas, levantei-me e fui até ele.

Arrastei-o até a marca do lance livre com um pouco de dificuldade, o álcool estava começando a fazer efeito, deixando-me um pouco lenta. Comecei a arremessar as bolas contra a tabela, mas sem intenção de acertar a cesta. O que eu desejava, era que a bola explodisse na tabela e virasse mil pedaços. Como se cada bola fosse uma bomba que carregava uma das minhas frustrações. E eu queria que elas explodissem!

Meus braços se esforçavam, e a cada nova pancada a bola voltava em minha direção. Algumas fugiam de minhas mãos assassinas, mas não me dei por vencida. Elas iam pagar pela minha ignorância, pela minha estupidez. Recolhi algumas que estavam mais perto e recomecei o processo.

Não sei quanto tempo fiquei ali. A minha determinação em arrebentar as bolas era a energia necessária para impulsionar-me. Eu chorava, soluçava, tremia de frio por causa da chuva que encharcava meu corpo inteiro e a qual eu nem havia percebido que começara.

— Olívia! O que você está fazendo? — a voz rouca rosnou um pouco longe.

— Não é da sua conta! — eu sabia que era Pedro, e queria que ele ficasse longe. — Me deixe em paz!

Andei de maneira aleatória e desorientada pela quadra e peguei duas bolas. Arremessei a primeira, ela bateu na tabela e voltou em minha direção. Peguei-a, e quando levantei os braços acima da cabeça, meu cotovelo foi puxado de lado com força, e a bola escapou de minhas mãos.

Com raiva encarei o rosto sisudo de Pedro. Dei-lhe as costas indo buscar a bola. A quadra tinha poças de água que se espalhavam assustadas com minhas pisadas bruscas. Com a bola nas mãos voltei à posição que estava, ignorando a presença dele, e ergui os braços mais uma vez.

— Não Liv... — ele puxou meu cotovelo outra vez. — Chega, você tem que entrar.

— Não! — dei um passo para o lado e ergui o braço, arremessando a bola.

— Olívia, por favor...

— Me deixa, Pedro! — agachei para pegar a outra bola.

— Não! Pare...

Ele veio em minha direção, soltou a bola de minhas mãos antes que eu a lançasse. Fiquei furiosa com ele e tentei sair de perto. Ele foi mais rápido e prendeu meus braços na lateral do meu corpo com um abraço férreo.

Naquele abraço, naquela energia que ele emanava e me acertava, perdi o orgulho, a raiva e a teimosia.

Minhas pernas amoleceram e a única coisa que conseguia sair da minha boca era o grito angustiado de dor, transformado em choro compulsivo. Pedro se agachou comigo no chão e abraçou-me com força, enquanto eu ainda tentava me soltar de seus braços. Depois de algum tempo desisti de tentar e deixei meu corpo se apoiar sobre o colo dele. Envolvi seu pescoço com os braços e choramos juntos mais uma vez.

Capítulo 39.

— Você precisa se aquecer...

A voz rouca de Pedro soou ao meu ouvido, enquanto a sanidade voltava a minha mente. O frio me fazia tremer sem controle. Concordei com a cabeça ainda apoiada em seu ombro, certa de que não queria sair dali nem por todo o calor de um deserto escaldante. Era estranho, mas sabia que poderia suportar o frio de qualquer dos polos árticos de lingerie, desde que ele estivesse me tocando.

Pedro desencostou-se de mim um pouco e encarou meu rosto. Seus olhos cintilavam com uma luz esmeralda sobre mim aquecendo o meu sangue. Ele fixou as grandes jades em minha boca, passou a língua sobre os lábios e engoliu em seco, provocando um leve tremor em seu queixo rígido. Sua boca se abriu de leve e seu hálito escapou aos solavancos, como se sua respiração forçasse passagem extra por seus dentes.

— Você está com a boca roxa, Liv, vamos para dentro, tem que se aquecer...

Tremi mais forte ainda, enquanto imaginava uma dezena de maneiras de me aquecer tendo-o como referência. Enquanto eu divagava, Pedro apressou-se em levantar me puxando com ele, até estarmos de pé.

Ainda tonta pelo vinho e pelo esforço físico, meu peso oscilou sobre os joelhos que pareciam de espuma. Pedro tentou me puxar e me colocar em movimento, segurando em minha mão, mas não consegui dar o primeiro passo e cai de joelhos sobre o concreto, soltando-o bruscamente.

— Liv... — Pedro se agachou ao meu lado levando uma das mãos às minhas costas. — Se machucou?

— Não. Só preciso de um minuto. — respirei fundo uma vez. — Até a quadra parar de girar...

Ele não esperou. Num movimento fluido levantou-se e me trouxe com ele, aninhando meu corpo molenga em seus braços. Enlacei-o pelo pescoço tentando ajudá-lo. Pedro acelerou em direção a casa.

— Você machucou os joelhos... — ele apontou com a cabeça enquanto caminhava.

Um fio rubro de sangue escorria pela minha perna, e só então percebi a ardência incômoda. Ofeguei uma vez desviando os olhos. Sangue não era uma palavra bem aceita no meu vocabulário. Alguma coisa no líquido vermelho me causava enjoo e mexia com o meu senso de equilíbrio. Fechei os olhos e mordi o lábio inferior, forçando meu estômago a se comportar. Não seria nada agradável se ele se amotinasse contra mim, ainda exaurido do excesso de vinho.

— Ainda tem medo de sangue, Olívia? — a voz com um tom de diversão retumbou ao meu ouvido, enquanto minha concentração estava fixa em impedir uma catástrofe.

— Medo não! Mas *ainda* não gosto de sangue. — retruquei entre os dentes.

— Certo... — *o filho da mãe estava sorrindo!*

Não respondi. Ainda corria o risco de o vinho escapar de meu corpo. Apenas deixei os olhos fechados, enquanto em minha mente repetia incansável um mantra quase religioso: "não vomite, não vomite, não vomite!".

O movimento do andar de Pedro cessou por um momento e arrisquei abrir os olhos. Estávamos parados a porta do banheiro do meu quarto, e ele encarava meu rosto. Seu hálito aquecia a pele das minhas bochechas e seus olhos tinham um brilho intenso, como se pudesse enxergar além da minha pele. Um calafrio fez os pelos dos meus braços se eriçarem, e eu tinha plena consciência de que aquela reação não era de frio.

E graças a todos os santos do céu, ele não percebeu.

Abaixou-me, colocando-me de pé sobre minhas próprias pernas, depois vi seu rosto endurecer e seus olhos se esconderem através de uma nuvem escura e sombria, enquanto media meu corpo encharcado e trêmulo com os olhos.

Manteve uma mão em minhas costas se certificando que eu não desabaria de cara no chão.

— Tudo bem? Consegue tomar uma chuveirada sozinha ou quer que eu... — sua voz morreu num sussurro.

— Estou bem. Posso me virar. — precisava que ele se afastasse para que minha imaginação errante voltasse a se comportar.

— Vou... — ele desviou o rosto — preparar alguma coisa quente pra você comer.

Pedro tirou a mão de minhas costas devagar. E antes que eu pudesse dizer algo a mais ele bateu a porta do quarto, ficando do lado de fora. Encolhi-me com a pancada, quase a sentindo na minha própria face.

"Deus! Pare de pensar besteiras!"...

Entrei no banheiro irritada com minhas reações exageradas. Retirei a roupa molhada e minha pele gelada cantou agradecida quando a água quente bateu sobre ela. Fiquei um tempo deixando o calor penetrar pelos poros, até meu corpo parar de tremer. O joelho parou de sangrar, mas tinha uma aparência desagradável, me obrigando a esfregar o sabonete sobre ele com os olhos fechados, e rezando para que ele parasse de ser uma bica do líquido vermelho. Desliguei a torneira, já com a razão de volta e vesti um roupão de toalha amarrando-o na cintura. Passei o pente sobre os cabelos e arrisquei uma olhada no espelho, que me retornou com uma imagem cansada, com olheiras escuras sob os olhos vermelhos e irritados.

"Pronto! Essa sua cara linda vai te ajudar a entender as reações dele e parar de ter ideias. Elisa, ele gostava de Elisa, independente do que ela havia dito. Não é meu lugar aqui, era o dela".

Depois de sentir-me um pouco mais segura, e perceber que minha frustração era baseada apenas nas minhas expectativas irracionais, consegui criar coragem para descer ao térreo.

Um cheiro bom vinha da cozinha, e fez minha boca salivar. Pedro estava parado em frente ao fogão e mexia de maneira metódica o que quer que fosse que estava na panela. Estava tão concentrado no que fazia que não me ouviu chegar.

— O cheiro está ótimo — falei baixo.

Ele se assustou, e virou o corpo em minha direção depois de pousar a colher sobre a borda da panela.

— Sente-se, vou servir um pouco pra você...

Pedro se colocou em movimento. Abriu as portas do armário, pegou um prato e o encheu até a borda com o conteúdo da panela. Sentei-me no mesmo instante que ele pousava o prato a minha frente.

— Obrigada. — disse já enfiando uma colher de sopa quente na boca, e evitando olhar para ele. — Não vai comer também? — perguntei com o rosto colado ao prato admirando os legumes que boiavam sobre o caldo grosso e quente.

— Já comi.

Ergui meu rosto para olhá-lo. Pedro estava encostado na pia e mantinha os braços cruzados sobre o peito numa expressão intimidadora. Um calafrio me percorreu a espinha, ao lembrar o toque de sua pele... *"Toque de sua pele?"*. Certo, eu estava ficando doida. Precisava parar de pensar na corrente elétrica que sentia quando ele se aproximava, na euforia que me acertava quando o pegava me olhando, nos braços dele me carregando, na pele...

Balancei a cabeça para os lados espantando aqueles pensamentos que me deixavam em estado letárgico.

— Algum problema com a sopa?

— Não. Está uma delicia... — *"ele"* e a sopa. — Quer dizer... a sopa está gostosa... — *"E você também... Urgh!"*.

— Tem pão, você quer?

— Não, obrigada.

Concentrei-me na sopa. Uma colherada após a outra. Quando terminei, empurrei o prato para frente. Pedro ainda estava encostado a pia e eu podia sentir seu olhar atento aos meus movimentos.

— Obrigada, Pedro... e... me desculpe por hoje a tarde...

— Não se preocupe... — ele respirou fundo e continuou. — Todos nós estamos um pouco cansados e tensos com o que aconteceu nos últimos dias.

Uma sombra encobriu seu rosto. Ele soltou os braços e virou o corpo de frente para a pia, enquanto abria a torneira e deixava a agua escorrer pelos dedos. Levantei-me da cadeira, e com o prato vazio na mão caminhei em sua direção.

Deixei o prato dentro da cuba e com a mão agora livre, toquei em seu braço que se apoiava com firmeza na lateral da pia. Sua cabeça pendia em direção ao chão. A corrente elétrica me fez perder o compasso da respiração por um instante, mas ignorei aquele detalhe e mantive a mão.

— Pedro?

Ele não respondeu. Apenas balançou a cabeça para os lados. Senti através de meus dedos que o braço dele tremia, como se estivesse fazendo força para se segurar, ou tentando quebrar a pedra que estava embaixo de sua palma.

Comecei a me sentir nervosa. Não sabia o que se passava em sua mente, e seus olhos escondidos não me davam uma chance de tentar desvendar o que ele estava sentindo.

— Eu também sinto a falta dela... — tentei dizer, para tranquilizá-lo.

Pedro respirou fundo e puxou o braço do meu toque com brutalidade afastando-se de mim. Sua reação me pegou desprevenida, e pisquei os olhos assustada enquanto levantava as mãos com as palmas viradas para frente, num gesto de desculpas e rendição.

— Não é esse o problema, Olívia! — ele gritou em minha direção, enquanto andava de um lado para o outro, parecendo um animal enjaulado.

Pedro passava a mão pelos cabelos com violência, como se quisesse arrancá-los. Sua respiração estava pesada e ele encarava o chão, como se estivesse à procura de algo.

— E qual é o problema? — questionei tentando empregar um tom de voz tranquilo, mesmo sentindo meus nervos retesados pelo nervosismo que me tomava.

— Você! Você é o problema! — ele gritou em minha direção me fazendo pular.

— Eu? O que foi que eu fiz?

— Você... você... — o desespero impresso na voz dele e a agonia que vi em seus olhos me preocuparam.

Pedro não era de falar muito. Nunca foi. E após a morte de Elisa falava menos ainda. Trocava algumas palavras com minha mãe, dedicava um tempo a Lívia, e um "oi" carrancudo para mim. Até na adolescência era difícil arrancar alguma coisa sobre seus sentimentos, só depois de muita insistência é que ele se abria. E quando o fazia... Falava até cansar ou até fazer seu ouvinte pedir dispensa da tarefa de aluguel de ouvido.

Agora eu presenciava um desses momentos. Sabia que ele sentiria como se um peso lhe fosse tirado das costas, depois de desabafar tudo o que estava escondido dentro dele mesmo. Pedro me ajudara à tarde, consolando-me e me trazendo a razão, depois do meu ataque de fúria. Respirei fundo, a tarefa era complicada, e por tudo que tínhamos passado seria longa e exaustiva. Mas eu faria isso por ele. E só tinha um jeito de fazer com que ele seguisse esse caminho antes de recuar e se trancar em si mesmo de novo: desafiando-o.

— Eu o quê? Você tá parecendo um disco velho enroscado. E nem se usa mais discos nessa década!

Ele bufou alto e parou de andar. Virou em minha direção e ficou me olhando, incrédulo do meu tom de voz. Coloquei as mãos na cintura, empinei o queixo em sinal de arrogância e rezei para que não precisa-se mais testar sua paciência. O olhar que ele lançava de volta era assassino.

— Você está acabando com meus nervos! — soltou entre os dentes trincados.

— E o que foi que eu fiz pra que isso acontecesse, posso saber? — rebati.

— Você existe, Olívia! Você existe!

"Ai! Essa doeu!"

— Ah! Perdoe-me então. Não foi minha intenção existir. — respirei fundo, um pouco abalada por seu comentário — Desculpe se não fui "eu" a morrer em vez de Elisa...

Deixei o sarcasmo e a dor cobrir minhas palavras. Baixei minhas mãos cerradas ao lado do corpo, tentando esconder a tremedeira que meus braços sentiam com a frieza da sua resposta. Pedro estacou mais uma vez. Seus olhos de jade se abriram assombrados e sua boca pendia aberta, assimilando meu contra ataque.

Com duas passadas longas ele chegou até mim. Parecia um gigante tentando me assustar com seu corpo grande e impondo sua presença. Recuei e minhas costas encontraram o balcão de concreto.

— Não, Liv... Não foi isso que eu quis dizer... É que... — sua mão veio em direção ao meu rosto, e se alojou em minha face. — É que não consigo mais esconder a alegria que me corrói por dentro desde o dia que você chegou.

"Demência é contagiante?"

— Ahn? O quê?

— É isso! Pode parecer loucura pra você, e acho que é até pra mim, mas não consigo deixar de me alegrar com você aqui — ele respirou fundo, fechou os olhos um instante e deu dois passos para trás, tirando a mão de minha face.

"Não!", quase gritei por ele ter se afastado.

— Mas... mas... — fechei os olhos e balancei a cabeça, em discordância.

— Quem está parecendo o disco enroscado agora? — seu sorriso era fraco.

— Pedro... Não estou entendendo o que você quer dizer...

— Olívia, o que quero dizer é que durante todo esse tempo que você esteve longe, não houve um único dia que eu não desejasse ter feito as coisas diferentes — ele me encarou e vi a sinceridade em seus olhos de jade, espancando a minha ignorância. — Nunca me arrependi tanto de uma decisão, quando escolhi deixar você partir.

— Mas Elisa... — balbuciei.

— Elisa foi a pessoa mais importante em minha vida desde o dia que você partiu.

Uma sensação ruim se apossou do meu corpo. Um frio enraivecido me corroeu as entranhas ao lembrar a negativa de Elisa de que ela e Pedro nunca tiveram nada.

— A tá certo! Você não acha que está sendo um pouco contraditório? Nunca se esqueceu de mim, mas foi Elisa a pessoa mais importante de sua vida? Acho que você precisa de um psicólogo Pedro. Não tá falando coisa com coisa.

— Não. Você não entende, Olívia... — Ele baixou o rosto para a ponta dos pés, como se pudesse ler no cadarço do sapato as palavras.

— E como é que você quer que eu entenda? Fui embora por que você me disse que queria se casar com a minha irmã! — gritei para ele despejando toda minha angústia naquelas palavras. — O que você queria que eu fizesse hein? Ficasse aqui para ser a madrinha do casamento? Sorrisse feliz e saltitante, enquanto o homem que eu amava, tá me ouvindo Pedro? O homem que eu AMAVA constituía família com a minha IRMÃ?

— Mas nós só fizemos isso pra proteger você, Liv... Por que você queria tanto entrar para aquele time de basquete, e quando soube o que aconteceu com Elisa e meu pai, sabia que você abriria mão disso pra ficar com ela.

A raiva transbordava de dentro para fora do meu corpo. Parecia que uma corrente elétrica percorria cada centímetro da minha pele. E essa raiva tinha que sair. Já estava no meu limiar de revelações, e perdões e tantos outros "ões" que não conseguia mais parar.

— Seu idiota! — gritei, dando um passo em sua direção. Ele recuou um pouco espantado. — Eu nunca poderia ter ido para lá!

— Como não? — ele respondeu no mesmo tom irado. — Você tinha a bolsa da faculdade, já tinha sido aprovada no time. Meu pai não poderia atrapalhar o seu sonho. Era o que você sempre desejou! Você tinha que ir!

Abri a mão e apertei as têmporas. Aquela discussão não poderia mais voltar atrás. E com a ausência de Elisa, talvez Pedro merecesse saber a verdade. Ou talvez fosse mais uma pitada de pimenta em suas feridas.

"Quer saber? Que se dane!".

— Na sua pressa de querer "me" ajudar, Pedro, você acabou destruindo todos os meus sonhos. E eu que achava que você sabia quais eram eles... — um riso sínico me escapou dos lábios, enquanto eu balançava a cabeça recordando o passado.

— Não foi culpa minha que você não tenha entrado para o time, e essa é uma dúvida que me persegue até hoje, por que não entrou?

— Eu não podia... — talvez fosse melhor deixar as coisas como estavam.

— Claro que podia! Você foi embora por isso. Pra fazer parte daquela equipe. — Ele aumentou um pouco mais a voz, irritado, e foi aí que não pude me conter.

Se ele achava que foi apenas um capricho meu ter abandonado a minha vaga no time de basquete mais cobiçado do país, a porta de entrada para a Seleção Brasileira de Basquete Feminino... Ah! Ele ia ouvir a verdade com todas as letras!

— Você e Elisa não me deram nenhuma opção, não me deram tempo para explicar e nem confiaram em mim para que eu pudesse ajudá-los. Você tomou a decisão não foi?

— Foi, mas era por você!

— Por mim uma ova! Foi por você mesmo, Pedro!

— Não... — *ele ainda ia negar?*

— Quer saber então uma deliciosa verdade, Pedro? — perguntei com sarcasmo, meu rosto começou a arder e meus olhos acompanharam, lacrimejando contra a minha vontade.

—Liv... Acalme-se... — ele se aproximou e eu recuei.

— Não! — gritei, escapando de uma de suas mãos que vinha ao meu encontro. — Eu não pude entrar no time Pedro porque estava GRÁVIDA!

Pedro perdeu a cor. Seus olhos se arregalaram e sua boca caiu aberta.

— Isso mesmo, Senhor *"Eu só queria ajudar"*... Eu estava grávida! De um filho SEU! — apontei com o dedo em riste. — Você não sabia nada dos meus sonhos! Nada!

Pedro não falou nada. Olhava-me como se eu fosse uma estranha, ou até um fantasma ali parado ao lado dele.

Não fiquei esperando uma reação dele. Já tinha feito o estrago que precisava fazer. Talvez não precisasse, mas tinha feito. Girei nos calcanhares e subi para o meu quarto. Bati a porta com força e joguei-me na cama enquanto descarregava minha raiva no travesseiro.

Capítulo 40.

Minha frustração era tão grande, a raiva me dominava enquanto eu socava o travesseiro. Quando meus braços perderam as forças deixei-me deitar e encarei o teto branco do quarto, até que meus pulmões voltassem ao ritmo normal.

Sabia que aquela conversa não tinha terminado. Eu teria que esclarecer alguns pontos, e talvez fosse o momento, aproveitando que o choque ainda estava no ar. *"Essa família daria um estrondoso dramalhão mexicano!".*

Recolhendo o pouco de coragem que me restava, vesti uma regata branca e um short de brim e saí à procura de Pedro.

Andei pela casa e não o encontrei. Era de se esperar que uma revelação tão ácida o tenha feito fugir. Decidi esperar que ele voltasse, precisávamos conversar, talvez estivesse mais calmo ou menos assustado. Não sei ao certo o que vi em seu rosto além do espanto.

Aninhei-me no sofá depois de comer um pedaço de bolo que minha mãe havia deixado na geladeira. Fiquei saltando de canal em canal na televisão, sem me ater a nada. As horas foram passando e a noite já seguia alta quando um barulho me despertou. Um carro parecia ter parado sobre protesto na garagem.

Na televisão os créditos finais de algum filme estavam rolando de baixo para cima e me sentei um pouco assustada com o barulho na maçaneta da porta.

— Droga!...

Ouvi um tilintar, como se um molho de chaves estivesse sendo investigado. Depois uma pancada enquanto a pessoa do lado de fora tentava acertar o buraco da fechadura. Só podia ser Pedro.

Fiquei sentada esperando. *"Por que ele não conseguia entrar"?*

Quando a porta escancarou, Pedro entrou cambaleante e no sentido mais puro da expressão "trançando as pernas". Sua camisa estava aberta no colarinho e uma das mangas enrolada até o cotovelo enquanto a outra escorria pelo braço que segurava a maçaneta.

— Oliiiiviaaa... Você está aqui mi-mi-minha estrela...

"Oh santo inferno!"

— Pedro? Você está... Bêbado... — ele balançava para frente e para trás e se a porta não o estivesse segurando já teria beijado o chão.

— Nãããooo... Só um pouquinho... Mas você está aq-aquiii...

Tudo bem. Ninguém é de ferro. Mas ele ia escutar poucas e boas na manhã seguinte. E em primeiro lugar sobre irresponsabilidade em dirigir embriagado. Caminhei em sua direção e soltei a mão que segurava a porta. Antes que pudesse fechá-la ele me puxou para um abraço descoordenado e apertado. Muito apertado.

— Liv, você está aqui... — sua voz enrolada e o cheiro de álcool assinavam sua sentença de culpa.

— Estou, Pedro — falei aos trancos — Agora me solte que preciso fechar a porta.

— Não. Na-na-ni-na-não! Nunca mais vou sol-sol-soltar você. Nunca mais...

"Ai meu Deus!"

Tentei empurrá-lo, mas ele era muito grande e pesado, e com sua força me apertando junto ao seu peito, seria impossível libertar-me sem sua ajuda.

— Pedro! Está me machucando. Não vou a lugar algum, só fechar a porta.

Um lampejo de razão passou por seu rosto e ele me libertou. Ofeguei, enquanto meus pulmões esmagados recebiam sua cota de ar, e fechei a porta. Voltei meu corpo para ele e coloquei as mãos na cintura, pronta para briga. Mas ele apenas sorria. Um sorriso bobo e molenga com a cabeça inclinada de lado.

Certo. A briga teria que esperar até que a sobriedade voltasse a ele. No momento eu não poderia fazer mais nada a não ser colocá-lo na cama.

— Vamos. Vou ajudar-lhe a se deitar.

Pedro abriu os braços para mim. *"Isso vai ser complicado!"*. Respirei fundo e me aproximei mais.

Ele se apoiou com um braço em meu ombro e eu abracei sua cintura.

— Vamos, Pedro. Vamos pra cama.

— Ah! Como eu esssppperei você dizer isso... — gelei no mesmo instante pensando nas implicações dessa frase.

Mas ele estava tão bêbado, tão desorientado, que não me prendi muito a sua fala. Ele se inclinou e cheirou meu cabelo, enquanto eu tentava colocá-lo em movimento.

— Livvv... Você ainda teemm o mesmo cheiro... doce... algodão doce...é bom...

— Ahã... Vamos caminhando, você é muito pesado pra eu te carregar. Se cair ficará onde está.

— Sim, Senhora... Minha estrela linda...

Pedro me chamando pelo apelido que Duran havia me dado há muito tempo, despertou uma onda de nostalgia em mim. Poucas pessoas me chamavam assim, e ele era uma delas.

Depois de alguns passos hesitantes, ele começou a andar com um pouco mais de confiança. Subir as escadas me deixou apavorada. Por duas vezes ele oscilou e quase me puxou para trás junto a ele. O trajeto curto da sala até o quarto que ele ocupava, demorou um bom tempo para ser percorrido. Pedro ia dizendo que eu era a sua estrela mais brilhante, que sentiu minha falta, que gostava do cheiro do meu cabelo, repetidas vezes.

Consegui levá-lo até a cama e o fiz sentar na lateral. Tentei me afastar, mas ele segurou firme minhas mãos com os olhos brilhando.

— Não... Não vai embora de novo, Liv...

— Não vou a lugar algum só ia buscar um copo de água pra você...

— Não quero á-g-u-a... Quero você... só você! A vida inteira... você...

"Melhor desconversar". O álcool é um incentivador problemático, e pode causar um grande constrangimento na manhã seguinte.

— Ahã... Agora dormir!

Tirei sua camisa e forcei-o a se deitar. Depois lhe tirei os sapatos e as meias, joguei suas pernas compridas sobre a cama e parei. A calça.

"Eu não ia tirar a calça dele. Não. De jeito nenhum. Isso não!"

Pedro estava deitado de costas muito quieto, parecia dormir. Os resmungos haviam parado e seu peito oscilava para cima e para baixo num movimento ritmado.

Mas e o cinto? Será que poderia machucá-lo se ele se virasse muito na cama?

Bom "isso" eu posso tirar. Soltei a fivela bem devagar, com medo que ele acordasse. Fui tirando os passantes um a um. Cheguei a um impasse, porque Pedro estava apertando com as costas coladas na cama, escondendo o último passante da calça. Segurei em seus ombros e puxei aquele corpo inerte, mas vivo, para meu lado e com uma das mãos transpassei o obstáculo que faltava para livrá-lo do acessório.

Deixei-o novamente na posição que estava de barriga para cima, e sentei-me ao lado dele. Enquanto ofegava um pouco pelo esforço, torci o cinto nas mãos formando um círculo de couro. Quando pensei em me levantar e colocá-lo sobre a cômoda, fui pega de surpresa pelo braço forte de Pedro em minha cintura puxando-me para perto dele.

— Você não vai mais embora... Não pode ir... Liv... Nunca mais vou deixar você ir...

Resmungando sem coerência nenhuma, e com uma força descomunal Pedro conseguiu me arrastar para perto dele, me forçando a deitar do seu lado. Assustada, fiquei imóvel. Se ele quisesse me atacar seria complicado escapar daquele braço de ferro. Pedro se remexeu um pouco mais, me puxando para mais perto, até que senti seu peito contra minhas costas.

Deitada ao lado dele, seu hálito quente fazia cócegas na minha nuca, provocando um arrepio insistente por todo o meu corpo.

"Não posso dormir aqui com ele! Gostaria, mas não assim....".

"Meu Deus! O que é que eu estou pensando?".

Tentei me soltar, mas foi em vão. Pedro apenas me puxou mais para perto, mantendo-me aninhada em seu peito. Deixei que ele me segurasse daquele jeito, até que o sono profundo o fizesse me libertar.

O calor que vinha do corpo dele colado ás minhas costas me trouxe a lembrança de que já estivera naquele lugar. Aquele aconchego, aquele calor já estivera presente em minha pele. E eu sabia o quanto gostava daquela sensação.

Um arrepio de prazer passou por mim. Meu corpo reconhecia o dele. Depois abri um sorriso malicioso quando senti seu nariz encostar-se a minha nuca e puxar o ar com força, inalando o meu cheiro. Adormeci aproveitando aquela sensação.

"Amanhã eu lido com isso".

Capítulo 41.

Despertei com a claridade que teimava em passar pela minúscula fresta da cortina, acertando em cheio meu rosto. A confusão matinal surgiu quando meus olhos se abriram e encontraram um amontoado de cabelos escuros sobre a minha barriga. Ergui a mão que descansava na cama e apertei as têmporas enquanto obrigava minha mente a acordar.

"Ahn... quem está dormindo em cima de mim mesmo?".

"Ah! Pedro".

Soltei minha testa e procurei meu outro braço. Estava pousado nas costas nuas dele, e a palma da minha mão estava quente, do contato com sua pele.

"Como é que eu vou sair daqui?".

Tentei me mexer e em reação, Pedro apertou mais o rosto contra a minha barriga.

Não podia gritar e correr o risco de que ele tivesse um ataque. E se no susto ele me desse um soco? Não. Fora de questão.

Sem alternativa, levei uma mão até seu cabelo e enterrei meus dedos nele. Ah! Que sensação boa. O cabelo dele era grosso e macio ao mesmo tempo. Deixei a mão parada por um tempo, apenas sentindo, depois comecei a mexer os dedos bem devagar, tirando-os quando chegavam perto da nuca e recomeçando do topo de sua cabeça.

Encarei o teto e esperei que ele despertasse. Depois de um tempo, minha mente desistiu de imaginar o que aconteceria quando estivéssemos cara a cara. E então ele se moveu.

Primeiro apertou meu quadril com o braço que eu não via, me fazendo segurar um arquejo, depois virou o rosto e enterrou o nariz na minha barriga, aspirando por cima da camiseta branca.

Arquejei!

O som do ar saindo pelos meus lábios o despertou de vez. Pedro abriu os olhos assustados e encarou a minha barriga, antes de erguer o rosto procurando o que ele estava usando como travesseiro. Depois virou o rosto em minha direção e quando encontrou meus olhos encarando-o, vi o vermelho que antes tingia a lateral do seu rosto, ser substituído pelo branco.

Seus olhos assombrados me encaravam com incredulidade, e algo mais que parecia... Nojo.

Eu que pensei em sorrir como se dissesse bom dia, abandonei a intenção no mesmo instante. Forcei meu corpo endurecido pela sua reação a se mover, e levantei-me, tentando não olhar para ele.

Antes que minhas pernas recebessem a ordem do meu cérebro de sair correndo dali, uma mão segurou meu pulso.

— Liv?... — ele pigarreou uma vez tentando clarear a voz grossa. — O... O que aconteceu?...

Sua voz morreu num sussurro. Senti-me tentada a deixar-lhe um pouquinho preocupado, só pelo fato de que seu estado embriagado me deixou irritada por tudo o que poderia lhe ter acontecido. Mas não fiz isso.

— Não aconteceu nada, Pedro — virei meu rosto para olhar para ele. — Você chegou muito bêbado ontem, e eu o ajudei a se deitar. Só isso.

Os olhos de jade agora brilhavam com um misto de preocupação, alívio e decepção... *"Ahn? Ele estava desapontado?"*. Pedro estava ajoelhado sobre a cama, e ainda me segurava. Olhei para sua mão que me restringia e ele percebeu, soltando-me no mesmo instante.

— Mas... mas como você veio parar aqui?... — ele passou os dedos pelo cabelo bagunçado.

Sorri em reposta. Ele ergueu o rosto em minha direção ansioso.

— Pedro, você me agarrou e não me soltou.

— Ai, Olívia... Me desculpa. Eu não sabia... Não lembro... Eu... Eu...

— Tudo bem. Pode parar. Eu acabei pegando no sono também, por isso não saí — respirei fundo e fui em direção a porta.

— Você vai embora?... Espera! Precisamos conversar... Por favor... Eu não queria...

Olhei mais uma vez para ele chegando até a porta. O desespero dele parecia amenizar as minhas forças.

— Acalme-se Pedro. Eu vou fazer um café para nós. Não vou embora.

Vi seus ombros relaxarem no mesmo instante. Ele passou ambas as mãos pelo cabelo e os segurou por um momento como se quisesse arrancá-los. Seu olhar baixou para a cama.

Sem saber o que mais dizer dentro daquela bolha de constrangimento, suspirei e sai.

Passei pelo meu quarto antes de descer e fazer o café. Tomei um banho tentando não pensar no toque dele, em sua respiração, em seu corpo quente...

"Tá! Como se isso fosse possível!"

Minha cabeça revia as expressões de Pedro. Eu procurava arranjar um sentido para o que os olhos dele me disseram. Medo, descrença, asco. Este último era o pior de todos, Pedro tinha ficado com nojo de me encontrar com ele na mesma cama. Um aperto desconfortável em meu peito chamou-me a razão. Eu havia criado esperanças sobre suas palavras embriagadas e quando a realidade bateu-me, não era o que ele havia dito. Foi o álcool. Apenas o álcool, não Pedro.

Vesti minha melhor cara de "não me importo" e desci para fazer o café.

Estava terminando de fechar a garrafa e colocá-la sobre a mesa, junto com as xícaras e algumas coisas que havia encontrado na geladeira, quando Pedro apareceu na porta com os cabelos molhados. Ele vestia uma calça de moletom e uma camiseta cavada e justa, deixando a mostra a pele dos ombros bem desenhados, e os contornos do abdômen e do peito proeminentes. *"Senhor! Como ele era lindo!".*

Olhei para ele admirando seu corpo delineado. Percebi que ele fazia uma força descomunal para esconder sua vergonha. Bom, ao menos eu não era a única a ter essas sensações que me incomodavam ao meu redor.

— Sente-se.

Falei de forma mais casual que pude e arrastei uma cadeira para ele. Enchi duas xícaras grandes com café e pousei uma delas em frente à cadeira que havia lhe indicado. Depois dei a volta na mesa indo me sentar distante dele.

Pedro esperou até que me acomodasse e só então tomou o lugar frente ao meu. Sem me olhar ele levou a xícara até a boca e sorveu um grande gole. Beberiquei o meu café também, esperando que ele me olhasse. Depois me encostei ao espaldar da cadeira e ergui os pés cruzando-os sobre a outra que estava ao meu lado. Juntei as duas mãos ao redor da xícara para aquecê-las.

Quando minhas esperanças de que uma conversa fosse surgir entre nós se esgotaram, Pedro pigarreou uma vez, criando coragem.

— Liv... me perdoe por ontem... Não sei o que aconteceu... Não lembro... — ele soltou um suspiro frustrado.

— Não tem que me pedir perdão por nada, Pedro. Você não estava no controle de suas ações. Eu entendo.

— Mas... Meu comportamento não foi...

— Não foi apropriado — terminei a frase por ele em tom de repreensão. — Mas você estava bêbado. Não posso culpá-lo por nada.

— Me perdoe por isso também. Não deveria ter bebido tanto. Não sou acostumado.

— Nesse caso vou aceitar suas desculpas... Realmente Pedro, onde você estava com a cabeça? Encheu a cara e depois foi dirigir? E se você tivesse sofrido um acidente? Ou causado um?

— Eu sei... Foi errado e irresponsável... Mas é que eu estava tão... tão... perdido.

Então ele ergueu os olhos para o meu rosto. Antes, ele mantinha nossa conversa encarando alguma coisa que deveria estar boiando em seu café. Seu rosto era uma máscara de dor e seus olhos brilhavam consternados.

— Olha, Pedro eu é que deveria lhe pedir desculpas por ter contado aquilo pra você. Sinto muito. Foi no calor da discussão, e eu fiquei irritada pelo jeito que você falou comigo. Eu tinha um motivo...

A minha coragem de encará-lo havia se escondido embaixo da mesa nesse momento.

— Não, Liv. Você fez bem em me contar. Eu deveria saber. Me arrependo tanto de ter feito tudo o que fiz. Se tivesse agido diferente, talvez...

— Não podemos viver do "talvez" Pedro. Você errou, Elisa errou e eu errei. Cada um dentro de suas razões. Cada um tentando proteger o outro de uma maneira que só nos infringiu mais dor. Todos nós fomos culpados.

— Eu não sabia Liv... Se soubesse que você estava grávida, nunca teria assumido Elisa. Eu não teria deixado você partir... Não teria.

— Ia contar a você no dia que você me disse que estava me deixando para ficar com Elisa... — me arrependi meio segundo depois de dizer isso, quando vi seu rosto se contorcer e em seguida ele desviou seu olhar, balançando a cabeça para os lados.

— Ah! E eu não deixei você falar...

— Não — busquei seus olhos e vi as esmeraldas nadando em lágrimas contidas, enquanto ele se esforçava em escondê-las de mim.

— Alguém mais sabia?

— O Dr. Augusto e o Duran.

— Por que eles?

— Pelo óbvio, Pedro. O Dr. Augusto porque comecei a sentir tonturas e fui procurá-lo. Quando descobrimos o que era pedi que ele não contasse a ninguém. O Duran só me deixou jogar, depois que o Doutor Augusto garantiu-lhe que estava tudo bem comigo e que não haveria problemas para o bebê.

— E a criança, Liv? — seus olhos verdes incrustados em mim pareciam arder em brasa.

Bom, já tinha chegado até aqui. Seria melhor terminar de vez com tudo aquilo.

— Pedro, o Dr. Augusto havia me dito que eu estava de algumas semanas apenas, talvez duas ou três. Estava em pleno vigor físico, e os primeiros exames mostraram que estava tudo bem. Quando cheguei a São Paulo, conversei com a diretoria da faculdade e com os diretores do clube. Eles consentiram que eu mudasse o curso, e o clube garantiu-me uma chance depois que a criança nascesse e se eu ainda tivesse interesse em continuar jogando.

— E por que você não voltou para o time?

— Porque quando entrei no terceiro mês de gestação sofri um aborto espontâneo. Eu morava numa pensão, e a senhora que era dona do lugar me encontrou desmaiada no quarto em cima de uma poça de sangue. Acho que fiquei umas seis horas inconsciente, até que ela me encontrasse.

— Meu Deus, Liv!

— É. Bem, pedi para ela ligar para o Dr. Augusto. Ele foi até lá me ver, mas por terem demorado muito em me socorrer, ouve algumas complicações que me deixaram por algumas semanas internada...

— Como o Dr. Augusto não nos contou nada? Ele deveria ter nos avisado — sua voz tomou um timbre irritado, e vi sua mão se contraindo formando uma bola, até que os nós dos dedos ficassem brancos.

Com um sorriso lembrei-me do rosto do médico querido que coagi a manter segredo sobre meu estado, usando seu amor pela profissão para intimidá-lo.

— Obriguei-o a prometer que não contaria. Recorri ao juramento que ele havia feito sobre o sigilo médico-paciente, e praticamente o chantageei. Ele ficou comigo até que eu acordasse do coma induzido que fiquei por alguns dias.

— Olívia... — a voz de Pedro parecia a mesma que eu ouvira no dia da morte de Elisa, desesperada e sofrida.

Enchi mais uma vez minha xícara de café.

— Continue Liv... Preciso saber de tudo...

— O que aconteceu foi que tive uma hemorragia muito forte e que precisou ser interrompida. A única maneira era extrair o meu útero inteiro — respirei fundo e busquei seu olhar que parecia querer fugir de mim, assustado com tudo o que eu dizia. — Por isso não posso mais ter filhos Pedro. E por isso não consegui entrar numa quadra de basquete depois daquele dia.

— Você fala como se estivesse contando a história de alguém...

— Mas não, é a minha história, Pedro. Foi isso que vivi no tempo que estive longe.

— Mas você parece não se importar com isso... Não sei, me desculpe Liv, mas você parece tratar isso tudo com muita... Frieza — ele respirou um momento e espantou um pensamento com um balançar de cabeça.

Empertiguei-me na cadeira, deixando as costas eretas. Soltei a xícara, cruzei os dedos sobre a mesa e esperei.

— Pedro — esperei até que ele me olha-se. — Não é frieza o que sinto. Mas levei muito tempo para aceitar o que aconteceu. Ponha-se no meu lugar, você me perdeu. Mas ficou com Elisa...

— Mas Olívia, eu não...

Ergui uma mão e balancei a cabeça para os lados em negativa. Ele parou de falar. Tudo o que ele e Elisa haviam me dito fora o suficiente. Ele ficou quieto e me instigou a continuar.

— Você ficou com Elisa, que sempre foi uma pessoa especial. Ganhou Lívia, que é um presente dos céus. Sinto muito pela perda de sua mãe e por seu pai ser um canalha, mas você ganhou a Dona Linda — respirei fundo. — Vocês criaram uma vida feliz aqui. Ainda que tivessem mágoas e perdas para carregarem, o que vocês construíram juntos...

Um bolo se formou em minha garganta, sufocando-me. Baixei os olhos por um momento forçando as lágrimas que queria escapar a voltarem para dentro.

— Eu não fiquei com nada Pedro... Perdi o nosso bebê, perdi você, minha mãe e Elisa... — ergui meus olhos e seu rosto estava sério, com lágrimas escorrendo pelo canto dos olhos.

O rosto molhado de Pedro me tirou a falsa coragem que usava para esconder a minha dor. Ele tinha razão, eu estava sendo fria ao falar do aborto, mas essa era a única maneira que encontrei para lidar com tudo o que aconteceu. Sozinha.

Levantei-me com pressa e escapei de seus olhos. Fui me escorar na beirada da pia da cozinha. Deixei a cabeça cair para frente querendo esconder meu rosto até do reflexo da vidraça à frente.

— Não estou julgando ninguém, Pedro — consegui falar com a voz embargada. — Mas todos nós perdemos muito com nossas escolhas. A diferença é que vocês tinham um ao outro para se segurarem. Eu não. E que Deus me ajude, por que ficar sem ninguém quase me destruiu...

Fechei os olhos e o bolo em minha garganta me sufocou até transbordar pelos olhos. Sabia que não importava o tempo que passasse nem com quem dividisse essa parte de mim, ela nunca perderia seu poder de rasgar o meu peito e latejar de dor.

Perdida na tentativa de recobrar minha estabilidade, não ouvi Pedro se levantar. Apenas senti sua mão em meu ombro.

A palma quente sobre a alça da blusa transpassou o tecido, chegou a minha pele e me fez suspirar. A sensação de conforto que eu sentia no leve massagear de dedos que ele exercia sobre o meu ombro, foi como um analgésico para a minha agonia.

— Olívia...

Sua voz estava pesada e triste. Tão dolorida e embargada quanto a minha. Apertei os dedos sobre a beirada da pia até que as juntas doessem, forçando minha mente a abandonar aquelas lembranças.

— Olívia, olhe pra mim — Pedro forçou a mão um pouco sobre meu ombro.

Virei meu corpo contra a minha vontade. Eu sabia que ele estava muito perto de mim, e estava com medo de encontrar a piedade em seu rosto. De tudo o que havíamos passado, de todos os sentimentos e emoções que eu havia visto em seu rosto desde que voltara, a piedade seria a única que acabaria de me destruir, levando-me ao inferno.

Mantive os olhos baixos com medo. Pedro colocou uma mão de cada lado do meu rosto e me forçou a encará-lo.

— Liv... Eu sinto muito. Não tinha a menor ideia de que isso fosse acontecer — tentei soltar meu rosto fazendo uma negativa, mas ele me impediu. — Não. Sempre achei que eu carregava toda a dor por perder você. Imaginei que estaria bem, que seguiria com a sua carreira de atleta e que seria feliz, longe de todos os problemas que estavam aqui.

— Não, Pedro...

— Agora eu sei que não, Liv. Agora sei que tudo o que Elisa e eu passamos não chega nem perto do que você teve que enfrentar sozinha — ele parou um momento e prosseguiu. — E por tudo que há de mais sagrado nessa vida, como eu queria ser capaz de arrancar essa dor de você!

Pedro deslizava os polegares pelas minhas bochechas em movimentos suaves e ternos, e seus olhos brilhavam com dor e remorso. Um tremor me percorreu o corpo ao sentir a intensidade daquele olhar e meus próprios olhos se inundaram outra vez.

Um soluço escapou dos meus lábios, e logo depois os braços de Pedro estavam ao meu redor, me cercando e me apertando de encontro a ele. O tremor se tornou mais intenso, enquanto eu sentia todos os anos de tristeza ser lembrados. Abracei a cintura dele e enterrei o rosto em seu peito. Ele apoiou o queixo em minha cabeça e me segurou contra si. Ouvi o som agonizante que saiu de sua garganta, como se ele tivesse sido ferido, como se algo o estivesse rasgando. Ergui o rosto de seu peito e procurei seus olhos.

De todas as dores que eu tinha visto e sentido desde que chegara aquela casa, todas as minhas angústias e as tristes revelações, o que vi no rosto de Pedro foi o pior dos meus pesadelos.

Era como se eu estivesse voltando ao meu próprio inferno pessoal.

E percebi naquele exato momento, que eu era forte para aguentar tudo: medo, dor, separação, mas não poderia suportar vê-lo sofrendo.

Não ele.

Por que a minha dor, o que me destruiria de uma vez, não era nada parecido com os sentimentos que eu julgava me machucarem. A minha dor, o meu ponto fraco era a tristeza dele.

— Pedro... Não. Isso é passado, não pode nos ferir mais. Cada um de nós enfrentou o que achou ser o pior — levei uma mão até seu rosto, os braços dele desceram até minha cintura e se prenderam ali. — Mas ainda estamos aqui. Em partes, rasgados e costurados, como uma antiga colcha de retalhos.

Um breve sorriso forçado surgiu em seus lábios. Ele fechou os olhos e tombou a cabeça contra a minha mão. Movi o polegar em sua face, espalhando uma lágrima que escorria ali.

— Sua mãe sempre diz isso. Que somos uma grande colcha de retalhos.

— Eu sei... — sorri. — Ela diz que temos muitos pedaços coloridos, e outros tão escuros quanto a noite, e que a maneira como vamos adicionando novas partes depende de nossa coragem e da nossa covardia.

— Dona Linda é o meu suporte. É ela que vai nos remendando e nos unindo...

— Acho que devo discordar um pouco, quem me trouxe para essa colcha de volta foi Lívia. Dona Linda não conseguiu...

— Ah Liv... — Pedro ergueu o rosto e eu baixei minha mão para seu ombro um pouco incerta do que fazer com ela.

Pedro soltou um gemido baixo e abaixou a cabeça me olhando. Seus olhos pareciam sair da noite escura que tinham mergulhado. Foram clareando e ganhando um brilho diferente, deixando a sensação de que eram capazes de ler minha alma.

Meus joelhos vacilaram dobrando-se de leve. Seus braços se estreitaram ao meu redor, puxando-me para perto.

Ofeguei uma vez muito baixo, mas foi impossível de controlar e sabia que ele tinha visto. Uma onda pulsante de energia parecia nos cercar, obrigando os pelos dos meus braços eriçarem. Era capaz de sentir o corpo quente de Pedro através de suas roupas. Seus olhos se prenderam aos meus e mostravam ansiedade, cautela e algo mais que eu tentava não ver... Desejo. Puro e cru.

— Pedro... Não... — tentei recusar o que estava prestes a acontecer, mas meus dedos se fecharam sobre o ombro dele sem conseguir empurrá-lo.

Ainda com os olhos presos aos meus, ele subiu uma das mãos da cintura até a minha nuca, enterrando os dedos no meu cabelo. Pedro lambeu os lábios e fiz o mesmo, sabendo o que viria a seguir, e ansiando por aquilo.

Pedro desceu os olhos mais uma vez para minha boca e voltou como se pedisse minha permissão.

Soltei um suspiro baixo, incapaz de negar o meu desejo por aquela promessa de um beijo. Liberei o ar que prendia nos pulmões e ele engoliu em seco. Sua respiração tornou-se audível. Eu conseguia senti-la se aproximando da minha pele num progresso cadenciado. Fechei os olhos e pouco depois os lábios de Pedro cobriam nos meus.

Capítulo 42.

Meu corpo reagiu ao toque de seus lábios impulsionando-me a um abismo sem fim. Não houve tempo para pensar no depois. Como uma comporta se abrindo e deixando a água escorrer com toda a sua fúria ou um tornado destruindo as casas em sua rota, entreguei-me ao beijo de Pedro sem reservas.

Sua boca perseguia a minha com ferocidade e desespero. O sabor dele se misturou ao meu enquanto ambos duelávamos para absorver o máximo um do outro. Com fome, saudade e com a luxúria assumindo o comando de nossos corpos. Suas mãos me apertavam de encontro a ele e mesmo com nossos corpos colados um no outro, parecia que não era o suficiente.

Enrosquei meus dedos em seu cabelo e deixei escorrer meu desejo para ele. Ah! As lembranças de nossos corpos enroscados há anos atrás invadiram minha mente e eu queria senti-las de novo.

Pedro enlaçou-me pela cintura com força e começou a caminhar comigo em direção á sala. Uma onda de expectativa e ansiedade percorreu minha coluna e me fez tremer. Apoiei minhas mãos em seu ombro, forcei meu corpo para cima sem descolar minha boca da dele, enlacei seu quadril com as pernas, cruzando os tornozelos atrás dele.

Ele se afastou do meu beijo por um breve momento. Seus olhos brilhantes de desejo encontraram os meus, e um breve sorriso de satisfação cruzou seu rosto. Sim! Eu queria gritar para que ele não parasse. Pedro desceu as mãos até minhas coxas e apertou-me mais. Seus passos ficaram mais rápidos e sua boca exigiu a minha.

Perdida no sabor de seus lábios, sobressaltei-me quando minhas costas encontraram o colchão macio da cama dele. Pedro se afastou um pouco e o som ofegante dele se misturou ao meu. Pairando sobre mim, ele alisou meu rosto com uma das mãos, seu olhar me reverenciava como se eu fosse um presente.

— Ah! Liv... Como eu senti a sua falta... — sua boca veio para minha testa, desceu pelo meu nariz e se alojou junto a minha.

— Estou aqui... — respondi entre seus lábios.

Com beijos curtos e apertados, Pedro continuou seu trajeto e desceu pela coluna da minha garganta lambendo e mordiscando de leve. Em cada beijo, mordida e roçar de lábios era como se um raio me atingisse, arrepiando-me em resposta àquele assalto sensual. Enquanto uma de suas mãos se apoiava para mantê-lo suspenso sobre mim, a outra se apoderava da lateral do meu corpo descendo pela minha cintura, passando o quadril e indo até a dobra do meu joelho. Em seguida, lento e firme, percorria o caminho de volta até a lateral do meu seio.

Sua boca tocava a minha pele como se provasse um doce quente. Ávido por saborear, mas recuando de tempos em tempos com medo de se queimar. Levei uma mão até sua nuca e o puxei para perto. Nossos lábios quase se tocando enquanto eu olhava no fundo de seus olhos procurando a verdade atrás do brilho esverdeado.

— Pedro... Tem certeza?... — eu sabia a minha certeza. E desejava possuir aquele homem, o meu Pedro, o meu primeiro amor!

— Tanto quanto o ar que me está sendo negado agora.

Sua respiração difícil era igual a minha. Um misto de expectativa e necessidade se apoderou de nós e deixamos o desejo e a luxúria seguir seu curso, nos entregando ás sensações que surgiam do contato entre nossos corpos ainda vestidos.

Num movimento rápido, Pedro se sentou e me puxou para o seu colo. Fiquei com minhas pernas ao redor dele, e seus braços me apertavam de encontro com seu corpo. Sua boca devorava a minha com fome.

Com os olhos colados aos meus, ele segurou na barra da minha regata e ergueu-a passando pelos braços que eu havia levantado. Senti um leve rubor tocar minha face, enquanto ele olhava para a curva do meu pescoço, e em seguida para o meu peito ainda coberto pela lingerie simples. Ele levou os lábios até meus ombros e as mãos até minhas costas. Depois de examinar com a ponta dos dedos o fecho do meu soutien, soltou-o, puxando devagar as alças pelos meus braços até tirá-lo. Seus olhos ficaram maiores depois de passearem por meu tronco despido. Meu rosto ardeu quando o rubor me tomou, como se aquela fosse a primeira vez que ele estava me olhando despida.

— Linda... Ainda mais linda do que eu me lembrava... — ele murmurou.

Hesitei por um instante, sufocada pela força do desejo que aquelas poucas palavras sussurradas me acertaram. Num esforço para trazer-me de volta ao momento, peguei as laterais da camiseta dele e a tirei em retribuição. Subi os dedos pelos braços fortes chegando aos ombros largos, e tocando os músculos rijos do peito dele que se movia para frente e para trás, ao ritmo de sua respiração acelerada.

Pedro me abraçou e enterrou o rosto em meu pescoço, apertando-me de encontro ao próprio peito. Sua pele queimava contra a minha, e depois de acariciar minha garganta com os lábios, fez um caminho até o lóbulo de minha orelha, mordiscando-a. Com toques curtos e suaves veio em direção a minha boca mais uma vez, aprofundando o beijo, deixando-me zonza e a mercê de sua vontade.

Sem tirar meus lábios dos seus, Pedro me deitou na cama. Enquanto eu me perdia na sensação voluptuosa de seus lábios, ele tirou o restante de nossas roupas e cobriu-me com seu corpo, mantendo o tronco elevado pelos cotovelos.

Olhou-me uma vez mais, e vi naquele olhar a ternura, o respeito, o desejo... E algo a mais que eu não imaginava ser capaz de ver novamente um dia. Algo que fez meu peito arder e meus batimentos acelerarem ao limite das forças do meu músculo cardíaco.

Com um suspiro de rendição, Pedro deslizou os lábios pelo meu pescoço, passando pelos ombros e indo até o externo, onde desceu até a junção dos meus seios, tomando um deles com os lábios e sugando com delicadeza enquanto sua mão passeava pelo outro.

Arqueie as costas de encontro a sua mão e sua boca, tomada por uma chama de prazer, que crescia dentro de mim, e se concentrava abaixo do meu umbigo. Pedro trocou de seio e a mão livre desceu para a junção das minhas cochas. Ali, ele encontrou a parte mais sensível da minha anatomia, quase me fazendo perder o ar enquanto seus dedos acariciavam aquele ponto.

 Tentei dizer alguma coisa, suplicar-lhe que se apressasse, mas as palavras se perderam enquanto eu me entregava ao seu toque. Agarrei as dobras dos lençóis ao lado, e relaxei o corpo por um momento, convidando-o. Trêmulo, Pedro se posicionou entre minhas pernas e veio em minha direção penetrando-me devagar, enquanto mordia o lábio inferior, num esforço claro de controlar o impulso de acelerar a investida. Eu o sentia com cada terminação nervosa do meu corpo. Ele parecia maior e o ajuste foi perfeito, ainda que houvesse um pouco de desconforto, enquanto meu corpo se adaptava a ele.

 Pedro relaxou o corpo em cima do meu e esperou. A sensação de tê-lo dentro de mim, depois de tanto tempo, levou minhas terminações nervosas a cortar-se entre si, provocando um arrepio de prazer. Quando ele começou a se mover, ergui o quadril em sua direção, indo de encontro a cada investida dele. Segurei seus ombros com força e disse o nome de Pedro, entrecortado, como uma súplica, para que ele me possuísse rápido e forte. A lentidão estava me matando! Eu tinha pressa, urgência, necessidade! Não queria mais esperar por nada, queria-o descontrolado, cru, como um animal sedento de suprir sua fome pelo sexo da fêmea no cio.

 Ouvi o ofegar baixo dele acompanhado de uma maldição quando perdeu o controle sobre si, e investiu com força, penetrando-me com um golpe rápido. Começou a mover-se num ritmo frenético, deixando-nos loucos na ânsia de chegar ao auge do prazer. Ele me levou em sincronia para alcançarmos o ápice juntos numa explosão de sensações que apagou qualquer vestígio de raciocínio, quando o êxtase nos consumiu.

 Pedro escorregou para o meu lado e abraçou-me com força, murmurando palavras desconexas que eu mal podia ouvir. Entrelacei minhas pernas nas dele, enquanto nossos corpos ainda eram sacudidos por pequenos espasmos, que foram cessando aos poucos deixando-nos lânguidos e cheios de satisfação.

 — Senti tanto sua falta, Liv...

 — Eu não sabia..., mas também senti sua falta, Pedro... Todos os dias... — suspirei ao conseguir admitir a mim mesma que nunca o havia deixado.

— Não sabia?

— No fundo sabia... — uma meia risada histérica escapou por meus lábios. — Só não queria acreditar...

Pedro suspirou e me apertou um pouco mais contra seu peito. Senti a pele quente dele em contato com a minha, e parecia tão certo... Como se meu corpo fosse feito para se encaixar com o dele. Recordando as sensações que acabara de experimentar em seus braços, fechei os olhos e saboreei o momento, incapaz de voltar à realidade.

Deixei que a exaustão se fundisse ao relaxamento que consumia meu corpo e adormeci, nos braços do homem que um dia amei. E que descobria agora, nunca ter deixado de amar.

Capítulo 43.

Algum tempo depois fui despertada por uma respiração quente e alguns beijos leves no meu pescoço. Um braço forte me prendia pela cintura a um peito largo e quente que fez minha pele arrepiar. Movi meu corpo aconchegando-me um pouco mais naquele abraço.

— Pedro, tenho que acabar de fazer as minhas malas... — soltei num suspiro.

O corpo dele ficou tenso atrás de mim.

— Você tem que ir mesmo, Liv? Não pode ficar por mais alguns dias?

— Não posso... Tenho coisas importantes a resolver, e já adiei demais a minha volta.

Um silêncio pesado se estendeu sobre nós, e eu conseguia sentir a tensão que emanava do corpo dele. Os minutos passaram sem que ninguém falasse nada. Eu não sabia o que dizer, e nem o que seria nossa relação daquele momento em diante. Não sabia o que esperar de Pedro e ainda tinha que resolver minha situação com Otávio. Um tremor me percorreu a coluna quando me lembrei dele. Otávio estava esquecido e o sentimento de traição me apertou o peito, e me fez encolher com a certeza de que eu acabaria por magoá-lo com a minha fraqueza.

Otávio tinha sido um porto seguro para mim. Ele me levantou das sombras e me mostrou que eu poderia amar mais uma vez. Mesmo que o amor estivesse arraigado dentro de mim, escondido sobre camadas e mais camadas de mágoas, distorções e meias verdades, Otávio me fez ver que poderia me entregar a esse sentimento sem reservas. Ele conseguiu me submergir da névoa da dor, e aqueceu meu coração com sua dedicação. E como recompensa eu lhe diria que tinha dormido com o meu ex-primeiro amor e viúvo da minha irmã.

"Grande consideração, Olívia!".

Mesmo que não houvesse nada entre eu e Pedro no futuro, e que eu voltasse a minha vida de solidão, não poderia manter uma relação com Otávio, nem alimentar um relacionamento sabendo que não conseguiria entregar-me a ele de novo, como eu havia feito com Pedro. Otávio não merecia alguém pela metade. E eu nunca seria inteira para ele. Percebi que o meu sentimento por ele era grande e intenso, mas insuficiente. Depois de estar nos braços de Pedro, eu não deveria voltar a estar com Otávio. Eu sempre estive atada a Pedro e seria até o fim dos meus dias. Meu corpo, meu coração, minha alma pertencia ao homem que me cercava a cintura com braços fortes e quentes.

— Liv... — Pedro sussurrou ao meu ombro. — Você vai voltar? Quero dizer, voltar a morar aqui, não só vir de visita?...

Sua voz tremeu, e ele depositou um beijo em meu ombro, tentando esconder essa fraqueza. Virei-me dentro da gaiola de seus braços, e encarei seus olhos perturbados com a incerteza de sua pergunta. Tristeza, desespero e frustração cobria o rosto que eu amei por toda a minha vida. Levei a mão até sua face e deixei-a lá, sentindo o calor de sua pele contra a minha palma.

— Você quer que eu volte? — perguntei sentindo o peito doer com medo de sua resposta.

— Deus Liv! Sim! — ele fechou os olhos por um momento e tomou uma respiração profunda. — Não há nada no mundo que eu queira mais do que você aqui comigo. Sempre te amei Liv, e sempre estarei aqui esperando por você.

Meu corpo relaxou um pouco e sorri enquanto meus olhos ficavam nublados pelas lágrimas que não pude reprimir.

— Pedro, você sabe que minha vida não está aqui... E não vou conseguir transportá-la para perto de você da noite para o dia.

Os olhos de Pedro ardiam nos meus com emoções tão profundas que me consumia e me prendia naquelas duas pedras de jade. Havia ansiedade ali e uma onda de insegurança que fez meu peito se apertar, obrigando minha vontade a livrá-lo daquele tormento.

O vi engolir em seco duas vezes antes que sua voz pudesse sair.

— Você pode reconstruir sua vida aqui, Liv. Preciso de alguém a me ajudar a cuidar da empresa. Elisa me ajudou, mas depois que ela adoeceu, todo o trabalho ficou comigo.

— Acho que vou precisar de tempo para pensar em tudo isso... — tracei as linhas da mandíbula dele, sentindo o toque leve da barba que começava a crescer.

— Eu sei, Liv...

— Não. Você não sabe. Tente imaginar como devo me sentir, sabendo que estou voltando para uma vida que sempre desejei, e que me foi tirada. Uma vida que não era mais minha e que agora você esta me oferecendo... Uma vida que eu não construí...

— Mas tenha em mente, Liv, que todos os que estão nessa vida, são as pessoas que mais te querem por perto. Eu, sua mãe e Lívia a queremos aqui, não como substituta de Elisa, mas como a parte dessa família que estava faltando.

Meus olhos me traíram e lágrimas de alívio escorreram em silêncio. Pedro me confortou e me fez acreditar em suas palavras. A esperança de que ao lado dele era o meu verdadeiro lugar no mundo me acertou. Pedro correu os dedos de ambas as mãos segurando meu rosto e me obrigou a encará-lo.

— Olívia, acredite no que vou te dizer: eu amo você. Sempre amei, e sempre vou amar. Tudo o que fiz foi sempre pensando em você. Mesmo que tenha saído tudo errado, que eu tenha te machucado, e que nunca possa me perdoar, você sempre esteve em meu coração minha Estrela. E nunca deixou de habitar nele.

Inclinei-me em sua direção e toquei seus lábios com os meus. Uma leve carícia, mas que tentei imprimir todo o meu sentimento ali. Pedro sempre morou em meu coração. Mas o tempo de separação, as cicatrizes e a lembrança de Otávio também tinham um peso férreo em meu peito. Me vi outra vez tendo que decidir o que fazer da minha vida, o passado e o presente se misturando, ambos com grande força e ambos me rasgando por dentro.

Capítulo 44.

A marca registrada da grande metrópole me recebeu numa manhã de sábado. A garoa caía despreocupada sobre todos os aventureiros nas ruas, deixando o clima ameno e o ar ao redor com aspecto de tristeza e solidão.

A viagem de ônibus até a capital estendeu-se sobre a noite. Mas em vez de me abraçar levando-me ao sono, apenas contribuiu para exaltar meus pensamentos, enquanto o peso das escolhas que precisava fazer me deixava assustada e me faziam questionar se deveria realmente mudar minha vida.

Na grande cidade eu possuía um bom emprego e um apartamento que eu adorava. Tinha amigos, bem, na verdade só uma amiga, o restante eram apenas conhecidos, e tinha Otávio.

Otávio.

Por que não sentia mais tanta ânsia em encontrá-lo? Por que ele saiu com tanta facilidade de meus pensamentos depois que Elisa partiu? E por que não pude me conter, e nem lembrar-me dele quando estava nos braços de Pedro?

Eu já não o amava mais? Ou faltava-me apenas encontrá-lo para que a lembrança de seu toque me acertasse e me reduzisse mais uma vez a uma mulher apaixonada por ele?

E Pedro?

"Deus! Vou ficar louca! Melhor fazer uma mala e fugir para o Alasca!".

Ergui os olhos para o céu e deixei a garoa refrescar minha face, tentando acalmar o turbilhão de pensamentos e perguntas sem respostas, que se apossou de minha mente pelo tempo que me afastei dos braços de Pedro. Era estranho que não havia perguntas nem questionamentos quando estava ao seu lado. Parecia certo estar com ele. Fácil.

Baixei o rosto úmido e passei pelos muitos transeuntes que se moviam pelo terminal rodoviário. Precisava de tempo para pensar. Queria o conforto da minha casa e de Glaucia. Sabia que ela me ouviria e me ajudaria a encontrar a razão. Mesmo com seu comportamento amalucado e seus impulsos sentimentais, ela me ajudaria a encontrar minha própria decisão de futuro.

Entrei no táxi e passei o endereço do meu apartamento ao motorista. Enquanto ele se embrenhava no trânsito pesado, olhei pela janela e o clima embaçado e sombrio que cobria as ruas, parecia-se muito com o meu estado de espírito. A confusão e a incerteza andavam de braços dados com a alegria e o amor que eu senti nos braços de Pedro. E a culpa por não pensar em Otávio, também unia forças ao grande redemoinho emocional que me provocava dores de cabeça e deixava meus nervos tensos.

— Dona, chegamos.

O motorista do táxi estava parado em frente ao meu prédio.

Com algumas profundas respirações que me fizeram voltar para a realidade, consegui liberar o motorista, que esperou como um anjo de paciência e solicitude.

Deixei as malas no chão e virei-me para o porteiro que se apressou em me receber.

— Dona Olívia... Bom dia... A Dona Glaucia não disse que a senhora estava chegando — ele alcançou as malas antes que eu pudesse protestar.

— Oi, Seu José. Ela não sabia que eu estava vindo.

Ele estacou num momento segurando minhas malas e com os olhos abertos em assombro. Olhou para os lados como se houvesse alguém nos vigiando.

— Vou avisá-la então que a Senhora está subindo.

Olhei para o senhor gentil e atencioso que cuidava de todos os moradores daquele prédio como se fossem seus próprios familiares. Ele parecia preocupado e com medo de alguma coisa.

— Não precisa avisar, Seu José. O apartamento é meu e tenho a cópia da chave. Não se preocupe, a Glaucia não vai se incomodar.

— Mas... Dona Olívia... — o semblante atormentado dele me fez ficar alerta.

Parei olhando-o, enquanto ele fazia de tudo o possível para não me encarar de volta. Seu rosto preocupado e ansioso reluziu quando gotas de suor irromperam por sua testa e ele enxugou com a manga da camisa.

— Seu José... — falei devagar e esperei que ele me olhasse. — Há alguma coisa no meu apartamento que o Senhor acha que eu não deveria ver?

Esperei avaliando-o enquanto ele pensava em sua resposta. Baixou minhas malas a frente da mesa de recepção e enxugou a palma das mãos sobre a calça.

— Talvez Dona Olívia... — ele respirou fundo e ergueu os olhos para me encarar. — Talvez fosse melhor avisar de sua chegada, para que a "sua amiga" pudesse estar ciente de sua presença.

A maneira como ele disse "sua amiga" me chamou a atenção. Seu José era um homem de idade, que tinha por único objetivo em sua vida o de ser gentil e amável com as pessoas que ele conhecia. Sempre estava à disposição para ajudar, e atento a qualquer necessidade de seus moradores. Por vezes ele afirmava em tom de brincadeira que cada morador daquele prédio era um filho que ele cuidava.

Estudei suas feições, enquanto tentava entender seu comportamento estranho, mas ainda assim protetor e preocupado.

— Seu José, deixe minhas malas aí mesmo. Vou subir e, por favor, não interfone avisando a minha chegada.

— Tem certeza, Dona Olívia? Eu não gostaria que a Senhora se incomodasse depois de passar pelo sofrimento da perda. Sinto muito pela sua irmã. A Dona Glaucia contou sobre ela... Me desculpe...

— Não tem do que se desculpar, ela fala pelos cotovelos mesmo. Obrigada por seus sentimentos.

Toquei o braço dele com uma mão e apertei como se afirmasse que não estava zangada por ele saber de Elisa. De fato o conhecimento de minha perda não havia me incomodado, mas o fato de que todos sabiam de minha misteriosa e desconhecida irmã, pela conversa de Glaucia, deixou um gosto amargo em minha boca. Era a minha vida, a minha família e ela não tinha o direito de sair esparramando aos quatro ventos os meus problemas.

Deixei-o enquanto me dirigia ao elevador. Ia tirar essa história a limpo com a "minha amiga fofoqueira". Alisei a blusa empurrando-a para dentro da calça jeans, apertei as lapelas da jaqueta em frente ao peito e passei os dedos pelo cabelo tentando esconder o desalinho da viagem, ainda que o cheiro pesado e denso do ônibus estivesse impregnado em mim.

O elevador parou com um baque suave, e sorri para mim mesma recordando o frio na barriga que sentia quando me mudara para o prédio e precisava entrar e sair da caixa quadrada. Um medo bobo de criança que custou a me abandonar, e que só não foi superior a minha decisão de adquirir aquele imóvel.

Com passos firmes fui em direção ao meu apartamento. Revirei a bolsa com uma das mãos e peguei as chaves, mas parei antes de colocá-la na fechadura. Era o meu apartamento, mas o havia emprestado para uso de Glaucia, e não consegui superar o sentido de respeito á privacidade que eu mesma lhe havia proporcionado. Afastei um passo da porta e toquei a campainha.

Não consegui ouvir nenhum movimento dentro do apartamento. Olhei para o relógio em meu pulso, pensando que talvez ainda fosse muito cedo para ela ter despertado. Os ponteiros marcavam 9 horas da manhã.

Apertei o botão mais uma vez, com um pouco mais de insistência. Soltei e tornei a apertar, esquecendo de propósito o dedo sobre a campainha por um tempo. Ouvi passos arrastados dentro do apartamento. A voz sonolenta de Glaucia gritou um "já vou", e ouvi o remexer de chaves na fechadura.

Quando a porta se abriu, vi o cabelo bagunçado de Glaucia, enquanto ela tentava enfocar seus olhos em mim.

— Olívia? Mas... Mas... Como chegou aqui? — ela esfregou a palma da mão sobre os olhos, obrigando-os a acordar.

— De camelo manco.

Sorri sobre sua confusão. Ela parecia uma bagunça completa com seu cabelo desgrenhado, seu rosto amassado pela cama, seus olhos arregalados de espanto a me ver plantada na porta do lado de fora. Usava apenas uma camisa masculina amarrotada...

Uma camisa masculina lilás...

"Eu conheço essa camisa...".

Pensei enquanto encarava a fileira de botões encaixados às pressas dentro das casas, e percebi a falha entre alguns que estavam colocados em lugares errados.

"Eu conheço essa camisa... E o dono dela também.".

— Bom dia, Glaucia. — Estampei meu sorriso mais simpático. — Não vai me convidar para entrar em meu próprio apartamento?

— Ahn... Bem... Não é um bom momento, Olívia... Eu tenho companhia...

— Ora... — empurrei a porta com mais força do que pude me controlar, a raiva já estava circulando por minhas veias. — Nunca me escondeu seus amantes, por que faria isso agora?

Entrei deixando que a porta colidisse com seus braços, assustando-a. Fiz o caminho até a sala e deixei minha bolsa de mão sobre a poltrona, indo parar de frente com as portas fechadas da sacada. Apoiei as mãos sobre os quadris e respirei fundo. O ar do apartamento estava impregnado com aroma de bebida alcoólica, o perfume de Glaucia e sexo. Senti-me sufocada quando percebi dentro de todos os odores distintos um cheiro masculino e marcante. A lembrança de que aquele cheiro também já estivera impregnado sobre a minha própria pele, fez meu peito se apertar e o gosto amargo da bílis queimou pela garganta acima.

Abri as portas da sacada até o limite máximo. Precisava expulsar aqueles odores que faziam meu estômago revirar ultrajado. Glaucia, homem, álcool e sexo. A mistura era clara, e não havia desculpa ou história mais elaborada para explicar o que estava escondido nas pequenas sombras do apartamento.

Esperei um momento prendendo a respiração e depois puxei com força o ar que entrava pela sacada aberta, trazendo o cheiro de asfalto molhado e do frio da garoa. Fechei os olhos e obriguei meu coração a serenar do trote irritadiço que ele tinha estabelecido. Soltei os dedos que estavam encravados na carne do meu quadril, levei os braços ao peito cruzando-os numa pose clara de intimidação e virei-me para enfrentá-la.

— Bem, e então Glaucia... Esta bem acomodada aqui no meu apartamento?

— Sim, Olívia... Olha, eu preciso explicar algumas coisas que aconteceram enquanto você estava fora...

Ela torceu os dedos entre as mãos e encarou o chão. Ao menos se mostrou envergonhada, mas ainda sim eu não ia facilitar. Acreditei por tanto tempo nessa pessoa que dizia ser minha amiga. Tínhamos um código de bom relacionamento entre nós duas, e uma das regras básicas que estabelecemos desde sempre era a de que nunca "pegaríamos" um amante da outra sem antes falarmos a respeito. Mesmo que o tempo da relação estivesse terminado, e ambos estivessem disponíveis, nunca havíamos infringido essa regra. No instante que a criamos parecia uma infantilidade, mas agora eu sentia a marca da traição roçando por minha pele, e com todas as forças, me peguei a esse pequeno acordo de amigas que seguíamos ao pé da letra.

Algumas vezes chegamos a trocar parceiros, mas era consensual e somente quando não havia envolvimento emocional entre as partes. E por todos os Deuses do Universo, Glaucia sabia como eu me sentia em relação a Otávio. A certeza de que era ele que estava ali com ela, quase me fez rugir de fúria. Ela usou de minha ausência e se aproveitou da chance.

"Lição aprendida Liv... Confiar por tanto tempo, não quer dizer que nunca será traída...", pensei enquanto olhava para ela.

— Bonita camisa, Glaucia. Uma vez conheci alguém que ficava muito bem vestido dentro de uma peça dessas. Aliás, a cor combinava perfeitamente com seus olhos...

— Liv... Espera... Me deixa explicar...

Ergui uma mão obrigando-a a parar de falar. Seus olhos suplicantes se abriram implorando um minuto de atenção. Mas não havia o que explicar. Estava tudo claro, real e verdadeiro.

— Primeiro, não me chame de Liv... Segundo, eu sei o que está acontecendo aqui, você está com Otávio, no meu apartamento...

— Olívia... — ela tentou me interromper.

— Não! — falei mais alto. — A minha única pergunta é desde quando isso vem acontecendo?

Vi ela engolir em seco. Seus olhos voaram para minha face e depois encaravam o chão, como se a resposta estivesse escrita entre os fios trançados do tapete da sala. Esperei que ela dissesse algo, dividida entre o medo e o alívio. Medo por ter posto a minha fé em Glaucia e Otávio, as duas pessoas que conseguiram me convencer a confiar mais uma vez, e alívio mesquinho por diminuir o peso da culpa que ainda carregava no peito por ter me entregado a Pedro, sem antes ter a chance de esclarecer minha relação com Otávio.

Glaucia respirou fundo e vi que suas mãos tremiam. Ela passou os dedos pelo cabelo bagunçado e forçou-se a me encarar.

— Bom, Olívia, achei que você tivesse um pouco mais de consideração comigo. Achei que você confiava em mim, como eu confiei em você, mas o fato é que nunca acreditou em mim de verdade não é mesmo?

— O que você está dizendo? — gritei em sua direção. — Sempre confiei em você! A única certeza que tive até hoje nessa minha merda de vida era a de que você fosse minha amiga, minha irmã, que me respeitava e que nunca me trairia. Mas me enganei não é mesmo, Glau?

— Não, Olívia, não se enganou.

— É mesmo? — a acidez gotejava em cada palavra sarcástica que atirei a ela com um sorriso forçado. — E por que você está dormindo com o Otávio? Por pura generosidade? Por caridade em aquecer seu pobre coração solitário, enquanto eu estava distante, sofrendo a morte de uma irmã, a qual vocês dois me empurraram a procurar? Por isso Glau? Muito obrigada! Você é um poço de amabilidade!

Assim que acabei de dizer essas palavras, ouvi a porta do quarto se abrir e passos soaram pelo corredor. Olhei para ela com o coração aos pulos dentro do peito, e em seguida aguardei que o dono dos passos fizesse sua aparição para nós duas na sala. Meu peito se comprimia com a expectativa de ter que lidar com Glaucia e Otávio no mesmo ambiente.

E então ele surgiu. Com o peito amplo descoberto e uma toalha enrolada na cintura. O corpo ainda úmido e os cabelos desalinhados e escuros pela água do banho, que exalavam o cheiro do meu shampoo.

— Oi, Olívia...

— Renato? — minha voz soou arrastada como se mil facas cortassem minha garganta e me impediam de tentar emitir um som coerente.

Renato. Não Otávio.

Olhei para Glaucia que tinha o rosto numa máscara de dor. A dor que eu causei com minha desconfiança, com meu julgamento errado, com a minha pressa em tomar uma certeza movida pela emoção, sem ao menos dar a chance de se explicar. E como um castigo, eu estava fazendo com ela o mesmo que Elisa e Pedro fizeram comigo. Tomei decisões antes de saber as opções. Julguei sem ter as provas verdadeiras. E doeu em meu peito, saber que eu também seria capaz de agir como eles tinham feito antes.

Deixei minhas pernas se dobrarem enquanto me jogava sobre o sofá e enfiava o rosto entre as mãos, tentando em vão esconder meu arrependimento e minha vergonha.

— Glau, me desculpe... A camisa que você está usando é do Otávio... Eu pensei... Eu achei... Ai Deus! Eu sou uma anta!

Apertei as palmas das mãos contra os olhos e desejei com todas as forças que um buraco se abrisse sobre meus pés, e que me tragasse para as profundezas da terra. Depois de alguns momentos de um silêncio constrangedor, senti que o sofá ao meu lado se afundava, e então um par de braços estreitos me envolveu e me puxou para perto. Não consegui conter o soluço que escapou de meus lábios, e o toque reconfortante do aperto ao meu redor rompeu as comportas da minha instável sustentação. Meus olhos perderam a batalha contra o nó em minha garganta e a enxurrada de lágrimas começou a descer.

— Tudo bem, Liv... Tudo bem... Eu mexi em seu armário e peguei essa camisa que estava lá. Me perdoe por essa confusão...

— Não, Glau, eu é que devo desculpas. Não deveria tirar conclusões antes de... — abracei-a com força, enquanto apertava os dentes para cerrar meu choro. — Me desculpe...

— É compreensível, Olívia. Você passou por poucas e boas nesses últimos tempos. Vou dar-lhe um desconto, porque sei que você está se segurando no limite. Porém...

Ergui os olhos para o rosto dela e vi um sorriso coquete que se estendia até os olhos dela.

— Porém, chega dessa história de amigo do desejo com o Renato certo? — seu rosto iluminou-se quando disse o nome dele.

Olhei para o lado, onde Renato havia depositado seu corpo relaxado no sofá pequeno, e seus lábios sorriam com desejo e adoração por minha amiga compreensiva. Em seus olhos, cintilava uma luz de satisfação e posse, dirigida a Glaucia descaradamente. Quando me viu olhando-o, ergueu os ombros num movimento de indiferença e alargou os lábios em um iluminado sorriso. Ele tinha contado para ela dos nossos encontros.

— Ela me pegou de jeito, Olívia. Essa pequena bruxa me enrolou com a desculpa da embriagues há algum tempo atrás e desde então não consegui me afastar dela. — Ele sorriu para Glaucia e jogou-lhe um falso olhar de dor.

— Ah! Agora sou uma pequena bruxa é? — Glaucia se moveu e foi ao encontro dele, sentou-se sobre suas pernas e envolveu seu pescoço com os braços enquanto se inclinava para sussurrar na orelha. — Ontem à noite me chamava de sua fada dos desejos...

Renato apertou os braços ao redor dela e enterrou o rosto em seu pescoço. Não pude deixar de sorrir ao vê-los.

— Bom, acho que é melhor eu deixar as moças conversando. — Renato ergueu Glaucia em seus braços e a depositou no sofá, seguindo por um beijo apaixonado enquanto ela levava as mãos até o rosto dele numa cúmplice carícia.

— Volta mais tarde? — perguntou ela com esperança.

Renato tocou-lhe a face com o dorso da mão e o quadro que os dois representavam era mais do que uma cena de novela. Era real. Um sentimento poderoso estava nascendo entre eles e eu não podia deixar de admirar aquela interação. Sublime, pura e verdadeira.

— Certo. Vou para a academia agora e trago o jantar pode ser? — Glaucia concordou com a cabeça e ele se virou para mim. — Olívia?

— Por mim está bem. — Respondi baixando os olhos para as minhas mãos que se torciam unidas.

Vi os grandes pés dele se aproximarem de mim, e ergui o rosto para encontrar seu olhar. Ele estendeu a mão e um segundo de hesitação depois, depositei a minha palma fria e tremente sobre a dele, que me içou e me envolveu em seus braços apertando-me contra seu torço nu e quente. Renato encaixou o queixo sobre a minha cabeça e me forçou a encostar a face contra seu peito.

— Sinto muito por sua irmã, Olívia. — Ele beijou o topo da minha cabeça.

— Obrigada. — Respondi em um sussurro rouco.

— Deveríamos estar lá com você, mas só soubemos um bom tempo depois. Mas agora que está aqui, vamos cuidar de você.

Renato me segurou pelos ombros me afastando dele enquanto se abaixava um pouco e procurava por meus olhos.

— Vamos cuidar de você, minha querida, está bem?

Concordei meneando a cabeça. Minha voz ficou presa na verdade que vi em seus olhos e não consegui obrigar minha voz a sair. Ele me apertou mais uma vez contra seu peito. Depois se afastou, pegou meu rosto entre as mãos e tocou seus lábios com os meus numa carícia gentil. Sorri com os olhos embargados e depois preocupada pela demonstração de afeto dele, procurei pelo rancor no rosto de Glaucia. Mas o que encontrei foi apenas a alegria da compreensão de que aquele gesto era apenas uma demonstração de carinho e afeto. Nada mais do que isso.

— Tudo bem, agora fora daqui garanhão! — disse Glaucia se levantando e empurrando Renato para o quarto. — Você está encarregado de trazer o jantar, enquanto eu e Olívia vamos ficar de molho o resto do dia com muito sorvete e filmes de quinta categoria.

Ela deu-lhe um tapa no traseiro e empurrou-o mais um pouco. Enquanto ele ria e murmurava alguma coisa entre "pequena bruxa" e "isso não vai ficar assim". Ouvi-os rindo e uma onda de felicidade me invadiu o peito em ver que essas duas pessoas queridas estavam se acertando, além de irradiarem uma onda de amor e cumplicidade que fez o meus dilemas serem esquecidos por um tempo. Minha amiga estava feliz, e Renato a completava com o mesmo grau de sentimento.

Ele saiu algum tempo depois, e logo em seguida ela me arrastou para o quarto, munida com um grande pote de sorvete e duas colheres. Brinquei com ela sobre os lençóis bagunçados me recusando a tocá-los, mencionando algo sobre fluidos corporais que a fez corar como uma virgem casta. Glaucia não se fez de rogada e entre argumentos sobre o quanto cuidadosos eles foram, e que não havia nada de errado com o tecido ainda imaculado, acabou trocando-os por um jogo limpo.

Depois das brincadeiras e de nos ajeitarmos entre os travesseiros, contei tudo a ela do que tinha passado desde que voltei à casa de minha família. As mentiras e as decisões erradas, o perdão, o ressentimento e a dor de ver Elisa morrer em meus braços. A ausência de Otávio e a entrega a Pedro. Falei-lhe sobre meus medos, minhas decepções e incertezas. Contei-lhe tudo.

Ao final do meu relato, sentia-me exaurida de minhas forças. Como se compartilhar toda aquela história tivesse tirado um peso morto de cima de meus ombros, ainda que meu coração parecesse estar amarrado com fios de aço cortante, sendo espremido e apertado a cada nova batida compassada.

— Nossa... Para uma pessoa que sempre teve uma vida controlada, decidida e sensata, não posso imaginar o que essa avalanche de acontecimentos fez a você.

— Não sei o que fazer, Glau...

— Ah! Mas isso é o mais fácil. Tenho certeza que você já sabe o que deve fazer, só ainda não conseguiu aceitar.

Glaucia esticou uma mão e segurou a minha. Ela se moveu até ficar de frente comigo, com nossos joelhos se tocando e o pote de sorvete esquecido entre nossas pernas dobradas. Assim era mais fácil ler as reações dela, mas também difícil esconder as minhas. E a minha cara de espanto pela sua declaração também deveria estar como o restante do sorvete no pote: derretida e esparramada no fundo.

— Ai amiga, acho que o Renato está mexendo com os poucos fios conectados que ainda existiam em seu cérebro. Você ouviu tudo o que eu disse? — Perguntei soltando sua mão e apoiando ambos os braços sobre minhas coxas, em sinal de derrota.

— Sim. Ouvi. E acho que você está apenas procurando uma desculpa pra não fazer o que você sabe que tem que fazer.

— E você pode me dizer o que eu tenho que fazer? Por acaso você quer que eu deixe tudo aqui e corra de volta para casa de Elisa? Ficar com a mãe, a filha e o marido da minha irmã? Ficar no lugar dela? É isso o certo?

— É!

Joguei os braços para cima e acompanhei o movimento com a cabeça, olhando para o teto procurando uma luz, ou alguma ideia de como eu poderia explicar para aquela criatura movida pelo impulso, que eu não poderia deixar tudo de lado e voltar para casa da minha falecida irmã. Não era assim que a realidade funcionava. Eu não tinha nenhum interesse em ser a substituta da vida de ninguém.

— Olha, Olívia, tenta me ouvir e vê se para de achar desculpa. — Glaucia se mexeu e me olhou de frente, a seriedade estampada em seu rosto. — Primeiro, a mãe também é sua. Segundo, a menina tem você em alto estima por ser tia dela, e ela é bem grandinha pra diferenciar uma da outra, e por último seja sincera comigo, o que você sente pelo Pedro?

Soltei o ar dos pulmões num suspiro derrotado.

— Pedro é... — engoli em seco quando a imagem do rosto dele quando me despedi se fez em minha mente.

O olhar de jade iluminava seu rosto e vinha dirigido a mim com tanta intensidade, com paixão, com esperança e também, com medo e incerteza pairando sobre aquelas gemas verdes. A mandíbula tensa e os pequenos sulcos ao redor dos olhos mostravam sua preocupação.

— O que ele é, Liv?

— Ele é, ele é... Tudo... Ah! Meu Pai do Céu... — Abaixei a testa sobre minha própria mão, enquanto os dedos massageavam minhas têmporas.

— Então não temos mais o que conversar.

O ar de satisfação e o sorriso sarcástico que ela me deu, quase me fez ter forças para fechar os dedos ao redor do pescoço dela e estrangulá-la!

— Não é assim tão simples, Glau... — apertei os dedos em punho, como uma lembrança de não avançar até aquele pescoço aguado — Eu trabalho aqui.

— Um trabalho de merda que você apenas suporta porque o salário é bom — ela sorriu.

— Minha casa é aqui... — rebati.

— Bem, eu posso alugar de você até que você decida me vendê-lo. Sabe que amo esse apartamento e o Renato concorda que é bem mais perto do trabalho dele...

— Glaucia! — exclamei horrorizada com a maneira que ela ia ajustando um a um todos os obstáculos que eu tentava por.

— O que? Percebeu que eu tenho razão não é mesmo?

— Não! Percebi que você está doida de pedra só isso! Não posso deixar minha vida aqui e correr para casa e me jogar nos braços dele.

Ela pegou minhas mãos e apertou meus dedos em sinal de conforto. Seu rosto ficou sério e não havia mais brincadeiras ali. Ao lado dela, nunca me vi dentro de tamanho círculo de responsabilidade e segurança. A Glaucia adulta assumiu o controle da situação, quase me fazendo encolher como uma criança pequena ao descobrir uma traquinagem mal escondida.

— Você me escute, Olívia.

Ela esperou que eu a encarasse. Fazia movimentos aleatórios com o dedão sobre as costas das minhas mãos, era terno e ao mesmo tempo relaxante.

— Você não tem nada aqui nessa cidade que valha a pena se sacrificar para manter.

— Mas... Eu tenho... — ela me interrompeu colocando um dedo sobre a minha boca.

— Não. Não tem. Seu trabalho é chato e estressante. Seu apartamento é o único bem que você não pode colocar na mala e levar contigo. Todo o resto, você pode levar onde e quando você quiser.

— Mas e você? — perguntei já sentindo as lágrimas se acumularem em meus olhos.

Ela soltou minhas mãos e me puxou para seu colo, me abraçando como uma mãe abraça um filho num momento de tristeza.

— Ah! Eu vou ficar muito, mas muito bem mesmo! Olhe minha situação: vou morar no apartamento mais lindo que já vi dentro dessa selva de pedras, tenho um homem gato, maravilhoso e gostoso que quer dormir comigo todas as noites, e ainda poderei falar com minha melhor amiga todos os dias que eu quiser. Sou grata aos avanços da tecnologia. Espera um segundo...

Ela me empurrou ficando de frente comigo me segurando pelos ombros com o olhar alarmado e preocupado.

— Já chegou a internet naquele fim de mundo, não chegou?

Ri entre lágrimas enquanto respondia um "sim" afogado.

— Graças a Deus! Então, minha querida amiga, nada te impede de seguir em frente. Digo, de correr para o homem que ama, sua mãe e para a sobrinha, que você mesma disse é tão espinhosa quanto a Olívia que eu conheço. Vai ser uma grande diversão ver duas tempestades batendo de frente.

— Não sei, Glau... — eu queria aceitar aquelas explicações dela, mas ainda sim algo me faltava para dar o passo final.

— Liv... Nossa! Não sei por que nunca pensei em te chamar assim. É tão mais fácil do que, Olívia... — ri de seu desvio no raciocínio. — Mas voltando ao assunto, eu sei que é uma mudança radical. Mas você mesma disse a pouco que não podia correr para casa. Percebe que você se referiu a "sua casa" sendo lá, e não aqui?

— Oh... — ofeguei pensando no que ela me perguntava.

— Seu coração não está aqui minha amiga. Você apenas sobrevive aqui. Um dia de cada vez, mas nunca sentiu essa cidade, esse apartamento como seu verdadeiro lar. As pessoas que você ama estão lá, e dane-se o que os outros vão pensar.

— Eu não sei o que faria sem você... — sussurrei em seu colo e deixei que as lágrimas corressem soltas.

Fiquei enroscada em seu colo por um tempo enquanto ela penteava com os dedos meu cabelo. O silêncio nos cercou e apenas nossas respirações podiam ser ouvidas, entrosadas com algum soluço que me escapava. Senti o corpo de Glaucia ficando tenso quando ela parou a mão sobre o topo da minha cabeça.

— Liv, e o Otávio?... Você falou com ele?

Abri e fechei os olhos apertados por um momento e me levantei de seu colo para encará-la.

— Não falo com ele desde antes da morte de Elisa. Ele me disse que ia viajar a trabalho e que entraria em contato quando voltasse, mas depois dessa conversa não soube mais nada.

— Você tem que falar com ele.

— Eu sei. E eu vou. Mas como ele não mostrou nenhuma pressa em ao menos em me ligar, tenho outras coisas a fazer antes de procurá-lo. Vai ser uma conversa difícil, e eu preciso acabar de por minha cabeça no lugar antes de falar com ele.

— Não entendo — resmungou Glaucia enquanto balançava a cabeça. — Por que ele sumiu?

— Essa é a pergunta que vem me atormentando. Não fiz ou disse nada para afastá-lo. Você sabe que ele foi o maior responsável por me mandar para perto de Elisa, mas acho que não ficou muito feliz por eu ter ficado tanto tempo.

— Não sei, Liv... Acho que existe alguma coisa a mais nesse meio que não estamos vendo. O Otávio sempre foi tão seguro de si em relação a você. Não consigo imaginar ele abrindo mão dessa relação só por ter ficado algum tempo longe. Será que ele percebeu alguma coisa com o Pedro?

— Não acredito, Glau. O Pedro se portou como devia, como marido de Elisa e meu cunhado. Só começamos a nos entender depois da morte da minha irmã. Bom, vou ter que tirar isso a limpo e resolver esse impasse. Não quero sair como a monstra traidora.

Rimos juntas. Glaucia me puxou para o seu lado e deitamos uma de frente com a outra enquanto ela me contava sobre sua relação com Renato. Já tínhamos falado muito sobre mim e as decisões e ações que eu teria que por em prática. Aos poucos meu corpo foi relaxando e minha mente serenou dos problemas que teria que resolver em breve. Muito trabalho deveria ser feito, e talvez não conseguisse findar tudo o que tinha que ajustar dentro da minha nova realidade. De um jeito ou de outro a grande cidade não era mais o meu lar. Eu tinha que arrumar minhas malas e voltar para casa. Mesmo que essa casa ainda me assustava, quando pensava nas pessoas que estavam me esperando.

Capítulo 45.

Na manhã seguinte a minha chegada à grande metrópole, encontrei-me sozinha no apartamento. Glaucia tinha deixado um bilhete avisando que tinha se hospedado no apartamento de Renato, para que eu tivesse espaço e tempo para pensar em tudo o que deveria fazer antes de partir.

O "partir" ainda me assustava. Mas uma ânsia de tentar, de mergulhar no que deveria ser a minha antiga-nova-vida fez-me forte para tomar as medidas necessárias para a minha mudança.

Na empresa, fiquei satisfeita com a postura de Melissa que assumiu todas as minhas tarefas e estava lidando muito bem com o meu antigo cargo. Meu empregador, Sr. Hélio, lamentou minha saída, mas anos de um bom relacionamento, o fez entender minha decisão e amenizar os danos burocráticos do meu desligamento da empresa, bem como uma generosa bonificação a respeito dos meus préstimos, além dos tributos exigidos por lei. Ainda me deu a certeza de que sempre haveria um lugar para mim no grupo empresarial, caso eu precisasse ou quisesse retornar.

Através de Melissa fiquei sabendo que Otávio estava feliz com a parceria com a empresa e que provavelmente sabia da minha volta, ainda que sua presença antes sagrada e constante tornou-se escassa, assim como suas ligações, desde que eu havia saído de licença da empresa.

De tudo o que precisava organizar antes de partir, minhas roupas e objetos pessoais, documentos, livros e lembranças, o que ainda me restava findar era o acerto de contas com Otávio. A situação havia, a meu modo de ver, se tornado uma passagem direta para uma sabatina de perguntas, que me atormentavam e me obrigavam a pensar em muitas respostas diferentes para cada uma delas. Cansada de esperar que ele aparecesse, ou, que por um acaso, sua ligação fosse transferida direto a minha antiga sala, resolvi tomar uma iniciativa e engendrar um encontro com ele. Depois que sua secretária se recusou a colocá-lo em contato comigo, desisti e resolvi esperar. Seu telefone celular há muito só ditava o sinal de ocupado e minhas chamadas não eram transferidas para a sala dele, mediante desculpas que não pareciam verdadeiras.

Numa manhã, descobri através de Melissa que Otávio estava em viagem outra vez. Ele tinha retornado ao Cairo, e deixado apenas algumas instruções de que seus compromissos deveriam ser adiados ou remarcados com um dos gerentes de sua empresa.

Parei de me preocupar com ele. Otávio sabia que eu estava de volta, Melissa me garantiu que lhe havia dito, e mesmo assim ele não me procurou. Eu havia deixado muitos recados e mensagens para ele que não tiveram resposta. Talvez fosse melhor assim. Talvez esse fosse o preço que eu teria que pagar por ter feito a escolha que fiz. Eu não queria me desculpar de minhas decisões, mas sentia-me culpada por não ter a chance de lhe explicar.

No fim da tarde liguei para a casa de Pedro, e após alguns toques, uma Lívia ofegante atendeu com um alto e claro "alô".

— Tia Liv... — um momento depois de me identificar, percebi sua mudança de humor. — Você disse que estaria aqui quando eu voltasse, mas não estava. A Vó e eu chegamos ontem e o papai disse que você tinha ido embora.

— Eu sei meu bem... Sinto muito por isso, mas eu precisava resolver algumas coisas aqui na capital.

— Mas você vai voltar? Eu falei com o técnico e ele disse que você poderia dar aulas de basquete pra gente. Não seria demais? E o papai também disse que você poderia ajudar ele na empresa, se você vier... E ele está tão triste...

— Olha Lívia, me escute pequena, eu vou voltar. Só preciso resolver as coisas chatas de adulto. Não posso abandonar meu trabalho e nem meus amigos sem lhes dizer para onde estou indo — respirei fundo tentando acalmar a pequena garota que já tinha meu coração apertado em suas mãos apenas com sua voz triste.

— O papai disse que você tinha que tomar uma grande decisão, e que talvez não viesse para cá... A Vó também falou isso... Mas você me prometeu que vinha, tia Liv...

— Sim, eu sei, e vou cumprir minha promessa. Não conte a seu pai e sua avó até eu chegar. Eles não acreditaram em mim, mas você acredita não é Lívia?

Cruzei os dedos das mãos e o dos pés, só pra garantir, até que Lívia me tirou da miséria e com a voz um pouco mais baixa e conspiradora conversou comigo aos sussurros.

— Vou manter o segredo. Pode confiar. E você vai treinar a meninas do time?

— Vamos falar disso quando eu chegar aí. Espere só mais um pouco, e não conte a ninguém que conversamos tá bem?

— Combinado.

— Até mais princesa, cuide de sua avó e de seu pai por mim. Quando eu chegar aí, vamos cuidar deles nós duas juntas, certo?

— Certo. Pode deixar que vou ficar de olho neles. Mas não demora muito tá?

— Prometo meu bem. Assim que possível estarei com vocês.

Depois de mandar beijos e abraços, consegui desligar o telefone com um sorriso nos lábios. Lívia seria minha aliada, como um dia Elisa tinha sido. Eu sabia que nunca poderia assumir o lugar de mãe dela em seu coração, mas de uma coisa estava certa: faria o impossível para tentar suprir a falta e o amor de Elisa, enquanto a ajudava a crescer.

Porém, antes de ficar pensando no futuro, eu precisava resolver o presente. Enquanto tentava por minhas ideias em ordem sobre o que deveria fazer antes de abandonar a cidade, um furacão adentrou a sala me fazendo pular da cadeira ao ouvir meu nome gritado aos quatro ventos.

— Olívia do céu!

— Melissa... — coloquei a mão sobre o peito tentando aplacar o meu coração que galopava como se quisesse fugir de dentro do meu corpo. — Por Deus mulher! Vai me fazer ter um enfarto antes da minha hora.

— Desculpa, Olívia, mas não posso esperar.

Cortando a minha frente ela puxou meu computador para ela e digitou rápido sobre o teclado.

— O que está acontecendo, Melissa? — perguntei, mas só recebi um resmungo de boca fechada.

Esperei enquanto ela tamborilava os dedos ao lado do computador e em seguida sobre as teclas que pareciam se encolher frente ao seu ataque feroz.

— Olha isso...

Ela exclamou um pouco alto, considerando a maneira tranquila a qual Melissa sempre usava, o que ela queria me mostrar deveria ser algo que a incomodou muito.

Deixei meus olhos escorrer da face nervosa de Melissa e segui seu dedo indicador que apontava uma reportagem na tela.

Em letras garrafais a manchete anunciava uma operação policial conjunta entre o Brasil e a Itália, onde eles conseguiram prender um dos maiores traficantes de seres humanos que as autoridades tinham notícia.

Meu cérebro congelou nas palavras "tráfico de seres humanos" e na imagem colorida de um Otávio algemado e sendo escoltado por uma dezena de homens vestidos com o uniforme policial, assim que saiu para o saguão do aeroporto de Milão na Itália.

Obriguei-me a ler toda a matéria do correspondente nacional no país estrangeiro. Ao que tudo indicava, Otávio era um dos mandantes que controlavam o envio de pessoas, na maioria mulheres, a fim de serem vendidas para o trabalho escravo. Adolescentes que acabaram de entrar na maior idade eram atraídos com o sonho de dinheiro abundante e trabalho fácil no exterior. Assim que chegavam ao país de destino, eram despidos de seus bens pessoais e documentos, e enviados a leilões humanos para o trabalho em empresas clandestinas de falsificação, ou destinados aos compradores que já haviam pagado a "encomenda". Sem mencionar o fato de que as mulheres com boa aparência eram mandadas a bordéis ou casas de prostituição.

Na matéria ainda mencionavam que a quadrilha trabalhava em vários países e que há pouco tempo, tinham começado a trabalhar no Cairo. Otávio e seu irmão foram os responsáveis por abrir os mercados, fazendo contatos através da indicação de outros compradores, e mantinham a distribuição de produtos importados do país com o intuito de mascarar o verdadeiro comércio.

— Meu Senhor! — exclamei quando terminei de ler o artigo na tela do computador.

— Olívia, isso é terrível...

— Nem me fale, Melissa, e imaginar que eu dormi com esse homem, que deixei ele me amar e o amei de volta. E pior! Ainda estou com o coração apertado por que teria que deixá-lo.

— Então foi bom essa bomba explodir antes de você reencontrá-lo, imagina se ele resolve te vender também?

— Ele não ousaria, Mel. Otávio sabia que seria difícil me enganar com a conversa de dinheiro ou futuro fora do país. Só se ele me sequestrasse, e não acredito que essa seja uma de suas técnicas de persuasão.

— E agora? Olívia, ele trabalha com a empresa. Será que não haverá alguma investigação aqui? E você? Será que não vai sobrar alguma coisa pra você também?

— Com certeza a polícia vai chegar até a empresa e vai ligar os pontos. Só espero que não demore muito. Enquanto isso vou procurar um advogado.

Capítulo 46.

Mas demorou. Dois meses até que eu conseguisse provar que não tinha nada em relação com as atividades criminais do meu ex-namorado. Melissa foi incrível, me ajudando a encontrar provas de que não havia relação da empresa com os negócios exclusos de Otávio.

Porém, atestar que eu não sabia nada de suas transações ilícitas, e que era apenas a namorada inocente, me custou muito tempo entre argumentações, testemunhas, fotos e tudo o que consegui encontrar. Ainda sim, meu nome ficou relacionado com o dele.

Quando recebi autorização da justiça para ir para casa, depois de ser proibida de deixar a cidade, minhas esperanças estavam minguadas de que Pedro ainda estivesse me esperando. Lívia me garantiu que estava tudo bem. Apesar da minha demora, ela ainda acreditava que Pedro estivesse animado com meu retorno. Mas minha mãe contava outra historia.

Segundo Dona Linda, Pedro estava triste e distante. Como se ele tivesse sentindo a morte de Elisa. Disse que suas ações eram mecânicas e rotineiras, e que nem mesmo Lívia estava conseguindo chegar até ele. Suas respostas monossilábicas estavam assustando-as, e minha mãe sabia que as teias de uma forte depressão já estavam sendo envolvidas ao redor dele.

Meu coração se apertou ao ouvir isso e me obriguei a acelerar a minha volta. Minha mãe, Lívia e Pedro precisavam de mim, e dane-se a justiça morosa, que não ia me manter nem mais um dia longe deles. Eu estava indo para casa.

Pedi a Glaucia que me ajudasse com as malas e objetos pessoais mais necessários e deixei uma lista das coisas que ela me enviaria mais tarde por transportadora. Ajeitei as caixas e malas dentro do carro e depois de abraços, beijos, lágrimas e promessas, as quais eu nunca deixaria de cumprir, me despedi de minha amiga e quase irmã, e de Renato, que foi intimidado a cuidar muito bem de Glaucia.

Peguei a estrada e meus pensamentos eram uma bagunça desmedida. Medo do que me esperava, esperança, alegria de voltar para casa, para perto de minha mãe, de Elisa, e de um pedaço dela que ficou na forma de sua filha. Eu queria ajudar Lívia a crescer, e a se tornar uma mulher de bem e forte, e acima de tudo nunca deixá-la esquecer de sua mãe.

Mas a verdade, é que todas as justificativas não superavam a real e verdadeira grande razão da minha volta. Era por Pedro que eu retornava. Era para o único homem que um dia ganhou o meu mais puro amor e parte da minha alma. E por mais que o tempo e a separação tenha enterrado esse sentimento por ele no fundo de minha memória, bastou que olhasse uma única vez em seus olhos cor de jade, para tudo voltar à superfície.

Todo o carinho, o desejo e a paixão estavam lá a minha espera. Dentro de seus olhos vi o mesmo que eu sentia. Vi meu amor espelhado no verde gritante e a ânsia dele em correr até mim, como se precisasse me tocar para crer que era real. Muitas partes minhas estavam nele, assim como muito dele estava em mim. Ele era e sempre seria uma parcela do meu ser, e eu sabia que Pedro sentia o mesmo em relação a mim.

Deixei a alegria me envolver enquanto seguia rumo a minha casa. Por algum tempo apenas deixei a voz da minha banda favorita invadir meus ouvidos e gritei alto nas minhas canções prediletas. Ri sozinha quando imaginei o Bono Vox tampando os ouvidos e fazendo uma careta enquanto eu desafinava vergonhosamente ao final de With Or Without You.

Consegui respirar um pouco e depois de tomar um grande gole de água, e lembrei-me da conversa que tive com Otávio alguns dias depois que ele foi trazido de volta ao país. O delegado que coordenava a operação pediu que nos encontrássemos a fim de confirmar minha história de completa ingenuidade em todo o seu esquema criminoso.

Vê-lo num uniforme laranja, com as mãos e pés algemados, me fez pensar se em algum momento eu conheci o homem que estava na minha frente. Tantas declarações de amor, a maneira como ele se preocupava comigo e parecia querer me dar o mundo numa bandeja de prata, nada disso fazia sentido em comparação com as ações e que o levaram até onde ele estava agora.

Levantei meu rosto para encará-lo e os olhos azuis escuros que antes me transmitiam confiança e amor agora eram frios e vazios. Otávio parecia estudar minhas reações, e não demonstrou nada em troca. Ficamos sentados em frente um do outro na pequena sala de interrogatório, separados apenas por uma mesa simples por um bom tempo. Eu queria que ele dissesse alguma coisa, mas ele apenas ficou lá me olhando.

— Bem... — comecei a dizer quando o silêncio se tornou opressor. — Foi uma grande surpresa tudo isso que aconteceu.

Ele apenas continuava me olhando.

— Você tem que explicar a polícia a nossa relação, eu disse tudo, mas eles ainda não acreditam em mim.

Ele ainda me olhava.

— Por que você fez isso? — engoli em seco e busquei seus olhos. — Eu achei que você era uma pessoa de bem, você cuidou de mim quando precisei. Você disse que me amava, tudo isso era mentira também Otávio?

Minha voz saiu rouca e minha garganta se fechava enquanto eu lutava contra a vontade de chorar. Aquela situação era constrangedora para ambos. Seus olhos baixaram para suas mãos e ouvi o tilintar das algemas quando ele as moveu. Ele voltou a me encarar e pude ver uma faísca de arrependimento passar naqueles olhos escuros que tanto me encantavam. Mas foi rápido, e sua postura fria logo assumiu seu rosto pálido.

— O que fiz, ou deixei de fazer não é problema seu, Olívia.

Suguei o ar para os pulmões com força, como se tivesse levado um soco na barriga e perdido a capacidade de respirar.

— Mas Otávio... — tentei pensar em algo, mas nada me veio à mente.

— Cada um escolhe o caminho que quer seguir, Olívia. Eu assumi os riscos quando entrei nessa transação. O dinheiro era fácil, o caminho mais fácil ainda com meu irmão cobrindo minhas costas. Não me arrependo de nada do que fiz. E se fosse para ter tudo o que consegui durante o tempo que mantivemos esse esquema, eu faria tudo de novo.

— Não acredito no que esta dizendo. Deus! Você é louco!

Senti minha pele ficar fria e minhas mãos transpirarem, quando ele riu alto e jogou a cabeça para trás. Eu tinha a certeza que teria caído se estivesse de pé. Minhas pernas estavam adormecidas.

— Para manter meu estilo de vida, pode ser que você tenha razão, eu sou louco. E não se preocupe minha querida, vou deixar sua pele limpa sem nenhum vestígio da minha existência. Você entrou incólume nessa relação e é assim que vai sair. Só espero que você tenha a quem correr agora que não estou por perto para socorrê-la.

Meu sangue ferveu. Eu ainda estava preocupada com ele, tentando encontrar uma maneira de não acreditar em tudo o que a polícia havia me dito. Mas aquele Otávio que estava na minha frente, não era o homem pelo qual eu tinha me apaixonado. Era um estranho. Um ser mesquinho e ganancioso que só tinha em mente o poder do dinheiro.

Respirei fundo e o encarei. E naquele momento eu coloquei um basta na minha relação com Otávio. Não tinha mais o porquê de me sentir culpada por deixá-lo. Ele me deixou primeiro, isso se alguma vez esteve comigo.

— Certo. Então, Otávio, espero que você pague pelos crimes que cometeu, e que se arrependa de cada um deles. Eu só quero que saiba que nunca menti pra você. Cada sentimento meu foi verdadeiro — impulsionei meu corpo para cima e espalmei a mesa inclinando-me sobre ele. — E não se preocupe, eu tenho alguém esperando para cuidar de mim.

Avancei um pouco mais e colei meus lábios nos dele. Um beijo casto, com os olhos abertos enquanto o via cerrar suas pálpebras. Afastei-me quando a porta se abriu e o delegado invadiu a sala que estávamos. Seu olhar assassino me fez lembrar sua recomendação de não chegar perto do prisioneiro.

— Me desculpe, delegado. Posso ir agora?

— Sim, senhorita Olívia. Já terminamos aqui.

Balancei a cabeça em agradecimento e caminhei em direção à porta sem olhar para trás.

— Liv? — o meu nome sussurrado me parou. A voz do Otávio que eu conhecia me fez esperar. — Eu te amei Olívia. De todas as mentiras essa é a única verdade que posso lhe assegurar. E você quase me salvou, é uma pena que não era a minha vez de ser salvo...

Não voltei a olhá-lo. Nem eu e nem ele merecia mais um encontro de nossos olhos. Balancei a cabeça mais uma vez, afirmando que eu tinha ouvido.

— Adeus, Otávio. — Sai da sala sem olhar para trás.

Voltei a prestar mais atenção na estrada que se estendia a minha frente. Eu nunca imaginei que Otávio pudesse ser o que ele era, mas também nunca sonhei em ter Pedro de volta, e nem participar da morte de Elisa, e menos ainda ganhar uma sobrinha-filha em tão pouco tempo.

A fome começou a apertar. Depois de dirigir a manhã toda, e tapear meu estômago com sucos e balas, achei que já estava na hora de parar. O tanque de combustível também exigia atenção, então entrei no primeiro posto a beira da estrada. Quando terminei de comer e abastecer meu carro, resolvi avisar Dona Linda da minha chegada.

— Alô? — a voz doce e gentil de minha mãe me recebeu.

— Oi, mãe...

— Liv? Oi minha flor, como você está?

— Estou bem, mãe, e as coisas por aí? Tudo bem?

— Sim, está bem. A Lívia está na escola agora e só volta mais tarde. Está chovendo muito aí, filha? Eu vi no jornal que ia chover o dia inteiro.

— Não sei, mãe. Não estou na capital.

— Não? E onde você está filha? Alguma viagem de negócios?

— Não, mãe. Estou voltando pra casa. Pra minha verdadeira casa.

O silêncio foi imediato. Eu podia ouvir a respiração pesada da minha mãe e esperei. Um soluço depois e ela estava fungando. Quase pude vê-la erguendo a frente do avental para enxugar os olhos, o que me fez sorrir sozinha enquanto me ajeitava dentro do carro para seguir viagem.

— Você está vindo pra cá, filha? Vai ficar conosco? — ouvi a esperança na voz dela.

— Vou mãe. Deixei meu trabalho, ajeitei algumas coisas e uma amiga vai me mandar o restante em alguns dias. O quarto de hóspedes ainda está vazio?

Sorri enquanto ouvi Dona Linda agradecer a Deus por ter ouvido suas preces.

— Está esperando por você, filha. Tenha cuidado na estrada.

— Pode deixar, mãe. Acho que em mais duas horas estarei chegando, mas vou passar antes para ver Elisa...

Ouvi-a fungar mais uma vez. Minha mãe entenderia.

— Tudo bem, filha. Tome o seu tempo. Sua irmã vai apreciar sua visita, e eu vou arrumar seu quarto, e fazer o seu jantar favorito.

— Obrigada, Dona Linda. Vejo a senhora em breve.

Capítulo 47.

As duas horas que me separavam da minha antiga-nova-vida passaram depressa. Talvez fosse pelos meus devaneios em traçar um futuro ainda incerto, ou o meu pé direito pesado demais que forçou o acelerador do carro até o limite de sua capacidade. Eu queria começar logo essa nova vida, traçar novos sonhos e ir em busca de novos desafios. Mas o melhor de tudo, o grande detonador da minha vontade era estar de volta ao lado das pessoas que me importavam.

Glaucia sempre seria uma pessoa muito especial em meu mundo. Ela foi minha rocha quando não havia ninguém para me apoiar. Tantas vezes fez o papel de irmã, de conselheira e de louca varrida me arrastando a algumas situações hilariantes e até assustadoras, que eu podia vê-la abrindo um consultório psiquiátrico apenas com sua experiência de vida. Tive medo de deixá-la sozinha. Aquela criatura imprevisível poderia encontrar mais problemas em seu caminho do que pedras em uma rua esburacada. Mas depois de ver Renato ao lado dela, meus temores se foram. Ele cuidava de Glaucia como se fosse seu tesouro mais precioso. Eles se mereciam, se entendiam e não havia dúvidas de que eram almas antigas que se reencontraram nessa vida.

A cidade se estendeu a minha frente, mas ao invés de me dirigir para o centro, contornei pela periferia e após alguns minutos parei à sombra de um grande ipê roxo. O tempo de sua floração ainda estava no auge, e o chão estava coberto de suas flores.

Em cima do portão gradeado e recém-pintado de branco, vi a placa antiga com a frase "Aqui é o começo de uma nova vida", e não pude deixar de sorrir ao imaginar o lugar onde Elisa estaria. Acredito que a cada vez que alguém morre, renasce em outro mundo, um novo plano. Como se tivesse terminando uma etapa de sua existência e passado para a etapa seguinte.

Fazia-me bem pensar assim. Talvez, no próximo plano, Elisa fosse mais feliz.

Com passos lentos fui em direção ao túmulo dela. Pelo caminho percebia a disparidade entre os outros jazigos como se fossem membros vivos de uma sociedade. Os ricos com capelas ornamentadas e bem cuidadas, os de classe média, com simplicidade, mas ainda tentando ostentar alguma pose, e os pobres, com suas covas pintadas de tintas baratas que não podiam resistir ao tempo, e flores de plástico retorcidas e desbotadas.

O jazigo que abrigava o corpo de Elisa e de meu pai, era alto. Feito de mármore cinza escuro com alguns ornamentos em bronze.

Fiquei olhando as flores secas e murchas que se aninhavam entre as fotos de meu pai e de Elisa. Passei a mão por cima, tirando algumas folhas soltas. Uma pequena capa de poeira cobria a tampa, deixando um tom amarronzado sobre o cinza escuro. As imagens de meu pai e de Elisa estavam presas na lápide com as datas de seu nascimento e suas mortes. Meu pai quase era um estranho para mim. Sabia de seu amor por mim e por Elisa, mas se foi muito cedo e as poucas lembranças que tínhamos dele se perderam no tempo.

A imagem de Elisa mostrava-a sorridente. Como se estivesse feliz por estar ali. E talvez fosse isso mesmo. Depois de passar por todo o tormento da doença que a acometeu, estava livre de tanta dor.

Apoiei minhas mãos sobre o mármore e encarei a foto.

— *Eu voltei Elisa. Voltei para casa. Para ficar com a mamãe, para cuidar de Lívia e para amar Pedro. Não sei se você vai concordar com isso, nem se você aprova, mas depois de tudo o que aconteceu, acho que é o que devo fazer, e o que quero fazer.*

Sinto muito, minha irmã, por ter perdido tanto tempo presa na amargura. Por não ter estado com você quando precisou de mim, e essa culpa vou carregar para sempre. Só posso me desculpar dando o meu melhor para manter nossa família unida e feliz. Nunca será o mesmo sem você, sem o seu riso escandaloso, sem as suas traquinagens e sem aquele bolo de chocolate horrível que você fazia e que insistia que era a melhor receita do mundo.

Eu não queria que fosse assim. Queria você de volta, queria recuperar o tempo perdido, e que você seguisse junto comigo. Mas o que posso fazer agora é uma promessa: nunca mais vou partir! Nem que seja esse o meu último recurso, ainda sim vou ficar. E prometo amar tanto Lívia quanto você amou, e ainda mais, por que será amor de mãe e de tia embutidos num único pacote. Não vou deixá-la esquecer de nada de você, e irei contar a ela tudo o que você fez de bom, e algumas coisinhas ruins também. Ela tem que saber se defender.

Agora só quero agradecer. Obrigada, Elisa.

Por me trazer de volta, me dar uma filha quando eu não posso fazer isso, por proteger a mamãe e por guardar Pedro pra mim. Só lamento que você não desfrutou do lindo e perfeito homem que esteve ao seu lado por tanto tempo. Aliás, não lamento não! Teríamos uma séria conversa se eu não acreditasse em você...

Elisa deixe que eles me aceitem. Faça com que Lívia confie em mim para cuidar dela e que Pedro ainda me queria. De onde você estiver, olhe por nós. Cuide de nós e nos guarde. Proteja-nos. Guie-me para que eu possa fazer as coisas certas. Não me deixe cair... E se eu cair, me ajude a levantar... Sinto tanto sua falta... Eu amo você minha irmã...

Não pude mais manter meus braços apoiados. Empurrei as palmas para frente e encostei o rosto na placa fria de mármore. Eu queria abraçá-la de alguma maneira. Meus olhos ardiam com as lágrimas da emoção que escorriam pelo meu rosto sem que eu percebesse. A dor da saudade seria eterna, até que estivéssemos juntas de novo.

Fechei os olhos e deixei um pouco da angústia escorrer por mim. Uma brisa fresca começou a soprar e eu quase pude sentir uma mão gentil passando por minha cabeça. Como se alguém estivesse me confortando, me acariciando, e junto com essa sensação veio o sentimento de paz e tranquilidade que me cobriu o corpo todo, enchendo-me com um calor gostoso, uma onda de amor e compaixão.

Parecia que Elisa estava ali comigo e que estava me dando sua benção.

Mais alguns minutos se passaram enquanto eu me inundava naquelas sensações. Ainda não queria me mover. Meus olhos cerrados tentavam segurar em vão as lágrimas que se acumulavam neles. Mas agora não eram lágrimas de dor, de angústia... Eram lágrimas de esperança.

Uma mão pousou sobre meu ombro, um aperto gentil e quente. Levantei-me e antes que pudesse me virar, já sabia de quem eram os dedos que massageavam meu ombro de maneira preocupada.

— Oi, Pedro... — sorri entre as lágrimas escorridas.

Ele me abraçou com força, prendendo minha cabeça sob seu queixo e correndo as mãos pelas minhas costas. Eu conseguia sentir sua preocupação através do seu toque e do corpo tenso que me envolvia.

— Você está bem? — ele me afastou e limpou com os polegares as pequenas gotas salinas que teimavam em escapar de meus olhos.

— Estou... O que faz aqui?

— Dona Linda me ligou. Ficou preocupada com você...

— Imaginei que ela tivesse sido a minha delatora. Eu precisava falar com Elisa.

— Me desculpe, Liv, eu ouvi tudo o que você disse... Estava bem atrás de você quando a vi entrar no cemitério. Não queria ficar ouvindo, mas me afastar não era uma opção. Não quis deixar você sozinha.

Sorri enquanto ele me puxava mais uma vez para seu peito e corria suas mãos por meus braços num movimento ansioso. Abracei-o forte e pousei meu rosto em seu peito.

— Vai ficar, Liv? — sua voz insegura e tensa me cortou o coração.

— Se ainda me quiser aqui...

— Para sempre?

— Se ainda me quiser...

— Promete?

— Você me quer aqui, Pedro?

Afastei-me de seu peito e procurei aqueles olhos de jade que tanto me encantavam. Era a minha vez de ficar insegura, ele não havia respondido minha pergunta.

Antes que eu pudesse perguntar mais uma vez, antes que o pânico de ter cometido um engano me acertasse, Pedro se inclinou um pouco para frente e com ambas as mãos ao lado do meu rosto, me obrigou a olhá-lo.

— Tudo o que sempre quis, tudo o que sempre vou querer é você do meu lado Olívia — um suspiro contido escapou de meus lábios. — Eu amo você, sempre amei e nunca deixei de sonhar que um dia pudesse tê-la de volta. Foi esse sonho que me manteve racional, quando o que eu mais queria era me entregar à loucura por ter te perdido...

— Oh Pedro! Eu amo você tanto, que às vezes me dói o peito. Sempre amei. Tentei mascarar esse amor, e por fazer isso eu me tornei uma casca vazia, sem luz. Até você voltar. Você é minha luz Pedro...

Não falamos mais.

Seus lábios se colaram aos meus. Foi um beijo terno, um beijo cúmplice e o selo de uma promessa que nunca mais se partiria. Depois de tantas idas e vindas, de tantas tragédias e mágoas, depois da solidão e do longo tempo, eu me senti em casa. Não era uma estrutura física, com paredes, portas e janelas, o meu retrato de um lar perfeito. Eram os braços de Pedro ao meu redor, a minha definição explícita da palavra "casa".

Deixei me perder naquele momento. Apoiei-me em Pedro, como se minha vida dependesse daquele apoio. E eu sabia que dependia. Não poderia nunca mais sair de perto dele, seria o meu fim.

E nenhum de nós dois queria um fim.

Ao contrário, queríamos o começo. Um recomeço. Novas chances, com nosso amor sendo o alicerce. Um amor que superou o tempo e a distância. Duas vidas separadas e que se uniam uma vez mais.

Com Pedro eu poderia ter tudo o que sempre tinha sonhado e que me fora tomado.

Com Pedro eu teria a minha vida de volta.

Epílogo.

Um ano e meio depois...

Um roce suave em minhas costas nuas me fez despertar. Ainda que meus olhos se mantivessem fechados pela sonolência, meu corpo reagia vivo e tremente ao contato de lábios macios sobre o meu ombro, subindo pela coluna do meu pescoço e parando no lóbulo da minha orelha. Um leve apertão ali com os dentes e depois suavizado por uma língua traiçoeira me fez soltar um suspiro de deleite.

— Acorda, Bela Adormecida...

A voz rouca de Pedro trouxe vida a outras partes do meu corpo que ainda seguiam desmaiadas. Um leve tremor no meu baixo ventre obrigou meus próprios lábios a soltar um gemido de necessidade.

— Hum...

Ele riu contra o meu pescoço enquanto eu movia meu quadril mais perto dele. A evidência de seu corpo desperto me fez sorrir enquanto Pedro me apertava mais junto dele.

— Vamos minha linda, não podemos ficar na cama a manhã toda.

— Só preciso de mais alguns minutinhos... — respondi ainda me esfregando contra ele.

— Você disse isso há vinte minutos.

— A culpa é sua por eu estar tão cansada...

— Você está reclamando? — ele perguntou se fazendo de ofendido.

Virei-me em seus braços e apoiei ambas as mãos ao lado de seu rosto. Mexi com os polegares sentindo o começo da barba dele crescendo e me perdi no mar esmeralda que me encarava de volta.

— Nunca! Você me faz muito feliz. Mesmo que eu tenha que acordar cansada depois de ter feito amor com você até tarde da noite.

— Liv...

Seu corpo se agitou contra o meu enquanto eu sorria para ele e o puxava para um beijo.

Desde meu retorno, era assim que eu despertava todas as manhãs. E a noite na hora de dormir, sempre tinha Pedro ao meu lado, me contando sobre seu dia, sobre seus sonhos e me incluindo em cada plano que ele traçava. Depois nos entregávamos à paixão desenfreada que sempre surgia quando estávamos pertos, como se quiséssemos compensar os anos de separação a cada noite.

Pedro me arrastou para a empresa que ele administrava, e entregou o departamento de pessoal inteiro aos meus cuidados, aceitando minhas sugestões e mudanças sem questionar qualquer decisão que eu tomava. Ele me incluiu como sócia na empresa e nem com todos os argumentos que pude pensar o fizeram mudar de ideia.

Também fui intimada pelo meu antigo técnico a ajudá-lo a treinar a equipe infanto-juvenil de basquete da cidade. Quase não consegui entrar na quadra coberta quando as lembranças da última vez que estive lá me invadiram a mente. O medo e a angústia me fizeram tremer e congelar em frente à porta. O ataque de pânico começava a se formar dentro de mim. Eu não conseguia entrar. Não podia.

Mas então, meu cavaleiro de olhos esmeralda surgiu no horizonte. Com sua mão entrelaçada a minha e o conforto do seu calor, consegui romper essa barreira amarga que ainda me afastava de uma das coisas que eu amava na vida: uma quadra de basquete.

Lívia era uma das minhas pupilas, e às vezes quase tinha pena por ela estar sob minhas asas nesse quesito. Só por que eu era a "tia" da armadora da equipe, isso não queria dizer que ela deveria relaxar no treinamento. Nem por um minuto. Assim como eu cobrava das outras jogadoras, Lívia também era alvo de minhas reclamações, insistências e elogios. De igual para igual. Dentro da quadra eu era a "Treinadora Liv". E ponto.

Meu corpo ainda trêmulo por ter sido levado ao êxtase mais de uma vez relaxou sobre o peito de Pedro, enquanto eu o ouvia respirar pesado.

— Você vai acabar comigo, Liv...

— Eu? Não fiz nada! Foi você que veio todo fogoso pro meu lado...

Ele soltou uma gargalhada enquanto me apertava um pouco mais contra seu peito. Era tão bom ouvi-lo rindo. A alegria dominava todos naquela casa. Dona Linda tinha rugas de riso em seu rosto e Lívia estava saltitante a maioria do tempo. Em alguns momentos a encontrava quieta e pensativa num canto, e sabia que sua mente estava em Elisa. Eu não precisava dizer nada, apenas me juntava a ela e ficávamos em silêncio forçando nossas lembranças e saudades a se apaziguarem. Às vezes minha mãe se juntava a nós, e quando Pedro nos encontrava, ele nos unia num abraço apertado, confortando a todas e a si, ao mesmo tempo.

— Vamos minha pequena encantadora, temos que nos levantar. Não sei qual é o feitiço que você colocou em mim, mas não consigo me afastar de você...

— Sou uma bruxa má!

Brinquei fazendo cócegas nele com toda a vontade, e fui recompensada com sua risada estridente. Em um momento ele conseguiu juntar meus pulsos e me virou de costas sobre a cama, prendendo minhas pernas entre as dele.

— Não. É a fada dos meus sonhos. Minha princesa prometida. O meu anjo de luz. A outra parte da minha alma... — ele se inclinou e tocou meus lábios com os seus.

— Amo você... — respondi ainda com sua boca na minha.

— Eu sei, assim como eu amo você, agora vamos sair dessa nuvem de declarações de amor, porque a Glaucia e o Renato logo estarão aqui.

Um frio percorreu minha espinha.

Glaucia e Renato casaram-se há poucos meses. Ela não queria, por achar o casamento formal ultrapassado, mas ele insistiu e até ameaçou com algumas coisas bem criativas, até que ela concordasse. Eu e Pedro fomos padrinhos de Glaucia, e desde que havia me mudado, mantínhamos uma visitação contínua de nos vermos ao menos uma vez ao mês. Mesmo com Renato cuidando dela, ainda me preocupava com as suas maquinações. Glaucia era dona de uma mente diabólica, e estava sempre aprontando. Não por acaso, foi através de uma dessas ideias absurdas que ela teve, que saiu a sugestão de algo que nunca havia me passado pela cabeça: adotar uma criança.

Depois do susto comecei a estudar melhor a ideia, e aos poucos ela foi crescendo dentro de mim como uma trepadeira que se enrosca na cerca. Compartilhei com Pedro essa sugestão, e ele apenas me garantiu que se uma criança adotada pudesse amenizar a perda da minha capacidade de gerar um filho, então ele seria o primeiro a providenciar a documentação. Minha mãe concordou com ele e Lívia queria sair em busca dessa criança assim que terminou de ouvir a ideia.

A decisão foi fácil de tomar. Sempre quis um filho e mesmo que ele viesse de outra barriga, enquanto meu nome estivesse em seus documentos ele seria meu. Eu estava bem com isso.

Já a parte dos documentos, foi um transtorno sem tamanho. Eu e Pedro tivemos que apressar o nosso casamento e apresentar uma infinidade de comprovantes. Fizemos muitas entrevistas com uma assistente social, para que nos fosse dada a autorização para adotar. Nunca imaginei que fosse tão complicado dar um lar a uma criança abandonada. Eu só queria um filho para amar. Só isso!

Por fim, a autorização saiu. Não escolhi cor, nem sexo, nem idade. Só queria uma criança, e a assistente social avisaria quando acontecesse de alguma estar apta a ser adotada. E naquele dia Glaucia e Renato estavam me trazendo esse presente.

O orfanato havia ligado no dia anterior, avisando que surgira uma criança para a adoção. Como a retirada da criança deveria ser feita o quanto antes, Glaucia e Renato já estavam preparados com uma procuração assinada por mim e por Pedro, caso não pudéssemos nos mover até a capital.

Durante a manhã nos falamos algumas vezes, mas minha ansiedade era tanta que não perguntei se era menino ou menina, se era grande ou pequeno, nada. Eu só queria saber se eles estavam bem e quando chegariam.

Pedro tentou me acalmar, minha mãe me fez tomar mais de um litro de chá de camomila e Lívia estava correndo de mim como o diabo foge da cruz. Literalmente! Eu estava à volta dela perguntando se ela estava bem, se ia se importar com uma nova criança, e se..., e se... Até que ela gritou comigo.

— Tia Liv, PÁRA! Eu estou bem em ter um irmão, estou feliz que vamos ter mais uma criança nessa casa para vocês a mimarem, e se esquecerem de mim um pouco, e o melhor de tudo vou ter em quem por a culpa quando um pedaço do bolo de chocolate da vovó sumir, alguns minutos antes do jantar!

— Lívia! — respondi indignada, enquanto minha mãe (a traidora!) e Pedro gargalhavam ao meu redor.

Pedro se moveu e veio ficar ao meu lado, passando um braço por minha cintura e me puxando contra a fortaleza sólida do seu peito.

— Acalme-se, meu amor... Já conversamos tudo o que podíamos e até o que não era necessário com Lívia. Ela já é uma moça grande e entende o que vai acontecer, e ainda vai nos ajudar a cuidar do nosso filho.

— Me desculpem... — murmurei e me virei em seus braços enterrando meu rosto em seu peito.

Antes que pudéssemos dizer algo mais a campainha tocou e estremeci nos braços de Pedro. Ele apertou-me por um momento então se afastou um pouco, colocou uma mão em meu rosto e me fez olhá-lo.

— Pronta?

— Não, mas agora não tem volta.

— É verdade... Vamos conhecer nosso rebento — e deu-me um beijo rápido.

Minha mãe já estava abrindo a porta enquanto conversávamos. Virei-me para ver Renato entrando com algumas sacolas nas mãos. Seu corpo grande tomou toda a entrada da porta e não pude ver nada além dele.

Meu coração se apertou enquanto eu esperava congelada no mesmo lugar. Renato sorriu e em seguida depositou as sacolas no chão e voltou-se para passar um braço em torno de minha amiga.

Glaucia sorria enquanto me olhava. Seus olhos presos nos meus e uma onda de alegria emanava daquele olhar. Apertei a mão de Pedro forte. Ergui meu rosto para ele que sorria como se tivesse acabado de ganhar um presente de natal.

— Vamos querida, vamos conhecer nosso filho...

— Filha... — Glaucia murmurou.

— O que?

— Sinto muito, Pedro, mas parece que você só atrai mulheres para a sua vida — respondeu Glaucia enquanto compassava de um lado para o outro com suavidade.

Voltei-me para ela que sorria mais ainda. Renato se inclinava atrás de Glaucia, de uma maneira protetora. E foi então que eu a vi.

Envolta em uma manta clara e com a cabeça apoiada sobre o ombro da minha amiga, um pacote estava imóvel. Sua roupa escondia tudo da criança, até uma touca estava sobre sua cabeça, fazendo meu peito se apertar.

— Ela... Ela está bem, Glau? — perguntei ainda com medo de me mover.

— Sim, está ótima. É uma pequena dorminhoca essa minha afilhada...

Ergui uma sobrancelha para Glaucia que retribuiu o movimento como se eu estivesse questionando sua afirmação.

— Posso... Posso vê-la?

— Olívia, esta é sua filha. E agora, por favor, venha conhecer Anelise.

— O que? — engasguei. — O que você disse? — perguntei enquanto meu coração parecia querer escapar pelas minhas costelas.

Olhei para minha mãe que tinha colocado a mão sobre os lábios para esconder seu susto. Lívia estava ao lado dela com a boca aberta apenas olhando. Pedro soltou um sussurro de espanto enquanto apertava a mão sobre meu ombro. Encarei Glaucia esperando que ela se explicasse.

— Anelise, tem cinco meses de idade. Não tem sobrenome e nunca foi registrada. Sua mãe era uma moradora de rua que escondeu o bebê o quanto pode, mas como não tinha mais opção de onde levá-la e para não permitir que a menina se machucasse, levou-a ao orfanato. A única coisa que a mãe dela pediu, era que seus pais mantivessem o nome de Anelise.

— Por quê? — perguntei angustiada.

E se ela queria manter o nome para um dia vir atrás da menina? Anelise era um nome incomum e seria fácil encontrá-la.

— Segundo a assistente social do orfanato, ela disse que pouco antes do bebê nascer, ela teve a visão de um anjo. A mulher parecia bem, mas sua condição mental preocupou um pouco a assistente. Bem, mas segundo a mãe de Anelise, o anjo era uma bela mulher morena que lhe disse que sua filha seria amada e bem cuidada, que ela deveria levar a criança para o orfanato e que o nome da menina tinha que ser Anelise. No sonho o anjo tocou a mão do bebê e deixou uma marca na palma.

Toquei a mão de Pedro que estava em meu ombro e um soluço escapou de meus lábios. Percebi que meu rosto estava molhado, devia estar chorando sem ao menos perceber. Ao ouvir a declaração de Glaucia, todos os que estavam ali pensaram a mesma coisa.

Pedro sussurrou em meu ouvido o nome de Elisa. Depois me encorajou com um empurrão suave.

— Vá Liv, vá conhecer nossa filha...

Continuei o movimento e parei em frente à Glaucia. Ela fez menção de mover a criança, mas a parei levantando a mão.

— Deixe-a...

Inclinei-me e beijei a face de minha amiga, que segurava o meu tesouro em seus braços com tanto carinho que cheguei a duvidar por um minuto se ela me entregaria mesmo a menina.

Dei a volta e puxei suavemente a toca de sua cabeça. Uma profusão de fios escuros me saudou, junto com um rosto rosa e redondo. Sua boca adormecida tinha a forma de um coração e os cílios de seus olhos eram escuros e salteados.

Com a mão tremente toquei em seus cabelos. Eram macios e espessos. Desci contornando ao redor do rosto dela e parei na pequena mãozinha que se apoiava no ombro de Glaucia. Com delicadeza virei a mão para ver e meu coração parou um momento quando vi uma pequena estrela centrada em sua palma. Era de uns dois tons mais escuros que sua pele e de tão perfeito que era o formato, parecia ter sido feito com uma régua.

Ela fechou a mão ao redor do meu dedo e começou a despertar. Seus olhos eram de um marrom escuro tão intenso que parecia chocolate derretido. Assim que me olhou, ficamos presas uma no olhar da outra, e ali ela me ganhou para sempre. Naquele olhar eu fiquei apaixonada e me tornei uma leoa.

Esperei uma rejeição, mas um sorriso naquela boca de coração me teve de joelhos. Estendi a mão que ela não segurava a chamando, e Anelise se inclinou em minha direção sem nenhuma hesitação. Assim que a ajeitei no colo ela inclinou a cabeça em meu ombro, e manteve seu rosto colado na coluna do meu pescoço. Anelise parecia querer sentir o meu cheiro. Podia senti-la fungar e puxar o ar com força até que se acalmou.

Então ergueu seu lindo rosto para me olhar e sorriu mais uma vez.

— Oi, minha linda... — minha voz estava rouca e entrecortada. Sorri para ela e toquei um dedo em sua bochecha, descendo até o contorno de seu queixo. Pedro se moveu para o meu lado e passou um braço em minha cintura. Apoiei-me contra seu corpo e ele beijou o topo da minha cabeça.

A sala estava em silêncio. Como se não houvesse mais ninguém ali. Estávamos em nosso mundo particular. Somente Pedro, Anelise e eu.

— Esse homem lindo aqui é seu pai e a partir de hoje vou ser sua mãe...

Anelise olhou para Pedro assim que pronunciei as palavras. Ele sorriu para ela e fez um carinho com a ponta dos dedos em seu rosto. Ela se inclinou para a mão dele por um momento e depois ergueu o braço minúsculo e espalmou a mão com a estrela em minha face segurando-a lá. Com seu sorriso ligeiro e os olhos brilhantes e atentos, era como se eu pudesse ouvi-la responder ao meu comentário: *"Eu sei..."*.

Fim.

Agradecimentos

Obrigada.

A cada um que de uma maneira ou outra fizeram parte da criação dessa história.

Adriana Ramiro, Fábio Abreu, Glau Tambra, sou grata pelos conselhos e palpites.

Ao psicólogo Gustavo Petinari, obrigada pela orientação nos assuntos psicológicos.

Ao apoio da família, em especial ao meu marido Edu, por não me deixar manter essa história na gaveta.

Sou grata a todos os amigos incentivadores e aos leitores.

Lu. Franzin